O ENCANTADOR DE GATOS

O ENCANTADOR DE GATOS

O GUIA DEFINITIVO PARA A VIDA COM SEU FELINO

JACKSON GALAXY

com Mikel Delgado e Bobby Rock

Tradução
Giu Alonso

7ª edição

Rio de Janeiro | 2023

CIP-BRASIL. CATALOGAÇÃO NA PUBLICAÇÃO
SINDICATO NACIONAL DOS EDITORES DE LIVROS, RJ

G147e

Galaxy, Jackson

O encantador de gatos: O guia definitivo para a vida com seu felino / Jackson Galaxy, Mikel Delgado; tradução Giu Alonso. — 7ª ed. - Rio de Janeiro: BestSeller, 2023.

: il.

Tradução de: Total Cat Mojo

ISBN 978-85-465-0114-4

1. Gato - Comportamento. 2. Animais - Psicologia. 3. Animais - Adestramento. I. Dalgado, Mikel. II. Alonso, Giu. III. Titulo.

18-48883 CDD: 636.8
CDU: 636.8

Meri Gleice Rodrigues de Souza - Bibliotecária CRB-7/6439

Texto revisado segundo o Acordo Ortográfico da Língua Portuguesa de 1990.

Titulo original
TOTAL CAT MOJO
Copyright © 2017 by Jackson Galaxy
Copyright da tradução © 2018 by Editora Best Seller Ltda.

Esta edição é publicada mediante acordo com a TarcherPerigee, um selo do Penguin Publishing Group, uma divisão da Penguin Random House LLC.

Adaptação de capa: Guilherme Peres
Editoração eletrônica: Leandro Dittz

Todos os direitos reservados. Proibida a reprodução,
no todo ou em parte, sem autorização prévia por escrito da editora,
sejam quais forem os meios empregados.
Direitos exclusivos de publicação em língua portuguesa para o Brasil
adquiridos pela
Editora Best Seller Ltda.
Rua Argentina, 171, 3º andar, São Cristóvão
Rio de Janeiro, RJ — 20921-380
que se reserva a propriedade literária desta tradução

Impresso no Brasil
ISBN 978-85-465-0114-4
Seja um leitor preferencial Record.
Cadastre-se no site www.record.com.br e receba informaçõessobre nossos lançamentos e nossas promoções.
Atendimento e venda direta ao leitor
sac@record.com.br

Este livro é dedicado a Barry:

Mestre, empático, terapeuta, gênio da comédia, exceção às regras

Gato de primeira viagem, amigo de todos os seres em tempo integral

Amor e saudades maiores do que sou capaz de compreender ou expressar...

Que sua jornada pelo tempo o traga de volta para nós.

Sumário

Agradecimentos 9

Introdução: ¿Qué Es Mojo? 13

SEÇÃO UM

A história de um mundo cheio de gatitude: do Gato Essencial ao seu gato

1. Quem é o Gato Essencial? 23
2. O momento da virada na Era Vitoriana 34

SEÇÃO DOIS

Curso rápido sobre gatos

3. O ritmo do Gato Essencial 45
4. Comunicação: traduzindo o código dos gatos 61
5. Os arquétipos da gatitude e o Lugar de Confiança 77

SEÇÃO TRÊS

Ferramentas para a gatitude

6. Bem-vindo à caixa de ferramentas — 97
7. Introdução ao Gato Essencial e os três Rs — 103
8. Gatificação e território: aumentando a gatitude do terreno domiciliar — 126
9. A arte de ser pai de gatos — 161
10. Os relacionamentos gato/animal: apresentações, adições e negociações em curso — 184
11. Os relacionamentos gato/humano: apresentações, comunicação e o *seu papel na gatitude* — 233
12. Linha de Desafios para quem mesmo? Cuidar de gatos e a linha humana de desafios — 278

SEÇÃO QUATRO

O livro de receitas da gatitude: soluções do pai de gatos para problemas de grandes proporções

13. Quando seu gato está arranhando demais — 299
14. Quando seus gatos não se dão bem — 306
15. Quando seu gato está mordendo ou arranhando humanos — 321
16. Quando seu gato tem comportamentos irritantes ou carentes — 328
17. Quando seu gato tem comportamentos ansiosos — 339
18. Quando gatos de rua causam problemas para gatos de casa — 351
19. Quando seu gato é invisível — 357
20. Quando seu gato está pensando fora da caixa (de areia) — 364
21. *Eso es mojo* — 385

Agradecimentos

Eu me lembro claramente de falar com Mikel Delgado, uma pessoa já bastante ocupada (trabalhando como consultora particular e terminando seu doutorado), em busca de ajuda para meu novo livro, dizendo que seria simplesmente uma questão de curadoria e edição — só reunir tudo que já falei, filmei, gravei, escrevi etc. sobre gatos e o mundo felino ao longo de todos esses anos e juntar as informações em um só lugar. Nada tão complicado, certo? Hoje em dia, passo meu tempo livre com um novo hobby: procurar formas novas e criativas de pedir perdão. *O encantador de gatos* se tornou um verdadeiro trabalho de amor e um emprego exaustivo por quase 18 meses — isso enquanto eu trabalhava em dois programas de TV diferentes, fazia de tudo para que a Jackson Galaxy Foundation atravessasse seu difícil primeiro ano e sobrevivia a um ano de tragédias pessoais terríveis.

É óbvio que lidar com o Gatozilla não teria sido possível sozinho. Eu gostaria de agradecer às seguintes pessoas, algumas das quais trabalharam no livro, outras que me deram apoio diretamente, e algumas que simplesmente me permitiram pirar de vez em quando. Essas pessoas me lembram de que a devoção aos animais é um propósito pelo qual vale a pena trabalhar, muito além do que se imaginaria. A presença de cada uma delas está marcada nas páginas deste livro. "Obrigado" *nunca* será suficiente, mas pelo menos é alguma coisa:

Em primeiro lugar, ao time dos encantadores de gatos: Mikel Delgado, Bobby Rock e Jessica Marttila. Uma das muitas lições que aprendi nessa jornada épica foi que uma ideia só você leva ao sopé da montanha; fé, vontade e entrega à montanha permitem que você a escale. Juntos, carregamos nossos equipamentos encosta acima, devagar e sempre. Fosse virando noites como calouros na faculdade (embora física e mentalmente fôssemos lembrados de que *não* somos mais calouros na faculdade), mergulhando em cada palavra e imagem, criando um arco narrativo e nos recusando a deixar que ele se desfizesse sob a pressão do tempo, das dúvidas de terceiros e das minhas imensas ambições (e às vezes da minha lógica) – nenhuma tarefa foi esquecida.

A disposição implacável de vocês para seguir em frente venceu a desistência que tanto me assustava. Não tenho dúvida de que vocês foram a razão pela qual este livro foi possível. Seus talentos são formidáveis, sua dedicação é impressionante e seu amor aos animais que ajudamos será lembrado para sempre.

Para Joy Tutela, que desde o início me viu não como um músico/louco dos gatos/famoso da TV, mas como um escritor em quem acreditava, em primeiro lugar. Quatro livros depois, fico feliz que você (e David Black) ainda acreditem – especialmente depois desta maluquice. E, por todos os momentos que você teve que apagar incêndios, levantar meu ânimo destruído e reafirmar que estas palavras ajudarão gatos e seus humanos, prometo solenemente: da próxima vez em que eu disser "Tenho um livro para você", sua primeira reação pode ser me acertar nos joelhos com um taco de beisebol. Depois a gente começa a trabalhar... certo?

Para a equipe na TarcherPerigee e Penguin Random House: Joanna Ng, Brianna Yamashita, Sabrina Bowers e Katy Riegel. Da Introdução à Conclusão, passando pelo incrível design e as lições sobre a gatitude para todo o mundo, é sempre uma honra colocar minhas palavras nas suas mãos. Para Sara Carder: sei que este livro foi difícil e um verdadeiro teste para nós dois. Obrigado por ficar ao meu lado, como sempre.

Para nosso incrível time de artistas espalhados pelo mundo: Osnat Feitelson, Emi Lenox, Franzi Paetzold, Sayako Itoh, Omaka Schultz, Brandon Page, Kyle Puttkammer e Scott Bradley. Obrigado por se jogarem neste projeto e usarem seus talentos individuais para criar um retrato coletivo e coerente da gatitude e do seu mundo.

Para Lori Fusaro, cujas fotos sempre capturaram nossas vidas nos momentos mais tenros e nossas relações com os animais nos momentos mais preciosos. Não importa quantas vezes a veja, a foto que você tirou de mim e Velouria permanecerá como testemunho de um amor eterno, muito depois que nós passarmos pela Terra. Não tenho palavras para agradecer.

Para Minoo, pelo que você sempre foi, o amor desta e de muitas vidas, guardiã do meu coração e da minha sanidade, torcedora e parceira em uma missão compartilhada, e por ficar ao meu lado mesmo quando não estou por perto. Além disso... sabe o taco de beisebol que darei para Joy? Da próxima vez que eu resolver escrever um livro, você também pode me dar uns golpes.

Para meu irmão Marc, por subir a bordo em um momento de perda inimaginável e ajustar o curso do navio dos encantadores de gatos, bem a tempo de sobreviver a umas trinta e poucas ondas perigosas. Minha gratidão por se amarrar ao convés enquanto continuava a traçar o nosso destino, e meu amor por acreditar em mim e me proteger da tempestade.

Para a minha família animal: Mooshka, Audrey, Pasha, Velouria, Caroline, Pishi, Lily, Gabby, Sammy, Eddie, Ernie, Oliver e Sophie (em nenhuma ordem especial, crianças!), por me lembrar diariamente por que fazemos o que fazemos e pela dose diária de puro amor que reabastece meu tanque.

Para meu pai e toda a minha família humana estendida, obrigado por me amarem mesmo na minha aparente ausência eterna. A luz que vocês nunca cansam de emitir é um farol sempre presente.

Para Stephanie Rasband, por me manter centrado e no momento presente.

Para RDJ e The Fam, por me lembrarem de que o volante não está nas minhas mãos e por amarem a mim, um passageiro assustado e impotente.

Para minha família no Discovery/Animal Planet, por seu apoio contínuo e pelo desejo de dar voz à gatice, meu obrigado incessante e sincero.

Para Sandy Monterose, Christie Rogero e nossa crescente equipe de funcionários e voluntários na Jackson Galaxy Foundation, por sua dedicação a levar para todos a gatitude que precisam dele e para todos os humanos que ajudam esses gatos.

Para Ivo Fischer, Carolyn Conrad, Josephine Tan e suas equipes na WME Entertainment, Schreck, Rose, Dapello & Adams, e Tan Management, por, como sempre, manter as rodas no chão e os bárbaros do lado de fora.

Para Siena Lee-Tajiri e Toast Tajiri, por quem são e por tudo que sempre trouxeram a nossa companhia, nossa visão e a mim.

Um agradecimento adicional à incrível e crescente equipe da Jackson Galaxy Enterprises, por seu entusiasmo e comprometimento à visão do encantamento felino; a Susie Kaufman, pelo brilhantismo nas transcrições; e a Julie Hecht, por seu atencioso feedback canino.

A primeira coisa que normalmente faço a esta altura é ligar para a minha mãe e ler esta lista para ela. Seja por hábito ou por superstição, mesmo que eu saiba que ela esteja completa e pronta para enviar, o livro parece inacabado sem o selo de aprovação explícito (que ela sempre dá) e o bônus de me perguntar se percebo como tenho sorte e de reforçar que mereço todas essas pessoas maravilhosas que me rodeiam.

Sim, estou aprendendo: que você está sempre aqui se presto atenção, que o universo responde com amor e que devo ser grato. Estou aprendendo a lidar com a perda de sua presença física. Aprendendo a evitar que meu coração se parta dia após dia. Mas essas lições não serão aprendidas hoje, e meu livro permanecerá para sempre inacabado. E vou aprender a aceitar isso também.

Sinto sua falta, amo você e lhe agradeço por tudo que sou.

Introdução

¿Que Es Mojo[1]?

ESTOU EM FRENTE a uma grande plateia entusiasmada em Buenos Aires, durante uma turnê pela América Latina. No decorrer daquele ano, acabei me acostumando a falar com um tradutor em lugares como Malásia e Indonésia, e tinha acabado de passar por Bogotá e pela Cidade do México. Se o local tem tradução simultânea, é uma bênção, porque o público está com você — as risadas, os sustos, os aplausos (com sorte) acontecem poucos segundos depois do que viriam com um público que fala inglês. Considerando tudo, isso não passa de um detalhe inconveniente.

Mas quando você e seu tradutor se desencontram (você termina um pensamento inteiro antes que ele comece a traduzir), bem... na melhor das hipóteses é uma imensa dor de cabeça, e na pior, uma total missão suicida. Meu tradutor ficava ao meu lado, um fantasma tentando evitar os meus gestos enlouquecidos e meus discursos que seguiam o fluxo da consciência. Quanto mais animado fico, menos me lembro de considerar a presença ou as necessidades do meu "fantasma". Alguns tradutores, os que se orgulham de ser profissionais de uma arte linguística, me permitem cuspir um parágrafo inteiro antes de me cutucar no ombro ou me dar aquele

---

1 Para melhor compreensão, optou-se por adaptar a expressão "mojo" ao longo do texto. [N. da E.]

olhar de relance, para em seguida repetir para o público o que eu disse em poucas palavras, mas com o mesmo entusiasmo.

Naquela noite em Buenos Aires, minha tradutora não era assim. A moça era, na verdade, uma repórter que por acaso era bilíngue. Não foi a dança mais graciosa que já se viu, disso não tenho dúvida. Acabamos pisando nos pés um do outro várias vezes.

Desconsiderando improvisações, sempre introduzo o conceito do "mojo felino" logo no início da apresentação. É o elemento-chave de todo o meu discurso. Essa introdução, naquela noite, estava correndo extraordinariamente bem; estou sentindo o sucesso enquanto tento encontrar o meio-termo entre o maluco dos gatos e o pastor evangélico. Sem fôlego, demonstro como um gato cheio de mojo se comporta, rebolando pelo palco, imitando o movimento do rabo e das orelhas, o caminhar confiante... Tudo isso culmina no momento em que eu digo: "E como chamamos isso? Cara, o nome disso é mojo felino. Seu gato tem... MOJO." Deixo essa frase reverberar. Mas as palavras reverberam por tempo demais, indo de um momento emocionante para um silêncio constrangedor. Dou uma olhada de esguelha para a tradutora. Nada sai de sua boca, e seus olhos indicam um ligeiro pânico.

De repente, sua postura de apresentadora de jornal desaparece. Ela se aproxima e sussurra: *"Qué es mojo?"* Eu respondo, talvez um pouco alto demais: "Como assim, 'o que é mojo?' Você não sabe o que mojo significa?" Estamos tendo uma conversa no meio do palco, e a cada segundo a plateia fica mais desinteressada. Incrédulo, eu me viro para as pessoas, dividido entre o desejo por validação e o terror absoluto e pergunto, com voz de apresentador de programa de auditório: "Ei, pessoal, vocês sabem o que mojo significa, não sabem? 'Você está cheio de mojo', 'Seu mojo está a toda'. Quantas pessoas aqui sabem o que a palavra mojo significa?"

Silêncio. A sensação de terror absoluto se transformou em um pesadelo total e irrestrito, daqueles em que você acorda gritando e suando. Pela primeira vez desde que tinha 12 anos, segurando uma guitarra com uma corda arrebentada em um show de talentos da ACM, estou prestes a passar vexame em frente a uma plateia e não consigo pensar em uma única forma de escapar.

Introdução

EU ME LEMBRO de 2002, sentado à minha escrivaninha em Boulder, Colorado. A escrivaninha consistia em uma folha grande de MDF apoiada em dois cavaletes. Na época eu me sentia inspirado a transformar meus conhecimentos em um tipo de manifesto — bem, não tão inspirado, mas motivado. Depois de alguns anos trabalhando como consultor de comportamento autônomo, percebi que estava me esforçando demais para condensar meu conhecimento sobre gatos em um conceito base para os meus clientes, para que pudéssemos passar mais rápido para a parte em que eles aplicam esse conhecimento aos próprios gatos. Como ainda é, mas era muito mais na época, gatos são considerados inescrutáveis, tão diferentes dos humanos em relação a comportamento e experiências que não temos um gancho que funcione como âncora para essas relações. Eu estava determinado a encontrar esse gancho.

Minha busca não tinha a ver com conveniência. Lembre-se, eu tinha trabalhado por dez anos em um abrigo de animais, essa causa é muito importante para mim. Muitos gatos — milhões a cada ano — eram (e ainda são) sacrificados nesses abrigos. Repetidamente, eu testemunhava uma barreira na comunicação, que começava com uma dúvida e se transformava em uma cerca de arame farpado que acabava destruindo aquelas relações tão frágeis e tênues. Era o "mistério" do comportamento dos gatos, sua natureza inescrutável entrando em conflito com o balão inflável que é o ego humano e sendo interpretada como insulto, que levava aquelas pessoas frustradas a entregá-los aos abrigos ou até mesmo largá-los nas ruas. Estava tentando pelo menos tirar o arame farpado da cerca, para que humano e animal pudessem se encontrar ali com segurança e começar o processo de aprofundar, em vez de destruir, aquele laço.

Um gancho que já tinha começado a usar com meus alunos e clientes era o conceito do "Gato Essencial": a ideia de que o gato no seu colo é, do ponto de vista evolutivo, muito pouco diferente dos seus ancestrais (mais sobre isso no Capítulo 1). O Gato Essencial representa os instintos que influenciam o comportamento felino desde que gatos existem na Terra: a necessidade de caçar, a compreensão de que eles estão no meio da cadeia alimentar, a necessidade de ter e proteger seu território.

Assim, cheguei à conclusão de que muitos, se não a maioria, dos problemas pelos quais meus clientes felinos estavam passando (com a exceção de problemas de saúde não diagnosticados) acabavam tendo a ver com ansiedade territorial. O Gato Essencial, que na maior parte do tempo fica contente em permanecer no subconsciente dos gatos, vem à tona aos berros quando confrontado com uma ameaça à sua segurança territorial. Se a ameaça é real ou imaginária, pouco importa. O fato é que, se o gato a sente, é quase certo que ele vai *agir* em relação a ela. E não basta lidar com os sintomas que acabam se tornando terrivelmente irritantes para nós, é preciso encontrar o oposto desse sentimento e convencer essa natureza de Gato Essencial a dominar e, por fim, extinguir essa ansiedade.

Voltando à minha escrivaninha improvisada: já estava bem tarde, e eu tentava atravessar aquele momento insistente e alucinógeno em que o sono bate, quer você queira ou não. O risco de acabar com a cara no teclado era de cinquenta por cento, na melhor das hipóteses. Começava a digitar, percebia que estava no modo zumbi, voltava, apagava tudo, e começava de novo.

Estava prestes a desmaiar, então levantei e comecei a me concentrar na aparência da confiança, em vez de tentar explicá-la. Andando de um lado para o outro, decidi que ela era um jeito de caminhar. O rabo levantado, como um ponto de interrogação invertido, as orelhas relaxadas, os olhos não dilatados, os bigodes neutros. Sem ameaça à vista, sem mecanismo de "lutar ou fugir" ativado. Nenhuma necessidade de equipamento de radar ou de defesa. Nenhuma necessidade de ligar o sistema de defesa felino ao seu estado de alerta e abrir a caixa com o grande botão vermelho. Tudo isso porque há uma profunda e permanente sensação de que está tudo em paz no mundo. Esse caminhar não é de forma alguma artificial; não é resultado da forma que os gatos querem que o mundo os perceba. Em outras palavras, não tem a ver com petulância. É uma confiança que só poderia vir de um profundo senso de pertencimento a seu lugar no mundo. De que podem passear por aí sem a preocupação de arrancarem o que lhes pertence de debaixo de suas patas. Esse instinto é tão enraizado, que é mais do que um instinto básico. Ele vem das vibrações históricas, de uma comunicação quântica, que conectam os gatos no decorrer das eras. O gancho que eu buscava, o meio-termo ao qual queria que os humanos chegassem, era a sensação de *confiança em ter um território seu*.

Concluí que, se os guardiões pudessem reconhecer e incentivar esse estado presente de confiança, por mais simplista que pareça, isso poderia ajudá-los a acabar com a maioria dos "sintomas" dos quais tanto reclamam, incluindo casos de agressão e comportamentos inapropriados na caixinha de areia. Enquanto ia de um lado para o outro do escritório, tentando humanizar aquele caminhar, aquele estilo confiante, saiu da minha boca a primeira manifestação vocal daquele comportamento físico, o refrão cheio de energia de um dos meus heróis musicais, Muddy Waters: "I got my mojo workin'!" ("Meu mojo está a toda!")

O gancho surgira, e eu não ia deixar que ele me escapasse. Precisava acordar. Joguei água no rosto e dei tapas na minha nuca, uma tática que um amigo me ensinou durante o colégio para que eu não dormisse na aula. Até saí do apartamento, no meio de uma noite de inverno do Colorado, vestindo somente meu robe, em parte para manter o meu mojo funcionando e em parte só para viver aquele momento, pois tinha certeza de que gostaria de lembrar dele. E estava certo; com o passar do tempo, não é exagero dizer que quase tudo que construí para ajudar os gatos gira em torno da compreensão humana do mojo felino.

AGORA, DE VOLTA a Buenos Aires e ao momento do silêncio constrangedor e terror absoluto. Estou no palco, fazendo uma pergunta simples à plateia: "Quantas pessoas aqui sabem o que a palavra *mojo* significa?" Duas, talvez três — entre quinhentas — levantaram a mão. Eu havia construído minha carreira em torno de uma palavra que não caíra em ouvidos moucos, mas sim em ouvidos *muito confusos*.

Por conta da barreira linguística (e porque estava completamente em pânico e sem saber o que falar, fosse em inglês ou qualquer outro idioma), não tinha escolha a não ser *demonstrar*. Fui forçado a voltar àquela noite em Boulder, forçado a encontrar e expressar aquele gancho novamente. Preciso encontrar algo que (1) minha plateia vá reconhecer, e (2) minha tradutora possa traduzir. Só consigo pensar em *Os embalos de sábado à noite*, e isso me apavora.

Não tenho tempo para considerar se seria uma péssima escolha, que acabaria com a noite, então sigo em frente, criando uma imagem, fiel às memórias da minha adolescência, das cenas iniciais do filme:

"Stayin' Alive", dos Bee Gees, está tocando. A câmera filma uma calçada do Brooklyn, focando em sapatos incríveis da década de 1970. O plano vai subindo da barra da calça boca-de-sino para o cinto igualmente fabuloso, para a camisa de seda aberta no peito até finalmente revelar John Travolta, ou Tony Manero. Ele carrega uma lata de tinta em uma das mãos e uma fatia de pizza na outra. E descobrimos, dos sapatos ao penteado perfeito, a definição de estilo; Muddy Waters com certeza estaria assentindo em concordância total lá do paraíso do blues. Tony está com o mojo a toda.

Paro um instante para avaliar a resposta do público. Considerando o ritmo e o tom cada vez mais frenéticos da minha intérprete e o surgimento de sorrisos compreensivos entre a plateia, percebo que as pessoas estão entendendo. Então, começo a imitar o caminhar de Manero.

Tony sabe das coisas. No espírito do mojo, ele saber das coisas não tem a ver com presunção ou status. Ele apenas sabe. As garotas querem ficar com ele, os caras querem ser como ele. E o mais importante: Tony sabe que é dono do Brooklyn, ou pelo menos daqueles dois quarteirões. Isso é compreendido sem palavras, expresso pela linguagem cheia de estilo. O caminhar de Manero não precisa se provar ou se mostrar, pois é simplesmente a manifestação de uma certeza interna de pertencimento e propriedade. A gordura da pizza pingando de seu queixo, as latas de tinta mostrando sua falta de status, mesmo a indiferença das várias mulheres que ele canta no caminho, nada disso importa.

Depois de imitar Tony Manero de um lado para o outro do imenso palco, me encontro sem fôlego. Com as mãos nos joelhos, dirijo os olhos para uma plateia que murmurava e concordava animada, um atestado de que eu tinha evitado uma enrascada das piores. Ser pressionado por aquela barreira linguística foi a melhor coisa que poderia ter me acontecido. Aquela noite em Buenos Aires marcou um amadurecimento do conceito do mojo felino, não só porque agora posso defini-lo de uma forma inesperada, mas também porque agora sei que posso demonstrá-lo a qualquer um, independentemente de diferenças culturais. Também posso provar que sua atitude vem do mesmo lugar que o do seu gato.

Da minha epifania da madrugada em Boulder até a noite em Buenos Aires 17 anos depois, em cada performance ao vivo, em cada consulta domiciliar, em cada curso que ministrei e em cada episódio de *Meu gato endiabrado*, tudo nos traz até aqui, a este livro: *O encantador de gatos*. Minha ocupação principal durante todos esses anos não foi resolver problemas felinos, mas, sim, ensinar você a como encontrar, cultivar e manter o mojo. Estou falando com você, leitor, ou com o seu gato? Bem, os dois, na verdade. Se você está com seu mojo a toda, é muito mais fácil trazer à tona o mojo do seu gato. E se seu gato está com o mojo a toda, isso faz qualquer humano sorrir com inveja... até Tony Manero.

Seção UM

A história de um mundo
cheio de gatitude:
do Gato Essencial ao seu gato

Dicionário do pai de gatos: gatitude

A gatitude tem tudo a ver com confiança. Ela é proativa, não reativa. A fonte de gatitude é a certeza inquestionável dos gatos de que são donos do seu território e de que têm um trabalho importante a fazer naquele espaço. Esse trabalho é constituído de imperativos biológicos que eles herdaram de seus ancestrais selvagens, que chamo de: caçar, apanhar, matar, comer, limpar, dormir. Quando criamos um ritmo que reflete o do Gato Essencial — o ancestral —, acertamos o alvo. Quando gatos estão à vontade no próprio corpo, podem transformar o espaço ao redor em seu lar.

1

Quem é o Gato Essencial?

EXISTE OUTRO GATO vivendo dentro do seu gato. Tente remover os "confortos modernos" — as caminhas, os ratos de brinquedo, uma vida observando o mundo pela janela ou dormindo pacificamente no sofá. Talvez você tenha um vislumbre desse outro gato quando é acordado no meio da noite por alguém caçando seus dedos embaixo do cobertor; é aí que você encontra o "outro", que chamo de Gato Essencial. Ele é, basicamente, o gêmeo ancestral do seu gatinho doméstico. Esses gêmeos, separados por milênios, ainda permanecem muito ligados, como se houvesse um telefone de lata conectando-os através do DNA. Por essa linha reta e inalterada, o Gato Essencial envia transmissões constantes ao seu companheiro sobre a urgência de proteger seu território, caçar, matar,

Oi! Eu sou o Mojo! Serei seu guia ao Gato Essencial.

De grandes a pequenos

11 milhões de anos atrás (maa): A família Felidae se separa nas duas categorias de espécies felinas existentes, a Pantherinae (sete espécies de grandes felinos: tigres, leões, onças e quatro espécies de leopardos) e a Felinae, que consiste em sua maioria de gatos pequenos, inclusive os que moram conosco. (Em comparação, nós, humanos, nos separamos dos nossos parentes mais próximos bem mais recentemente, entre 5 e 7 milhões de anos atrás!)

9,4 maa: Os primeiros gatos-vermelhos-de-bornéu (Catopuma) formam uma linhagem separada dos ancestrais de todos os outros membros da subfamília Felinae.

11 milhões de anos atrás

9,4 maa

comer e permanecer sempre alerta, porque assim como gatos caçam, eles também são caçados.

Tudo sobre nossos gatos, da identificação territorial e das necessidades nutricionais às formas como eles brincam e se comportam, está ligado ao seu gêmeo essencial. Essas características todas representam um objetivo primário compartilhado, repassado pelas gerações com pouquíssimas modificações ao longo de dezenas de milhares de anos. Na verdade, quando você leva em consideração quantos traços do Gato Essencial seu gato mantém (sejam físicos ou comportamentais), é possível dizer que, do ponto de vista evolutivo, esses gêmeos são quase idênticos.

8,5 maa: A linhagem de servais [Serval], caracais [Leptailurus] e gatos-dourados-africanos se separa.

8 maa: A linhagem de jaguatiricas, maracajás, gatos-dos-pampas [Leopardus] e gatos-do-mato-grandes se separa.

7,2 maa: A linhagem dos linces se separa.

9,4 maa

No decorrer deste livro, vou pedir que você entre em contato com a essência do seu gato, porque é lá que o Mojo vive. Você vai começar a reconhecer quando ele estiver em contato com o Gato Essencial, e vai descobrir a importância de saber como e onde isso acontece. Além disso, também quero que você tenha uma perspectiva completa das ações diárias do seu gato, que só surge quando compreendemos por que o Gato Essencial permanece tão perto da superfície.

AS RAÍZES DO GATO ESSENCIAL

Muito, muito tempo atrás, os primeiros indícios de felinidade apareceram quando os carnívoros surgiram na Terra. Os carnívoros evoluíram de pequenos mamíferos há cerca de 42 milhões de anos. Membros dessa ordem (que inclui gatos, cachorros, ursos, guaxinins e muitas outras espécies) são definidos pelo formato dos dentes, adaptados para rasgar carne, e não pela dieta. (Alguns membros da ordem Carnivora são onívoros ou mesmo herbívoros.)

Os carnívoros (segundo a perspectiva evolutiva) se separaram em dois grupos, ou "subordens": os caninos, chamados de Caniformia, e os felinos, chamados de Feliformia. E o que exatamente os fez ser definidos como "felinos"? Bem, como você chamaria um grupo de caçadores de emboscada com maior tendência a serem carnívoros do que outros membros da Carnivora? Eu diria que essa é a essência pura dos gatos!

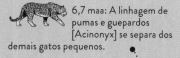

6,7 maa: A linhagem de pumas e guepardos [Acinonyx] se separa dos demais gatos pequenos.

6,2 maa: O gênero Felis (gatos-selvagens da Europa, África Subsaariana, Ásia Central, Oriente Próximo e das montanhas chinesas), que inclui nossos gatos domésticos, forma uma linhagem separada dos outros gatos pequenos (gatos-leopardos, gatos-pescadores e gatos-de-pallas).

6,2 maa

O encantador de gatos

Fato do pai de gatos

Os genomas de tigres e gatos domésticos têm mais de 96% de similaridade — o que significa que as proteínas que compõem o "plano" felino são organizadas de forma semelhante em muitas espécies de gatos.

UMA LINDA MUTAÇÃO SURGE! COMO NOVAS ESPÉCIES APARECEM

Ao observar nossa linha do tempo da evolução felina, você talvez esteja se perguntando: "Qual é a de todas essas separações e divergências?" Elas marcam períodos em que havia uma espécie ancestral — o avô de todos aqueles gatos, por assim dizer — da qual uma família se separou para fazer suas coisas de gato específicas.

Para explicar melhor, novas espécies se formam quando mutações genéticas ocorrem ao longo do tempo, fazendo as populações mudarem. Essas mudanças muitas vezes acontecem quando um grupo de animais fica isolado do restante dos membros da mesma espécie. Isso pode ocorrer devido a mudanças no ambiente — talvez uma área se torne mais ou menos protegida, ou a quantidade de presas se altere —, levando alguns animais a migrarem para outro território. Podem existir barreiras de proximidade, como a formação de novas ilhas ou o surgimento de um rio, criando uma separação entre os grupos. E podem acontecer mudanças de comportamento — por exemplo, animais noturnos tendo menor probabilidade de cruzar com animais diurnos.

130.000 anos atrás (aa): Os gatos-selvagens do Oriente Próximo, mais semelhantes aos nossos gatos, se separaram dos outros Felis. Um estudo genético de 2009, feito com 979 gatos (domésticos, ferais e selvagens), demonstrou que todos os gatos domésticos são descendentes do Felis sylvestris lybica, o gato-selvagem do Oriente Próximo, e que foi nessa região onde surgiu a domesticação dos felinos.

6,2 maa   130.000 aa

Cantinho do gato nerd

Extremo Oriente, extremas atitudes:
As origens do gato siamês

Quando os gatos se espalharam para o Extremo Oriente por volta de dois mil anos atrás, lá não havia gatos selvagens com os quais os recém-chegados podiam procriar. Esse isolamento genético levou a algumas mutações relativas à aparência, criando as várias características únicas das raças orientais, como os siameses, tonquineses e os Sagrados da Birmânia. Estudos de DNA recentes sugerem que houve cerca de setecentos anos de cruzamento independentemente de outras raças e, embora sejam da mesma espécie dos outros gatos domésticos, o perfil genético dos gatos orientais indica que eles partilham de um ancestral único originário do Sudeste Asiático.

OS GATOS PEQUENOS

Os felinos pequenos ainda podem ser subclassificados como do Velho Mundo (África, Ásia ou Europa) ou do Novo Mundo (das Américas do Sul e Central). Os felinos do Velho Mundo incluem gatos domésticos, selvagens, gatos-pescadores, linces, caracais, servais e guepardos. Os felinos do Novo Mundo incluem jaguatiricas, gatos-do-mato e pumas.

Não há uma divisão tão clara entre os felinos do Novo e do Velho Mundos como há com outras espécies de animais, basicamente porque

Período de domesticação
A linha do tempo é um pouco bagunçada, do jeito que os gatos gostam

12.000 anos atrás: Os primeiros armazenamentos de grãos no Crescente Fértil do Oriente Médio fizeram aumentar a concentração de roedores, o que teria atraído pequenos animais carnívoros.

9.500 aa: Arqueólogos encontraram evidências no Chipre de que um gato foi enterrado com um humano, junto com variados itens de decoração, em uma cova datada de quase dez mil anos atrás. Gatos-selvagens não são nativos da ilha, portanto teriam sido leavdos até ali por humanos de alguma forma. Esse gato específico talvez tenha sido domado, mesmo que os gatos ainda não tivessem sido totalmente domesticados.

12.000 aa   9.500 aa

todos os felinos são, da perspectiva evolutiva, muito próximos. Porém, existem algumas diferenças comportamentais. Por exemplo:

Velho Mundo   Novo Mundo

- Gatos do Velho Mundo deitam-se com as patas embaixo do corpo (na posição de "pão de forma"), enquanto os gatos do Novo Mundo não fazem isso.
- Gatos do Velho Mundo têm menos tendência a retirar as penas das pequenas aves que caçam, enquanto os gatos do Novo Mundo em geral depenam suas presas totalmente antes de comê-las.
- Gatos do Velho Mundo enterram seu cocô, enquanto gatos do Novo Mundo não fazem isso. (Imagine como a situação das caixas de areia seria diferente se nossos amados gatos domésticos descendessem do Novo Mundo, em vez de do Velho!)

Fato do pai de gatos

Todos os grandes felinos rugem (exceto os leopardos-das-neves), mas em geral não ronronam (exceto os guepardos). Pequenos felinos ronronam, mas não rugem. Isso acontece, em parte, por causa de um

5.000 aa: Evidências da domesticação de gatos na China, onde a primeira espécie domesticada foi o gato-leopardo (Prionailurus bengalensis). Foi uma relação pouco duradoura, talvez porque os gatos-leopardos sejam notoriamente mais difíceis de domar do que os F. s. lybica, que muitas vezes vivem perto dos humanos. (Hoje, todos os gatos domesticados na China são descendentes do Felis sylvestris lybica.)

9.500 aa

Quem é o Gato Essencial?

> pequeno osso no pescoço chamado hioide. Nos grandes felinos, esse osso é flexível, mas nos pequenos, é rígido. Os grandes felinos também têm cordas vocais achatadas e retangulares, além de um trato vocal mais longo, que permite que emitam um som mais alto e mais grave com menos esforço. Acredita-se que, nos pequenos felinos, o som do ronronar é gerado pelo osso hioide firme combinado a pregas vocais. Rugir talvez dê aos grandes felinos outra forma de controlar seu território sem brigar ou entrar em conflitos diretos. O volume do rugido, por si só, já é uma mensagem que viaja longas distâncias: "Estou aqui, por favor, mantenha distância." (Para saber mais sobre o ronronar, veja o Capítulo 4.)

Com toda essa conversa sobre o que separa os gatos do Velho Mundo dos do Novo, os pequenos dos grandes, e os pequenos entre si, é fácil esquecer um dos fatos mais incríveis, inegáveis e essenciais: todas as espécies existentes de gatos (atualmente estimadas em 41) têm um ancestral em comum. Isso significa que todos os felinos são obrigatoriamente carnívoros, com grandes olhos e orelhas, mandíbulas poderosas e um corpo feito para matar. Todos os gatos caminham silenciosamente na ponta dos pés e têm garras retráteis, o que funciona muito bem para seu estilo de caça furtivo de perseguir e atacar. E, por fim, talvez a força que mais conecta todos os felinos (e que mais tem a ver com a gatitude), de leões a gatinhos, seja a necessidade de dominar e proteger um território.

4.000 aa: Evidências da domesticação no Egito. Restos de F. s. são encontrados em tumbas, e pinturas e esculturas retratam gatos vivendo lado a lado com humanos e usando coleiras.

2.500 aa: Apesar da exportação de gatos do Egito ter sido banida, eles foram para a Índia. E, há 2.500 anos, os gatos já tinham se espalhado pela Grécia, Extremo Oriente, Eurásia e África.

2.500 aa

O encantador de gatos

A JORNADA AO MENOS SELVAGEM: A HISTÓRIA DA "DOMESTICAÇÃO"

É difícil para os cientistas determinar uma linha do tempo definitiva sobre a domesticação dos gatos, porque genética, física e comportamentalmente eles são muito parecidos com seus parentes selvagens mais próximos (tanto que o cruzamento entre gatos domésticos e outras espécies selvagens é relativamente comum). Na verdade, a palavra "doméstico", quando aplicada aos gatos, sempre me pareceu... bem, errada. Não acredito que os gatos tenham sido completamente domesticados. Isso tem a ver com minha insistência para que você fique atento à essência do seu gato o tempo todo. Para mim, cada momento em que você identifica o Gato Essencial dentro do seu bichinho é uma prova contra a ideia da domesticação. Dito isso, conforme seguimos com a nossa história, vamos dar uma olhada no que sabemos sobre o processo que transformou gradualmente o Gato Essencial no que hoje chamamos de "gato doméstico".

Por milhares de anos, os gatos viveram com ou em torno de seres humanos, mas nunca dependeram de nós completamente. A espécie ancestral, *F. s. lybica*, parece ter sido uma das mais domáveis de todas as espécies de gatos selvagens, sugerindo uma predisposição a viver com humanos. No fundo, o caminho para a evolução foi na verdade pavimentado pelos benefícios que gatos e humanos ofereciam uns aos outros. Quando a agricultura começou a florescer nos primeiros assentamentos humanos, a população de roedores aumentou drasticamente. Isso tornou a proximidade com os humanos atrativa para os gatos, e o controle de pestes natural que eles ofereciam, atrativo aos humanos. No decorrer da história, essa situação de "todo mundo sai ganhando" se provou recorrente.

 2.000 aa: Os romanos expandiram seu império, e os gatos seguiram seus passos.

 1.200 aa: Gatos domésticos se espalham para o norte da Europa.

2.500 aa

Quem é o Gato Essencial? **31**

DEUSES E MÚMIAS

O lado ruim de qualquer relação duradoura entre humanos e animais é que não é uma relação equilibrada. Os humanos, através dos séculos, infelizmente sempre estiveram no controle e podem ser bastante intransigentes com esse poder. Em geral, os gatos pareciam ser reverenciados em proporção direta com o quanto sua habilidade para controlar pragas era necessária. Dito isso, a verdadeira jornada humanos/gatos começou de fato quando nós simplesmente aprendemos a apreciá-los por suas personalidades e companheirismo únicos. Conforme a jornada seguia, cada vez mais empolgante e acelerada, nossos amigos felinos muitas vezes acabaram sendo insultados... ao extremo.

Todos já ouvimos histórias sobre gatos sendo adorados no Egito. Mas é importante lembrar que a economia egípcia era altamente baseada em grãos... o que significa agricultura... o que significa roedores... o que significa, mais uma vez, que os gatos representavam o papel bem-vindo de "exterminadores naturais". Provavelmente, foi esse fator que elevou o status da espécie na sociedade egípcia. (Compare isso, por exemplo, com as muitas partes da Europa em que as doninhas já vinham fazendo esse papel de exterminadores, de maneira que gatos não tinham utilidade.)

500 aa: Gatos domésticos se espalham para as Américas e Austrália. Provavelmente eles viajaram como passageiros no Mayflower para servir como controle de pestes.

500 aa

O encantador de gatos

Ainda assim, os egípcios reverenciavam os gatos, talvez como nenhuma outra cultura. Os gatos eram representados na arte egípcia, viviam nos templos e eram criados como animais de estimação. Maltratar um gato propositalmente trazia sérias punições, e quando um gato morria de causas naturais, sua família humana raspava as sobrancelhas em sinal de luto. Essa devoção/adoração foi documentada pela mumificação de gatos, que muitas vezes eram preparados para a pós-vida com a companhia de ratos mumificados.

Mas mesmo no Egito, onde as pessoas amavam os gatos, a já mencionada jornada humanos/felinos também tinha alguns lados negativos. Nem

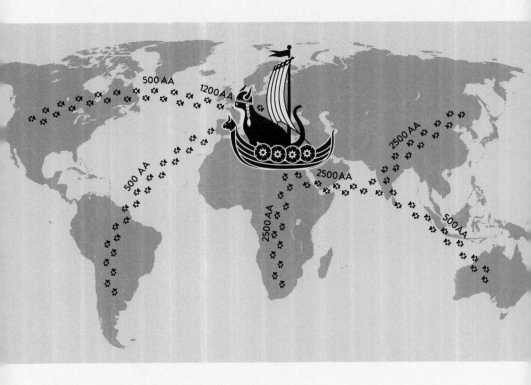

Hoje, há gatos em todos os continentes, com exceção da Antártida.
Talvez seja a espécie mais bem-sucedida do planeta em sua habilidade de adaptação
— perdendo apenas para os humanos.

500 aa   *Hoje*

todos os gatos mumificados eram animais de estimação queridos. Eles também eram usados como oferendas aos deuses, e a demanda por esse tipo de oferenda acabou abrindo espaço para criadores de gato sem consciência, que vendiam gatos para serem mortos e mumificados.

O profeta Maomé era outro amante de gatos, e na cultura islâmica os gatos sempre foram apreciados por mais do que sua habilidade de exterminar pragas. De acordo com uma das mais famosas histórias da reverência de Maomé aos seus amados gatos, ele foi chamado para as orações e seu gato favorito, Muezza, estava dormindo na manga de seu manto de oração. Então, Maomé cortou a manga do manto, em vez de atrapalhar Muezza. (Soa familiar? Quantos de vocês já ficaram paralisados no sofá porque um gato caiu no sono no seu colo?)

Em outras partes do mundo em que os gatos eram adorados — especialmente em culturas pagãs —, o status sagrado dos felinos começou a ser manchado com o aumento da perseguição a não cristãos. As coisas ficaram muito ruins para nossos amigos felinos durante a Idade Média, quando foram associados a cultos e declarados malignos. Acredita-se que milhões de gatos foram sentenciados à morte em julgamentos de bruxaria ou queimados em fogueiras. E, se os donos dos gatos tentassem defender seus animais de estimação, acabavam enfrentando a inquisição também.

A triste ironia é que, durante essa época, a peste negra se espalhou e matou milhares de pessoas. Ratos (ou melhor, as pulgas que eles carregavam) eram vetores conhecidos da praga, e matar imensas quantidades de gatos certamente contribuiu para a proliferação de roedores. É verdade que mais recentemente arqueólogos começaram a questionar a relação entre ratos e a disseminação da praga, sugerindo que a doença se espalhou tão rapidamente por conta do contato próximo entre os próprios humanos, não entre humanos e ratos. Ainda assim, matar milhares de gatos certamente não ajudou.

Mesmo hoje, superstições e estigmas continuam a manchar a percepção das pessoas sobre gatos. Todo mundo já ouviu que "cruzar com gato preto dá azar". Embora os gatos estejam mais populares do que nunca, ainda são mortos aos montes em abrigos todos os anos, e houve até mesmo uma campanha para erradicar gatos ferais de espaços abertos. Com sorte, essas ideias logo farão parte do passado também.

2
O momento da virada na Era Vitoriana

APESAR DE TODOS os altos e baixos pelos quais nosso Gato Essencial passou ao longo dos séculos, nada teve maior impacto sobre sua vida do que começar a morar dentro das casas. Pensando bem, isso poderia ser dito sobre nós também. É aqui que a linha do tempo evolutiva começa a ir e vir, e a relação gatos/humanos começa a se definir e redefinir várias vezes em rápida sucessão, baseada em uma nova e mais próxima convivência. Mas, considerando que todo mundo estava bem com o acordo "vocês ficam do lado de fora e nós, do lado de dentro" que sempre tivemos com os gatos, como e por que essa mudança aconteceu? E como a dinâmica entre humanos e felinos progrediu desde então?

Trazendo a selva para casa
Um breve resumo da ascensão do posto dos gatos na sociedade depois que o modelo de gato doméstico foi popularizac

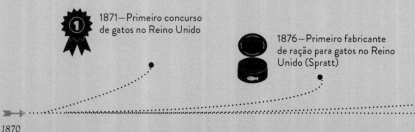

1871—Primeiro concurso de gatos no Reino Unido

1876—Primeiro fabricante de ração para gatos no Reino Unido (Spratt)

1870

SUBINDO NA VIDA...

Em torno de 150 anos atrás, os humanos decidiram levar os gatos para dentro de casa. Muitos dizem que foi a rainha Vitória que popularizou a ideia de "eu gosto de gatos e quero que eles morem comigo".

A rainha Vitória era conhecida por ser meio solitária, e também muito amiga dos animais. Ela apoiava a causa do bem-estar animal e, com sua aprovação, a Sociedade Protetora dos Animais inglesa ganhou o status de Real. Além dos muitos cachorros, cavalos, cabras, entre outros, ela também tinha dois amados gatos persas. Sua última gatinha, White Heather, viveu até o fim dos seus dias no Palácio de Buckingham, muito depois da morte da rainha.

Nessa época (a Era Vitoriana, na Inglaterra do século XIX), a prática de ter animais de estimação aumentou. Estava em alta humanos cuidarem de outros animais, e ter bichos de estimação era tanto um símbolo de status quanto uma forma de os nobres demonstrarem seu poder sobre a natureza. O caráter blasé dos gatos os tornava a espécie perfeita, "selvagem, mas ainda limpinha", para os humanos se aproximarem. Além disso, muitos escritores e artistas expressaram seu amor pelos gatos, e as pessoas começaram a fazer funerais para seus amados felinos.

1895—Spratt leva a ração para gatos aos Estados Unidos

1895— Primeiro concurso de gatos nos Estados Unidos

Anos 1930—Produção de ração enlatada para gatos nos EUA

1930

O encantador de gatos

... PARA UM APARTAMENTO DE LUXO NO CÉU

Claramente, muita coisa mudou desde que o Gato Essencial mais puro de todos andou sobre a Terra, tanto na relação dos felinos com humanos quanto, em menor grau, nas suas características genéticas. Embora cães e gatos tenham ficado famosos por sua coexistência bem-sucedida com humanos, nosso relacionamento com os gatos (em total contraste com os cães) floresceu sem que nós realmente os tenhamos forçado a mudar. Os gatos que protegiam nossos grãos contra roedores são basicamente os mesmos com que dividimos a cama hoje.

A maior mudança na relação entre humanos e felinos aconteceu devido à transformação na demografia dos "donos" de gatos, que passou de um modelo rural para um modelo mais urbano. Como mencionado anteriormente, o papel dos gatos no modelo rural tinha mais a ver com serem exterminadores para os fazendeiros do que realmente membros da família, mesmo quando podiam entrar nas casas. Por outro lado, o modelo urbano criou um relacionamento mais afetivo e familiar entre gatos e seus guardiões. E existem diversas razões para isso.

Primeiramente, o modo de vida urbano geralmente implica em mais pessoas morando sozinhas, em vez de em grupos, e com menos parentes por perto. Adicione a isso a maior quantidade de divórcios e a menor taxa de natalidade, e já é possível começar a enxergar como o relacionamento entre humanos e gatos passou a ocupar um papel mais central na vida dos guardiões. Além disso, as pessoas costumam morar em lugares menores nas cidades e trabalhar mais. Isso criou uma tendência de adotar animais de estimação menores, como gatos, por uma questão prática. Ah, e não vamos esquecer minha razão favorita para a popularidade dos gatos em espaços urbanos: muitas vezes eles são retratados como

Anos 1930 — Início da castração de cães e gatos

Anos 1940 — Racionamento de carne
Porções limitadas de carne levam ao desenvolvimento da ração seca, feita com restos de carne e peixe.
A ração seca acaba por se tornar o tipo de alimento para gatos mais produzido e consumido.

1930

O momento da virada na Era Vitoriana

animais "fáceis de cuidar"! É claro que, se esse realmente fosse o caso, eu não teria trabalho, certo?

Ainda assim, a mudança de paradigma de rural para urbano, de externo para interno, não é um processo finalizado, de forma alguma. Ela ainda está se desenrolando; estamos no meio dessa mudança. Para começar, em muitos lugares do mundo os gatos ainda são considerados pestes ou animais daninhos. E mesmo em culturas (como a nossa) em que eles são amados e reverenciados, muitos ainda acreditam ser correto o modelo clássico de "liberdade" dos ancestrais felinos e consideram uma crueldade, quase um sequestro, mantê-los dentro de casa. Como vimos na história do Gato Essencial e de seus companheiros humanos, "felizes para sempre" é um objetivo difícil de ser alcançado.

EVOLUÇÃO TURBINADA: COMO VIVER COM HUMANOS MUDOU OS GATOS?

Hoje, aproximadamente 96% dos gatos ainda escolhe com quem vai cruzar. Isso criou uma linha genética bastante inalterada e orgânica na maioria dos gatos modernos, mas isso não significa que não houve mudança por conta da convivência conosco. De certa forma, os gatos fazem uma autosseleção: os mais amistosos, mais tolerantes à presença de humanos, têm maior probabilidade de serem alimentados e abrigados por eles, e, portanto, de cruzar com outros gatos com genes semelhantes. Então, se por um lado não há uma seleção intencional muito forte em busca de certos traços físicos ou comportamentais entre os gatos, de fato foi nosso relacionamento com eles que levou às mudanças genéticas mais significativas.

1947 — Invenção da caixa de areia por Ed Lowe. Antes disso, as pessoas usavam cinzas, terra ou areia de praia, mas a maioria delas simplesmente deixava seus gatos "darem uma saidinha".

Anos 1940 e 1950 — A castração continua, mas ainda não é comum

A anestesia geral é recomendada, mas não exigida! Por algum motivo, espalha-se a ideia de que é mais "humanitário" deixar gatas terem pelo menos uma ninhada.

1950

O encantador de gatos

Cantinho do gato nerd
O que mudou no gato atual?

Em 2014, cientistas coletaram amostras de DNA do interior da boca de 22 gatos domésticos de várias raças (maine coon, norueguês da floresta, sagrado da Birmânia, bobtail japonês, van turco, mau egípcio e abissínio), assim como de gatos selvagens do Oriente Próximo e da Europa. A partir dessas informações, eles conseguiram determinar algumas das mais importantes modificações genéticas ocorridas em gatos domesticados.

Mudanças genéticas associadas a:

- Maior capacidade de criar memórias
- Maior capacidade de criar associações entre um estímulo e uma recompensa (por exemplo, humanos oferecendo comida)
- Menor condicionamento ao sentimento de medo, o que significa que os gatos de hoje não entram tão rapidamente no modo de lutar-ou-fugir

Características físicas:

- Corpo menor
- Mandíbula mais curta
- Cérebro menor
- Glândulas suprarrenais menores (que controlam o instinto de lutar-ou-fugir)
- Intestinos mais longos, uma adaptação a consumir comida humana
- Todos os felinos possuem caninos longos, que permitem matar com

Anos 1950 — Explosão de marcas de ração para gatos

1969 — A primeira clínica popular de castração é aberta em Los Angeles. Antes disso, o número de animais sacrificados era imenso.

1950

O momento da virada na Era Vitoriana **39**

uma mordida no pescoço. Os dentes dos gatos domésticos têm um espaçamento mais estreito do que os de outros felinos, porque se adaptaram a caçar roedores menores — a presa favorita da maior parte dos gatos domésticos.

O que não mudou no gato atual?

- Formato do crânio: o formato do crânio de todas as espécies de felinos é similar, e todas têm uma mandíbula especializada em matar com uma mordida poderosa. Os crânios dos nossos gatinhos podem ser bem menores do que os de leões e tigres, mas sua estrutura é bem semelhante.
- O comportamento! (Em grande medida...)
- A maioria dos gatos escolhe seus parceiros, o que mantém o patrimônio genético diversificado.
- Gatos ainda conseguem (em sua maioria) sobreviver sem nós

O MESTRE DAS MARIONETES: GATOS DE RAÇA

Os seres humanos começaram a compreender os princípios básicos da genética no final do século XIX, quando Gregor Mendel publicou seu famoso estudo sobre a hereditariedade de traços dominantes e recessivos em ervilhas. Antes disso, as pessoas cruzavam animais, inclusive gado e, é claro, cães. Na época, o cruzamento da maioria dos animais visava o fornecimento confiável de alimentos. Cães, por outro lado, eram cruzados para funções específicas — ajudar na caça assustando as presas, buscar a caça, ou brigar. Mas quando se tratava de obter resultados desejados na

1972 — A Sociedade Americana de Prevenção Contra Crueldade com Animais exige que os animais adotados sejam castrados antes de irem para casa.

Anos 1970 — Mudança para o estilo de vida apenas dentro de casa (em especial nos EUA)
Recomendado por muitos veterinários e associações para proteger tanto os gatos quanto a fauna e a flora ameaçadas por sua caça, e porque gatos passaram a ser cada vez mais aceitos como membros da família.

1990

aparência ou no comportamento, o sucesso era inconsistente, principalmente porque tínhamos uma compreensão muito rudimentar de como a genética funcionava.

Uma vez que compreendemos isso, fomos capazes de "influenciar" a evolução dos gatos através da procriação controlada, isto é, selecionando os parceiros dos gatos para eles. Porém, o objetivo inicial do cruzamento era estético, e não prático. Não queríamos mudar quem eles eram, só sua aparência.

O resultado de selecionar e cruzar gatos com certas características físicas foi o surgimento das primeiras raças (como os persas). Na verdade, os primeiros cruzamentos de gatos muitas vezes tinham como objetivo obter certas cores de pelagem (acreditava-se erroneamente que misturar gatos pretos com gatos brancos geraria filhotes cinza). O primeiro concurso de gatos no Reino Unido, em 1871, tinha gatos persas, azuis russos, siameses, angorás e abissínios, além de manxes e pelos-curtos de várias cores.

Com a criação de raças, surgiram diversos clubes para celebrá-las, e as extravagâncias em torno dos felinos vieram junto: concursos, juízes, laços e pais orgulhosos — tipo *Pequenas Misses*. Mas em vez de se concentrarem em um bronzeado falso perfeito ou em coreografias de sapateado, os juízes desenvolveram padrões que definiriam as características físicas desejáveis para cada raça, como o formato dos olhos, das orelhas, do rosto, do rabo e até das patas. Muitas vezes, porém, as diferenças estavam simplesmente na cor do pelo. Por exemplo, inicialmente os gatos persas eram definidos pela pelagem longa e cor de chinchila, não por ter o focinho achatado. As extremidades mais escuras eram a única coisa que distinguia os siameses de um gato comum. Essas raças eram distintas, mas não tinham aparências extremamente diferentes dos outros gatos domésticos.

1990 — Surge o conceito de CED (Capturar, Esterilizar, Devolver).

1994 — Primeiro caminhão de castração é criado em Houston, Texas, quando percebe-se que muitas pessoas precisam do serviço, mas nem sempre podem ir até uma clínica para castrar seus animais.

O momento da virada na Era Vitoriana

Hoje, o cruzamento de animais mudou muito, com organizações que reconhecem de 44 até quase sessenta diferentes raças de gatos. Nesse processo, acabamos forçando a aparência física dos animais a extremos, muitas vezes sem preocupação com o bem-estar deles. Por exemplo, tornamos o focinho dos persas mais achatado e o dos siameses mais fino e pontudo. Por consequência, as mudanças que forçamos através do cruzamento vão contra o Gato Essencial de diversas formas.

Ao selecionarmos os persas pela aparência braquicefálica (de focinho curto), acabamos dificultando sua respiração, aumentando a chance de doenças dermatológicas, dentais e oftalmológicas, além de tornar o processo de parto mais complicado e arriscado. Os gatos da raça scottish fold são usados como modelos para estudar a artrite, porque as mutações que causam as dobras nas suas orelhas também geram degenerações dolorosas nos ossos e nas cartilagens. Os manxes costumam sofrer com dores de coluna, constipação e outros problemas intestinais por causa de deformidades na medula espinhal. Gatos da raça maine coon têm tendência a desenvolver doenças cardíacas, e os siameses, asma e hiperestesia.

Esses são só alguns exemplos. Quando limitamos o patrimônio genético, a probabilidade de mutações perigosas e doenças aumenta. Não há como evitar.

Os humanos são mestres das marionetes no que se trata do exterior dos gatos, mas será que temos feito algum progresso para entender seu mundo interior?

Apesar de todo o progresso que fizemos ao trazer os gatos para dentro de casa, a domesticação felina criou novos problemas, pelo menos do meu ponto de vista. Parece que não importa para onde o vento bata, ele nunca

---

1999 — A organização IDA (In Defense of Animals) começa a Campanha do Guardião, tentando mudar a linguagem e o estatuto jurídico de animais de companhia, trocando o termo "dono de animal" para "guardião de animal".

2003 — West Hollywood se torna a primeira cidade americana a banir a remoção cirúrgica das garras dos gatos.

2003

sopra totalmente a favor dos gatos. Antigamente, seu papel como ajudantes nas fazendas assegurava sua sobrevivência, mas, como vimos, não seu status. Da mesma forma, hoje em dia, eles são vistos muitas vezes como uma "introdução à família", mais uma representação do que é ser responsável por outro ser do que realmente ocupar uma relação verdadeira e fiel à sua natureza.

Minha intenção não é falar mal dos humanos; esse período de grandes adaptações é difícil para os dois lados, e todos precisam mudar a forma como vivem para se ajustar ao outro. Só peço que reflita sobre o seguinte: nos menos de cento e cinquenta anos desde a época da rainha Vitória (o que, do ponto de vista evolutivo, é um piscar de olhos), passamos a exigir que os gatos façam xixi numa caixa, durmam a noite toda, sentem no sofá, não pisem em teclados de computador ou desfilem pela bancada da cozinha, e por último, mas não menos importante, reduzimos seu território de algumas centenas de hectares para um apartamento quitinete. O resultado é que, à medida que os gatos forem vistos como acessórios de decoração, mais difícil será que alcancem o ideal que determinamos para eles, e mais fácil será para que retornem ao status de párias.

Pronto: 42 milhões de anos de evolução e uma boa introdução ao Gato Essencial, tudo resumido em dois curtos capítulos. Na Seção 2, vamos começar a explorar tudo que você sempre quis saber sobre seu gato — da maneira como ele existe no presente —, mas tinha medo de perguntar.

Curso rápido sobre gatos

3

O ritmo do Gato Essencial

QUANDO COMECEI A trabalhar nessa área, partia do princípio de que meus clientes e alunos — assim como guardiões de gatos em geral — estavam interessados em reunir conhecimento sobre *todos* os gatos. Por isso, passava longas madrugadas tentando resumir minha filosofia em lições simples para essas pessoas. Acontece que a maior parte dos "loucos dos gatos" que eu conhecia estava mais interessada em saber sobre os seus gatos, porque, compreensivelmente, quem me contratava queria descobrir como fazer seus *próprios* gatos pararem de fazer besteira. O resultado? Eles viam minhas tentativas de ligar os pontos felinos como frufrus desnecessários. Isso me fez perceber que, para mostrar o plano geral para essas pessoas, eu tinha uma pequena janela de oportunidade antes que elas perdessem o interesse.

Então, assim como fiz com o termo "gatitude", eu precisava encontrar um gancho: uma forma rápida e imediata de lembrar aos guardiões de que o comportamento dos seus gatos estava ligado ao Gato Essencial. Nesse caso, queria fazê-los entender a importância máxima dos "três Rs" — Rotina, Rituais e Ritmo — na vida dos seus gatos; os três Rs são baseados no estilo de vida de caçador dos seus ancestrais. O Gato Essencial, como já explicamos, precisava completar tarefas muito específicas todos os dias para se sentir cheio de gatitude.

O gancho que criei – um Post-it mnemônico – foi *Caçar, Apanhar, Matar, Comer, Limpar, Dormir* (CAMCLD). Eu fazia (e ainda faço) meus clientes repetirem essas palavras de forma rítmica e com vontade, como se fossem líderes de torcida felinos, até se tornarem um mantra. Este, depois de absorvido, serve como um lembrete constante ao guardião de que o Ritmo do Gato Essencial faz o mundo girar para o seu amigo felino, e que é seu trabalho "alimentar o Ritmo". Isso faz com que você se lembre de estabelecer rotinas para as horas da brincadeira, do descanso e da alimentação, inclusive em relação ao que o seu gato está comendo. Todas as estradas levam à gatitude, e uma das maiores placas de trânsito nesse caminho diz, em neon: CAMCLD.

CAÇAR, APANHAR, MATAR, COMER

Historicamente, como discutimos na Seção 1, nosso desejo de usar os gatos como um pesticida natural e o desejo deles de se tornarem exterminadores honorários se alinharam perfeitamente. Caçar, Apanhar, Matar, Comer (CAMC) – a base do Ritmo do Gato Essencial, e o processo de quatro etapas que os gatos usam para encontrar e consumir alimentos – serve bem a ambas as partes, e é a razão pela qual nosso relacionamento com os gatos seguiu a mesma trajetória por tantos anos. Foi realmente só nos últimos 150 anos que essa trajetória tomou outro rumo, e surgiu uma bifurcação no caminho da domesticação dos felinos, pois, até então, era senso comum que gatos deveriam permanecer do lado de fora e que era cruel mantê-los dentro de casa.

É isso que torna o momento presente tão importante para o nosso futuro: o que era dado como certo ao longo de milhares de anos, de repente, não é mais assim, pois nós seguimos conciliando a vida mais segura e de melhor qualidade que os gatos levam dentro de casa com seus instintos biológicos inatos. CAMC não tem a ver com dar o mínimo de cuidado para o seu gato, mas sim um lembrete da conexão direta que existe entre seu gato e o Gato Essencial ancestral (a comunicação através daquele telefone de lata que mencionei).

Ainda assim, muitas pessoas ainda querem saber: "Tudo bem se eu não brincar com o meu gato?" Ou: "Posso comprar um alimentador automático e deixar meu gato sozinho por dois dias?" Em vez de balançar o dedo e dizer que não, o objetivo é mostrar para você, do ponto de partida crucial que é o CAMC, como a resposta a essas perguntas é óbvia, de maneira que você não precise mais perguntar essas coisas. E se CAMC é nosso trampolim, e a gatitude é a água em que mergulhamos, então entender os principais mecanismos da psicologia felina — principalmente em relação à caça — é a mola do trampolim.

COMO OS GATOS VIVENCIAM O MUNDO ENQUANTO CAÇADORES

Gatos são caçadores naturais, e por isso dependem dos sentidos — principalmente do tato, da visão e da audição. Isso significa que basicamente todas as partes da fisiologia do seu gato têm uma função no processo de caça.

Tato

Gatos são extremamente sensíveis ao toque. Isso é, em parte, porque eles têm receptores na pele que continuamente indicam que estão sendo tocados — o que significa que essas células não se adaptam ao contato físico, porque o cérebro não para de receber o sinal de "estou sendo tocado". Em comparação, os receptores humanos se adaptam ao toque, como evidenciado pelo fato de que não ficamos constantemente conscientes de que estamos vestidos. As células dos gatos (células de Merkel) são altamente sensíveis, mais semelhantes às das pontas dos dedos humanos. Até seus folículos de pelos têm nervos, portanto, estar com pelos fora do lugar pode ser irritante para um gato.

Aqui estão mais alguns fatos interessantes sobre os felinos e o tato:

- Algumas áreas do corpo dos gatos são ainda mais sensíveis: o focinho, os dedos e as almofadinhas das patas da frente têm ainda mais receptores do que o restante do corpo. (O Dr. John Bradshaw descreve as patas dos gatos como seus "órgãos sensoriais".)

- A pele do focinho consegue detectar mudanças na direção do vento e na temperatura.
- Gatos têm pelos receptores nos dedos, o que explica por que gatos de pelo longo, em especial, podem ser mais sensíveis à sensação da areia nas patas e à escovação, por exemplo.
- Eles têm pelos curtos e grossos ao redor da boca e dos pulsos para detectar vibrações.
- A base das garras consegue detectar movimento, o que é útil, por exemplo, quando um rato está tentando se livrar das patas do gato.

Excesso de estímulo, e possivelmente até alguns transtornos compulsivos e de excesso de higienização, muitas vezes tem a ver com essa sensibilidade exacerbada. Então, da próxima vez que você estiver fazendo carinho ou escovando seu gato e de repente ele se virar e tentar arrancar um pedaço da escova ou da sua mão, não leve para o lado pessoal! (Mais sobre isso na Seção 3.)

Ao mesmo tempo, entenda que toda essa percepção sensorial não é só voltada para suas atividades de caça. Gatos também são presa para alguns animais, como coiotes e gaviões. Ser sensível ao toque também significa ser sensível à dor. Os gatos precisam saber se estão sendo atacados e ser extremamente perceptivos aos sinais de um ataque para que seu mecanismo de lutar-ou-fugir extremamente afiado possa entrar em ação.

Pelos bigodes!

No que se trata de tato, porém, nada é tão sensível quanto os bigodes. Em comparação aos cães, os gatos têm uma área maior do cérebro dedicada a receber sinais da região do focinho. Os bigodes têm receptores ligados ao córtex somatossensorial do cérebro, que recebe informações sobre a temperatura ambiente, seu equilíbrio e o tamanho do espaço pelo qual o gato está tentando passar. Os bigodes também são capazes de detectar movimentos e correntes de ar, e mandar mensagens para o cérebro sobre a força, a direção e a velocidade do ar ao seu redor, o que pode ajudá-los a prever movimentos das presas.

A visão de perto dos gatos não é muito boa, então eles dependem bastante da informação recebida pelos bigodes quando a presa está perto ou dentro da boca. Quando estão em modo de caça, os doze bigodes ao redor do focinho ficam para a frente a fim de detectar o movimento da presa, de modo a ajudar o gato a aperfeiçoar a sua mordida letal. Os bigodes na parte de cima da boca, junto com os das bochechas, os acima dos olhos, no queixo e na parte de trás das patas, todos ajudam os gatos a "verem" em 3-D.

Fato do pai de gatos

Espécies felinas selvagens que caçam à noite têm bigodes mais proeminentes do que as caçadoras diurnas.

Visão

Tudo na anatomia e no funcionamento dos olhos dos gatos (aliás, tudo no Gato Essencial, cada músculo, parte do corpo e instinto) tem a ver com sua experiência como caçadores. Gatos têm olhos grandes (em proporção tanto ao tamanho do corpo quanto ao tamanho da cabeça), voltados para a frente, o que é comum em predadores. Seu campo visual cobre em torno de duzentos graus, incluindo a visão periférica. Desse campo, noventa graus são "binoculares", isto é, os dois olhos trabalham juntos para criar uma percepção de profundidade (como, por exemplo, para determinar a distância até uma ave). Os olhos dos gatos também respondem melhor a movimentos rápidos, o que os torna ideais para que nossos amados caçadores apanhem um rato ligeiro.

Porém, a visão deles não é tão adequada para lidar com as presas de perto, sendo bastante embaçada a curta distância e menos detalhada do que a nossa. Na verdade, a distância focal ideal para eles fica entre dois e seis metros — perfeita para perseguir um pássaro ou rato. Se a presa estiver a menos de trinta centímetros de distância, os olhos felinos nem entram em foco; a essa distância, são os bigodes que entram em ação para identificar os detalhes. Dito isso, gatos domésticos tendem a ser um pouco míopes, porque os objetos nos quais se focam normalmente estão mais próximos, enquanto gatos que ficam do lado de fora em geral são hipermetropes, como seus ancestrais Gatos Essenciais.

Janelas da alma: comparando os olhos felinos aos olhos humanos

Os olhos dos gatos funcionam de forma semelhante aos nossos: a luz entra pela pupila, a abertura no centro da íris (a parte colorida dos olhos) é focalizada pela córnea e pelo cristalino, depois projetada na retina, no fundo do olho. A retina tem dois tipos de receptores: bastonetes e cones. Os bastonetes são especializados em condições de pouca luz, e os cones são melhores na detecção de cores diurna. A maior diferença entre os olhos humanos e felinos é a seguinte: gatos têm três vezes mais bastonetes do que os humanos, mas menos cones. Então, embora consigam detectar algumas cores durante o dia, elas não são tão proeminentes — nem tão importantes, aparentemente — para os felinos. Na penumbra, sua visão é em preto e branco, porém, eles enxergam com muito mais clareza do que nós. Como sempre, tudo se resume a "o que vai ajudar na caçada". Eles preferem nitidez ao colorido sem pensar duas vezes!

Por falar em como a evolução ajudou o caçador essencial, aqui estão mais algumas diferenças importantes:

- As pupilas dos gatos não são redondas como as nossas. Em vez disso, têm uma fresta vertical que permite que respondam mais rápido à luz, abrindo-se e fechando-se mais em todas as direções.
- Os olhos dos gatos demoram mais a focalizar porque o cristalino é rígido. Quando as pupilas estão altamente retraídas — como sob uma luz intensa —, é mais difícil focalizar.
- Humanos têm fóvea, um buraquinho na retina que é especializado em ver detalhes. Os gatos têm, no lugar, uma "linha visual", que cumpre

função semelhante, mas possui uma grande concentração de bastonetes, o que garante aos felinos uma visão melhor em condições de pouca luz.

■ Atrás da retina, os gatos têm células refletoras chamadas tapetum lucidum, que funcionam como uma lanterna embutida, dando mais poder à visão felina no escuro. Elas também são responsáveis pelo brilho nos olhos do seu gato ao sair em uma foto com flash.

Audição

Assim como seu tato e sua visão, a audição dos gatos também é uma importante ferramenta na sua Rotina de CAMC. Os gatos têm a faixa auditiva mais ampla dos carnívoros — 10,5 oitavas. Gatos e humanos têm uma capacidade semelhante no extremo mais grave da escala, mas gatos conseguem ouvir sons muito mais agudos (como os guinchos de um rato) — em torno de 1,6 oitavas acima dos sons que nós escutamos. A maior parte dos aspectos da audição de um gato está relacionada à detecção de presas, não à comunicação com outros gatos.

O ouvido externo dos gatos aumenta as frequências e tem o formato certo para literalmente canalizar sons difíceis de detectar para o canal auditivo. A habilidade de movimentar cada orelha independentemente permite que os gatos identifiquem com precisão a origem de um barulho, seja uma presa, um predador ou um filhote precisando da mãe. Eles também conseguem girar cada orelha em quase cento e oitenta graus, permitindo que percebam algo que se aproxima por trás deles.

AGORA, CONHECENDO MELHOR a fisiologia e a anatomia que permitem aos gatos serem perfeitas máquinas de caçar, vamos analisar alguns detalhes sobre como e o que eles caçam.

"Menor do que um pombo": caçando no mundo real

Gatos vão caçar qualquer coisa menor do que eles, mas tendem a preferir presas menores do que um pombo. Suas presas favoritas são pequenos roedores, e pássaros ficam em segundo lugar, por pouco. Gatos também podem caçar insetos, répteis e anfíbios.

Estudos recentes mostraram que gatos domésticos, assim como as onças, suas primas, têm preferências individuais na caçada. A maioria dos gatos é especialista — caça somente um ou dois tipos de presa —, mas alguns são generalistas, com maior diversidade de preferências para presas ("qualquer coisa que se move").

Pássaros são um pouco mais difíceis de pegar, o que provavelmente é a razão pela qual a dieta de gatos de rua consiste em mais de 75% de roedores. As preferências de presas podem ser influenciadas pela disponibilidade de alimentos e até pelo que a mamãe gata levava para os filhotes quando eram bebês. Basicamente, caçadores precisam se adaptar; então, se houver menos ratos disponíveis, os gatos precisam caçar aves... ou passar fome.

Isso nos leva aos estilos de caça preferidos pelos gatos, que sem dúvida são influenciados pela sua escolha na alimentação. Cada gato exibe diferentes estratégias para matar, entre elas:

- emboscada em campo aberto
- sair de trás de um esconderijo para perseguir e correr
- esperar a presa sair de buracos ou toca

Não esqueça: isso se aplica a todos os gatos, o que significa que seu companheiro doméstico inocente também tem um estilo de caça preferido. Será seu trabalho descobrir o "ponto fraco" dele quando falarmos sobre brincadeiras no Capítulo 7.

Atacando para matar

Em geral, os gatos agarram suas presas com as patas primeiro, depois enfiam os dentes, terminando o serviço com uma mordida letal na nuca para quebrar a medula espinhal. Se eles não tiverem certeza da capacidade da presa de reagir ou não forem caçadores muito experientes, podem acabar mordendo várias vezes. Às vezes também pode parecer que estão "brincando com a comida" ao bater na presa ou atirá-la de um lado para o outro, quase como em uma tortura. Mas isso não significa que o gato está sendo cruel; é, na verdade, uma estratégia para cansar uma vítima perigosa, tornando a mordida fatal mais fácil.

Até o triste fim, sua loucura tem lógica. Além do papel dos bigodes na confirmação sensorial final do abate, gatos também têm nervos nos dentes que lhes permitem detectar pequenos movimentos e ajustar a mordida. Todos esses pequenos detalhes comportamentais fazem parte do DNA deles e permitem que suas caçadas sejam eficientes, meticulosas e seguras.

Embora todos esses componentes sirvam para tornar os gatos um dos caçadores mais eficientes na natureza, esses não são traços ou talentos aleatórios; são respostas a condições ambientais específicas. Da mesma forma, é preciso compreender que, sendo tanto presa quanto predador, os gatos se adaptaram de forma única tanto a caçar quanto a se protegerem. O que permitiu que tivessem sucesso foi o fato de serem capazes de se manterem vivos e caçarem de forma igualmente eficiente. Para saber mais sobre essa mistura única de talentos — e como ela influencia seu comportamento e suas relações com os outros residentes do seu habitat —, leia "Xadrez de gato", no Capítulo 10.

AGORA QUE JÁ sabemos melhor como o corpo, o comportamento e as astutas técnicas de caça do seu gato evoluíram para servir ao CAMC, é fácil entender como isso é parte fundamental da gatitude. Caçar é um ato prazeroso para os gatos; e, para o Gato Essencial, ter prazer e alcançar seu objetivo primário significam basicamente a mesma coisa. Em suma, esse é o principal propósito do dia de qualquer gato. O maior favor que você pode fazer ao seu amigo é ajudar o Gato Essencial a encontrar um lar para seu objetivo diário dentro do território relativamente recente e restrito que é o seu lar, estabelecendo um fluxo de Rotinas, Rituais e Ritmo em torno do CAMC. Mais sobre isso no Capítulo 7.

Comendo — carne, toda a carne, e nada além de carne

Depois de caçar — seja no "mundo real" ou pela sua representação fiel dele após uma sessão de brincadeiras —, é hora de comer. E depois de tudo que já discutimos, deveria ser perfeitamente óbvio que seu gato não é vegano. Não, gatos são carnívoros estritos: seu sistema digestório é feito, específica e exclusivamente, para processar carne. Da mesma forma, não deveria ser surpresa que os gatos, sendo caçadores oportunistas, não são detritívoros nem feitos para digerir pasto. Isso também não significa necessariamente que devem comer grandes  refeições. A questão é que caçadores oportunistas caçam o que quer que apareça, seja um gafanhoto ou um pássaro.

Em geral, gatos não possuem um bom paladar, tendo menos papilas gustativas que os humanos. O olfato é um instrumento muito mais útil para eles nas caçadas, e, portanto, importante para a alimentação. Esse sentido é tão essencial que gatos congestionados muitas vezes perdem o apetite; é como se um único fio com mau contato fizesse toda a máquina parar de funcionar. Dito isso, gatos conseguem perceber a diferença entre salgado, doce, amargo e azedo, e tendem a não gostar de sabores amargos e azedos (provavelmente uma resposta evolutiva para evitar a ingestão de toxinas perigosas). Além disso, gatos têm um receptor de sabor para o trifosfato de adenosina (ATP), uma molécula que é fonte de energia para todas as células vivas. ATP às vezes é usada como um sinal para carne, e, curiosamente, nós não conseguimos sentir seu gosto.

Como os gatos comem?

- Gatos são oportunistas e ajustam seu nível de atividade de acordo com a disponibilidade de alimento.
- Gatos comem mais em uma refeição quando a comida, em geral, é mais escassa.
- Um rato provê em média trinta calorias, e um gato típico pode chegar a caçar entre dez e trinta vezes por dia para obter em torno de oito ratos.
- Gatos muitas vezes carregam suas presas para longe do local do abate.
- Gatos se abaixam para comer, e se a caça for grande demais, podem até comer deitados.
- Você talvez note seu gato comendo com a cabeça inclinada. Esse é um comportamento ancestral relacionado a comer a presa no chão, não em uma tigela. Itens mais difíceis de mastigar em geral aumentam o ângulo de inclinação da cabeça.
- Gatos pegam uma pequena porção de comida e "balançam" a cabeça rapidamente. Esse é outro comportamento ancestral que ajuda a soltar a carne dos ossos e a remover as penas do corpo da ave.
- Gatos não mastigam muito; seus dentes são feitos para rasgar a carne em pequenas tiras que possam ser engolidas.

LIMPAR E DORMIR

Gatos são naturalmente detalhistas e em geral se limpam do focinho ao rabo, passando entre 30% e 50% do seu tempo despertos fazendo isso. Eles deixam a língua — que é naturalmente abrasiva — fazer o trabalho pesado e usam as patas para alcançar as partes mais difíceis.

Qual é o propósito de toda essa limpeza no ambiente selvagem? Ela mantém o pelo limpo, evita infestações por parasitas e ajuda os gatos a fortalecerem seu cheiro pessoal, além de tirar o cheiro das presas, o que poderia atrair outros predadores.

Quanto a dormir, o ritmo circadiano natural dos gatos muda com a duração do dia e a incidência de luz, como o nosso. Os gatos em geral dormem ao longo de vários períodos curtos, em vez de períodos longos, e assim como nós, têm ciclos de sono mais profundo e mais leve. Durante o sono profundo, é possível notar seus membros ou bigodes se mexendo quando alguns músculos se contraem ao sonhar.

Mas o sono superprofundo não acontece toda vez que eles se deitam. Em geral, eles tiram sonecas (sono mais leve, por menos tempo). É assim a vida no meio da cadeia alimentar, pessoal — dormir com um olho aberto —, tanto para encontrar alimento quanto para preservar a própria vida. Em um mundo onde é matar ou ser morto, um sono longo e profundo nem sempre é a melhor opção.

Os gatos dormem o dia inteiro?

Se eu lhe perguntasse o que seu gato faz enquanto você está no trabalho, aposto que você diria: dorme. As pessoas acham que os gatos dormem o dia inteiro, mas um estudo de 2009 que colocou câmeras nas coleiras dos gatos mostrou que, quando estão sozinhos em casa, só dormem em torno de 6% do tempo. Em comparação, passam mais de 20% do tempo olhando pela janela. (Se isso não convence você da importância da "TV de gato", não sei o que convenceria! Mais sobre o assunto na Seção 3.)

Os gatos são noturnos?

Muito já se disse e se presumiu (provavelmente por pessoas que são acordadas por seus gatos hiperativos no meio da noite) sobre gatos serem animais noturnos. Eles são mais ativos do que nós durante a noite, mas não são verdadeiramente noturnos. Na verdade, são crepusculares. Seu ritmo natural, excetuando-se influências externas, é de picos de atividade no amanhecer e no anoitecer, como os roedores, sua principal presa.

Como você já deve ter percebido, o gato ancestral está vivo e presente em todos os gatos, influenciando cada aspecto do seu ritmo CAMCLD diário. Mas esse não é o fim dessa conversa, de forma alguma. Se você já pensou consigo mesmo "Gostaria que meu gato me contasse o que está pensando", bem, ele pode fazer isso, e faz! Você só precisa dar ouvidos ao Gato Essencial para entender o que seu amigo está dizendo.

• Gatos ferais são ativos durante o dia e a noite, mas exploram maiores distâncias à noite.

Suas maiores ameaças são carros e coiotes.

• Machos mais velhos podem fazer parte de uma colônia, mas os mais jovens em geral são solitários.

• Passam 15% do dia caçando. Fazem entre vinte e trinta tentativas de caça por dia, mas só cerca de 30% é bem-sucedida.

COMO GATOS FERAIS PASSAM O DIA?

• Eles têm lugares para tomar sol — gatos ferais também usam o relógio solar.

• Eles se esfregam, se coçam e usam a urina para marcar galhos, tocos e cercas ao longo de caminhos mais conhecidos e dos limites do seu domínio.

• Durante o dia, ficam a maior parte do tempo escondidos, perto de arbustos, cercas e em grama alta para se proteger do calor, de predadores e de humanos.

4

Comunicação

Traduzindo o código dos gatos

O MAIS CONSTANTE FEEDBACK (ou melhor, a mais irritante, raivosa e exasperante frustração) que recebi ao longo dos anos de adotantes, clientes, espectadores de *Meu gato endiabrado*, e, bem, até de estranhos na rua, é que **gatos são incompreensíveis**. Há uma combinação bem volátil em jogo quando se trata das relações entre gatos e guardiões. Quando não compreendemos o que os gatos estão tentando comunicar através de seu comportamento, tentamos supor e acabamos recebendo olhares inexpressivos em resposta. Esse olhar se torna uma página em branco para várias projeções dos humanos. Digamos que você esteja na sala, assistindo TV. Seu gato entra e, sem hesitar, vai até sua bolsa da academia... e faz xixi nela. Quer dizer, que situação explosiva! O que imediatamente piora a situação que já era ruim é você se colocar na berlinda e presumir o que ele está tentando lhe dizer ("Odeio o meu jantar", "Odeio que você tenha me deixado sozinho por doze horas hoje e que faça isso todo dia", "Odeio sua namorada nova", ou, se você estiver nessa onda em particular, em uma gigantesca explosão de projeção, "Odeio você").

Dependendo do nível de dureza do seu dia até esse momento, e talvez de quantas vezes seu gato agiu dessa forma enlouquecedora antes, a velocidade na qual o relacionamento de vocês se deteriora pode ser assustadora... e perigosa. Já vi laços que estavam um pouco estremecidos desmoronarem como um castelo de cartas. Quando isso acontece, bem, seu gato já está com uma pata para fora de casa. É parte fundamental do meu trabalho, desde o início, evitar essa espiral negativa antes que ela chegue a um ponto irreversível. Não esqueça, comecei a aconselhar guardiões enquanto trabalhava em um abrigo de animais, em ligações nas quais me perguntavam quanto custaria para recebermos o gato de volta. Conheço muito bem como essa espiral termina: com um gato sem casa, preso em uma gaiola.

Parte do problema é que, talvez inconscientemente, enxergamos os gatos como se fossem cães; ou seja, esperamos que se comuniquem co-

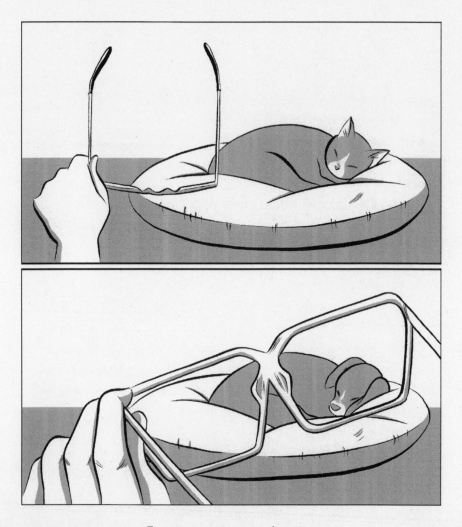

Enxergamos os gatos como se fossem cães

nosco de formas que reconheceríamos de imediato. Como você deve ter concluído a esta altura, essa expectativa vai contra toda a história do nosso relacionamento com os gatos. Os seres humanos moldaram os cães durante milhares de anos para serem reconhecíveis, para refletir humanidade de volta para nós. Cultivamos atributos que nos beneficiam porque, no fim das contas, um dos nossos principais desejos é companhia, e essa nunca foi uma prioridade na nossa relação com os gatos. Lembre-se de que tinha somente a ver com um benefício mútuo em que os gatos eram caçadores, protegendo nossos alimentos. Então, esperar que seu gato modifique seu estilo fundamental de comunicação subitamente, depois de todo esse tempo, é tolice, na melhor das hipóteses.

Entre os mundos humano e felino, entre essas duas linguagens, há uma cerca. Precisamos nos encontrar nessa cerca. Os cães vão pular essa cerca alegremente e correr para o nosso lado para se comunicar conosco; os gatos, não. Porque isso, até o momento presente nas nossas relações, nunca fez parte do acordo.

Dito isso, a linguagem dos felinos é tão eloquente quanto a de qualquer outra espécie na Terra. Você só precisa se comprometer a encontrá-los no meio do caminho. De vocalizações específicas dos felinos à linguagem corporal a comportamentos como, isso mesmo, fazer xixi, tudo isso se soma para formar um todo linguístico que, uma vez compreendido, tornará suas relações muito mais recompensadoras, e não carregadas de ressentimento.

Então vamos descobrir como os gatos "falam".

MAIS QUE MIAUS: O GATO FALADOR

Ronrons. Trinados. Uivos. Gorjeios. Rosnados. E, é claro, miados. Seu gato é capaz de emitir mais de cem sons diferentes, mais do que a maioria dos carnívoros (incluindo cachorros). É claro que, se você tem um "gato conversador", essa pode parecer uma estimativa baixa. Por que gatos têm tanto a dizer? Vocalizações podem ser ferozes ou amigáveis; podem dizer "fique longe" ou "chegue mais perto". Miados podem levar informações a maiores distâncias que a linguagem corporal, e podem até informar o ouvinte sobre o tamanho e a força de quem fala.

Vamos considerar três fatos: gatos ferais em geral são mais silenciosos do que os domésticos; muitas vocalizações são voltadas para os humanos; gatos podem ser mais ou menos conversadores, e isso varia enormemente de acordo com suas características individuais. A genética faz parte disso, e algumas raças — especialmente siameses, orientais e abissínios — são mais vocais do que a média dos gatos, mas podemos supor que os humanos tiveram grande influência sobre o quanto nossos gatos falam. Afinal, miados chamam atenção, o que em geral leva a comida, carinho, ou a uma porta sendo aberta. É interessante notar que gatos raramente miam uns para os outros, a rara exceção sendo os miados de socorro de filhotes para a mãe.

Gatos *usam* outros sons para se comunicar uns com os outros. Alguns desses sons, como o miado, começam com a boca aberta, que se fecha no meio da emissão do som, como os uivos e chamados sexuais. Os sons menos amigáveis são feitos com a boca aberta — gritos, rosnados, silvos e guinchos ouvidos durante brigas ou quando estão sentindo dor.

Os talvez mais fofos e amigáveis de todos os sons felinos não precisam nem que a boca seja aberta. Ronrons, trinados e gorjeios são apenas para cumprimentos e contato pessoal.

QUAL É A DO RONROM?

O ronronar é um dos mistérios da gatitude que ainda não entendemos totalmente. Em geral é uma resposta positiva, mas às vezes gatos ronronam quando estão estressados, feridos ou até morrendo. De qualquer forma, temos quase certeza de que o ronrom não é conscientemente controlado pelo gato, e é mais como um reflexo. O cérebro manda um sinal para os músculos da laringe, que movem as cordas vocais aproximadamente vinte e cinco vezes por segundo enquanto os gatos inspiram e expiram, o que produz o ressoar distinto que conhecemos como o ronrom.

Ronronar ajudava a Gata Essencial a manter seus filhotes por perto — o ronrom dos filhotes dizia à mãe que eles estavam por perto e ajudava a criar laços entre eles, liberando endorfinas tranquilizadoras e ninando os bebês.

O ronrom talvez tenha poderes curativos; ele fica em uma frequência semelhante (20 a 140 Hz) a outros sons que ajudam tanto a curar ferimentos quanto a aumentar a densidade óssea (pelo menos em gatos; até a presente data, evidências da cura óssea em humanos são inconclusivas). Isso pode ajudar a explicar por que gatos machucados ou doentes muitas vezes ronronam.

Já ouvi especulações de que o ronronar do gato durante a mordida letal pode fazer com que a presa entre em um estado catatônico, mas eles também podem estar nos manipulando. Em estudo de 2009, feito pela Dra. Karen McComb e outros colegas, demonstrou que os humanos conseguem diferenciar o ronronar de um gato pedindo comida, que identificaram como um ronrom "urgente", de um não urgente. Os urgentes incluem um componente em alta frequência que indica um nível de animação que somos capazes de compreender, e ao qual provavelmente respondemos com atenção ou comida.

Fato do pai de gatos

O recorde mundial do Guinness de ronrom mais alto é de Smokey, uma gata britânica capaz de ronronar a 67,7 dB (mais ou menos a altura de uma conversa em um restaurante).

TAGARELANDO E ESTALANDO OS DENTES

É uma imagem comum: seu gato está de olho em uma ave do lado de fora da janela, completamente concentrado. Então um estalar de dentes louco, quase um grasnido, vem da sua boca. Mas o que está acontecendo?

Muitos gatos batem os dentes quando veem presas que não conseguem alcançar. Alguns até fazem isso para outros gatos. Uma hipótese é que seu gato está expressando frustração por não poder pegar aquele passarinho delicioso. Alguns acham que o movimento dos dentes é o gato praticando sua "mordida letal".

A teoria que talvez tenha mais influência é de que os gatos estão imitando o som da sua presa. Maracajás, gatos-selvagens da Amazônia, imitam os sons do mico-leão-dourado para atraí-lo a uma distância de ataque. Um estudo sueco de 2013 mostrou uma semelhança entre os sons feitos por aves e os emitidos pelos gatos, incluindo chilros, pios e gorjeios. Faz sentido, não é? O Gato Essencial, mais do que qualquer outro predador, vai encontrar uma maneira diferente de apanhar sua presa. Lobo em pele de cordeiro? Está mais para Gato Essencial em penugem de ave. De qualquer maneira, por enquanto, teremos que aceitar esse som como mais um dos mistérios da gatitude, mas esse pode ser mais um exemplo de como as vocalizações evoluíram para ajudar os gatos a conseguirem o que precisam.

LINGUAGEM CORPORAL

Os gatos nos dizem muito com o corpo. Embora todos os gatos comuniquem o que estão sentindo de formas ligeiramente diferentes — seja a confiança, o relaxamento, o medo, a necessidade de defesa ou de ataque, existem alguns sinais gerais que eles usam, tanto com humanos quanto com outros gatos. Muitos desses sinais foram herdados do seu ancestral, o Gato Essencial, o que, como você verá, às vezes apresenta alguns desafios ao gato moderno.

O rabo

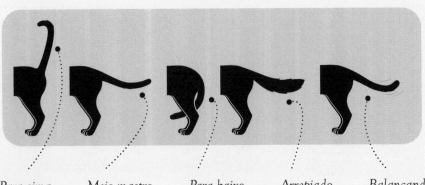

Para cima   *Meio mastro*   *Para baixo*   *Arrepiado*   *Balançando*

O rabo do gato serve a muitos propósitos. Ele ajuda no equilíbrio e nos pulos, e pode até servir como proteção e aquecimento. Mas, quando o gato está sentado ou andando devagar, o rabo fica livre para se comunicar. O rabo do gato pode mandar diversas mensagens diferentes, porque a ponta consegue se mover de forma independente do restante.

No ambiente natural do Gato Essencial ancestral (pradaria), o rabo provavelmente era um bom sinal a longa distância do estado emocional de um gato. Caminhando livremente, com o rabo no ar, em um momento cheio de gatitude. O rabo erguido com uma curva na ponta em um cumprimento clássico, amigável ou brincalhão, que diz "oi" ou "venha por aqui, me siga".

Conforme o rabo fica mais baixo, a mensagem pode mudar um pouco. Um rabo ambivalente fica ligeiramente abaixado, em um ângulo de mais ou menos 45 graus.

O rabo a "meio mastro", paralelo ao chão, pode ser neutro, amigável ou talvez até curioso, e é necessário ter mais informações contextuais para interpretá-lo.

O rabo para baixo pode servir a diferentes funções. Gatos abaixam um pouco o rabo quando estão perseguindo suas presas, mas eles também podem estar tentando parecer menor ao abaixar o rabo, assumindo uma postura defensiva ou assustada. Em casos extremos, o rabo baixo é acompanhado do "rastejar do exército", ou de movimentos rápidos e próximos ao chão para se afastar de uma potencial ameaça.

O rabo entre as pernas é a mais extrema expressão de medo.

Um rabo arrepiado em geral sinaliza um estado de alerta. Pode ser uma manobra ofensiva ou defensiva, mas em geral é uma resposta a algo alarmante no ambiente.

Um rabo tremendo (às vezes chamado de "falso borrifo", já que é exatamente isso o que parece) em geral é um sinal de empolgação. Na minha experiência, já percebi o "falso borrifo" sendo direcionado para ou perto de uma pessoa de quem o gato gosta. Só posso imaginar que isso significa posse, com uma postura que fica no meio do caminho entre confiante (marcação com odor corporal, se esfregar etc.) e temeroso (marcação com urina), na linguagem felina. De qualquer forma, aprendi a considerar isso um grande elogio!

O rabo balançando muitas vezes é um indicativo de iminente ação de agressão ou defesa, embora movimentos mais sutis e trêmulos possam indicar frustração ou irritação. (Veja "O Balão de Energia" no Capítulo 7 para saber mais sobre isso.)

Cantinho do gato nerd
Os estudos sobre o rabo erguido

Em um estudo de 2009, uma colônia de gatos ferais na Itália foi observada por oito meses. Os pesquisadores perceberam comportamentos combativos entre os gatos, que incluíam mordidas, encaradas, perseguições e brigas. Eles também perceberam comportamentos hesitantes, como se abaixar, recuar e chiar, e comportamentos amigáveis, que incluíam cheirar, se esfregar e erguer o rabo.

O rabo erguido muitas vezes era direcionado para gatos agressivos por gatos não agressivos, sugerindo que ele talvez fosse uma mensagem de "venho em paz" e pudesse inibir o comportamento agressivo de outro gato.

Para demonstrar de forma ainda mais clara que o rabo erguido serve para expressar "ei, sou amigável", John Bradshaw e Charlotte Cameron-Beaumont estudaram como gatos respondem a silhuetas de outros gatos com rabos em diferentes posições. Isso eliminaria a possibilidade de os gatos no estudo estarem respondendo a outras coisas além da posição do rabo (como feromônios, vocalizações ou outros aspectos de uma interação pessoal). O resultado? Os gatos se aproximavam mais rápido da silhueta com o rabo erguido e levantavam o próprio rabo em resposta. Quando viam uma silhueta com o rabo para baixo, tendiam a responder com o rabo balançando ou também para baixo.

As orelhas

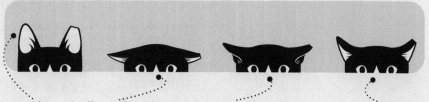

Orelhas erguidas Orelhas achatadas Achatadas para os lados Reunindo informações

As orelhas podem se mover sutilmente, depressa e independentemente, por isso muitas vezes são o aspecto mais revelador da linguagem corporal de um gato. Elas podem ser o primeiro indicador do estado emocional do animal. Mais de vinte músculos controlam o movimento das orelhas, e eles estão sempre prontos para entrar em ação, mesmo quando o gato está descansando.

Orelhas erguidas permitem que os gatos assimilem e respondam a informações auditivas no seu entorno. Um gato relaxado apresenta as orelhas erguidas e ligeiramente viradas para os lados. Quando as orelhas ficam voltadas para a frente, seu gato está em alerta, ou talvez até frustrado.

Orelhas achatadas podem ter diferentes significados. Se estão para os lados e para baixo, seu gato está assustado, mas também tentando reunir informações. Quanto mais achatadas as orelhas, mais assustado o gato. Girá-las completamente para trás serve para protegê-las de um ataque iminente.

Quando cada orelha está fazendo uma coisa diferente, a interpretação é mais ambígua, assim como o estado emocional do seu gato nesse momento.

Os olhos

Evitando contato visual Pupilas dilatada Pupilas contraídas Olhos relaxados Piscando

As pupilas se dilatam em condições de pouca luz, mas também durante uma reação de lutar-ou-fugir. Pupilas dilatadas permitem a entrada de mais luz e informações sobre o ambiente (quando os gatos estão avaliando uma situação de perigo, por exemplo, mais informações o ajudam a encontrar diferentes rotas de fuga). Quanto mais dilatadas as pupilas, mais na defensiva o gato se sente, provavelmente. Por outro lado, um gato com as pupilas contraídas se sente confiante e relaxado.

Porém, não podemos resumir tudo a partir do que os olhos estão fazendo, mas sim de como exatamente estão sendo usados. Uma encarada costuma ser um desafio, mas o grau de concentração ou distração de um gato enquanto encara pode comunicar a seriedade desse "desafio".

Um gato que evita contato visual com outro gato normalmente faz isso de propósito, em geral para minimizar a possibilidade de um confronto.

Piscar devagar é um sinal de contentamento e relaxamento, e é por isso que devemos tentar evocar a piscada lenta ao cumprimentar ou nos comunicar com um gato. (Mais sobre isso na seção "Cumprimentos felinos/Piscada lenta", no Capítulo 11.)

Os bigodes

Bigodes suaves
Bigodes apontados para a frente

A principal função dos bigodes é fornecer informações táteis para o gato, mas eles também nos informam sobre o estado de relaxamento ou estímulo do animal.

Um gato relaxado em geral tem bigodes suaves, apontando para os lados, enquanto um gato assustado ou na defensiva talvez encolha os bigodes para perto do rosto, como uma maneira de ficar "menor".

Bigodes apontados para a frente indicam que o gato está tentando reunir mais informações, uma vez que os fios do bigode detectam objetos e movimentos no ar. Quanto mais para a frente os bigodes, mais atento o gato está. Bigodes para a frente também podem indicar um gato prestes a atacar, percebendo uma ameaça, ou simplesmente interessado, portanto, como sempre, o contexto importa.

Não há um único comportamento ou uma simples atitude que exista no vácuo, então lembre-se de considerar os fatores gerais ao avaliar o estado do seu gato. Ele está relaxado no sofá? Olhando para outro gato pela janela? Encolhido embaixo da sua cama? É preciso observar todo o conjunto — claro, desde a postura, a posição do rabo, os olhos, as orelhas e os bigodes, além de vocalizações, mas também o que está acontecendo no território em torno, com os outros habitantes, e até mesmo a hora do dia. Se tem uma coisa que aprendi ao traduzir a linguagem felina é a importância do contexto.

Posturas corporais

Diferente de alguns outros animais, os gatos não têm sinais claros de apaziguamento, ou seja, posturas submissas que digam "por favor, me perdoe". (Provavelmente porque tal pensamento nunca lhes ocorreria!) Mas essa limitação na comunicação impacta na habilidade dos felinos de resolver conflitos. Como os gatos conseguem viver assim?

Volte à nossa linha do tempo e dê uma olhada em como a evolução da socialização dos gatos é recente — não só com humanos, mas uns com os outros. O gato ancestral não era uma espécie social, e atualmente gatos domésticos na maior parte das vezes resolvem seus conflitos se evitando e usando comportamentos defensivos, e criam laços através de um cheiro único para o grupo e de sinais como o rabo erguido. Compreender esses desafios de comunicação vai ajudar você a entender por que gatos às vezes têm dificuldade para lidar uns com os outros.

Gatos chateados em geral tomam um de dois caminhos possíveis. Eles podem se fazer maiores, com os pelos arrepiados e uma postura expansiva — a clássica pose do gato de Halloween. Gatos assim estão em alerta total e podem estar dispostos a se defender, se necessário. Patas esticadas, rabo arrepiado e traseiro erguido indicam que o gato está totalmente em posição de ataque, como se dissesse: "Pode cair dentro."

Gatos também podem se fazer menores, tentando não parecer ameaçadores. As orelhas ficam para trás, os ombros e as patas encolhidos: tudo bem protegido. Se forem encurralados, podem atacar caso não haja outra saída, mas seria sua última opção.

Mas não ache que os gatos estão sempre na defensiva uns com os outros. Eles têm, sim, gestos amigáveis de corpo inteiro, mais especificamente rolar e se esfregar. Rolar é muito comum para fêmeas no cio, mas gatos machos também fazem isso. Muitos gatos rolam em resposta à erva-dos-gatos (catnip), mas também na presença de outros gatos (normalmente mais velhos). Similar ao rabo erguido, rolar parece ser um sinal de "Sou amigável e não ameaçador". Rolar é um comportamento raro durante encontros não amigáveis entre gatos.

Ficar de barriga para cima é um pedido de brincadeira em filhotes, mas em adultos pode servir como postura de defesa, pois seus dentes e quatro patas ficam a postos para proteção. Esses adultos de barriga para cima em geral não estão interessados em arrumar problemas, mas a posição pode indicar uma possibilidade de se defender, se necessário. Veja "O abraço felino" mais adiante neste capítulo para saber mais sobre gatos de barriga para cima.

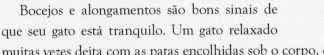

Bocejos e alongamentos são bons sinais de que seu gato está tranquilo. Um gato relaxado muitas vezes deita com as patas encolhidas sob o corpo, o que costuma se chamar de posição de pão de forma. Todas as armas do gato estão escondidas, e não há intenção imediata de fugir ou de se defender.

A esfinge é outra posição de relaxamento, com as patas dianteiras esticadas diante do corpo. Um gato verdadeiramente tranquilo se encontrará nessa posição com os olhos bastante "bêbados".

Essas duas posições devem ser diferenciadas do agachamento — uma posição tensa, em que o gato pode estar parcialmente encolhido ou apoiado nas patas dianteiras. Muitas vezes é possível ver a tensão no rosto do gato ou nas piscadas firmes. Em gatos, isso costuma ser sinal de dor. Os felinos são muito bons em esconder quando estão sentindo dor, então é importante prestar atenção a esses sinais discretos.

Seu gato está irritado?

Muitos guardiões acham que seus gatos mordem "do nada", mas a maioria dos felinos dá muitos avisos, embora eles possam ser sutis. Alguns gatos podem se afastar ou dar as costas para você, e essa é a maneira deles de terminar uma interação. Uma patada também é um aviso, como se dissesse: "Não estou gostando disso, e é bom você me respeitar. Da próxima vez posso usar garras ou dentes."
Veja "Excesso de estímulo" na Seção 4 para mais sinais de alerta de irritação.

Dicionário do pai de gatos: O abraço felino

Quando um gato vira de barriga para cima para você, chamamos de abraço felino, porque muitas vezes é o mais perto que ele vai chegar de realmente te abraçar. Para apreciar esse gesto totalmente, é preciso compreender a experiência genética de ser uma presa. Ao expor a barriga para você, seu gato está basicamente dizendo: "Estou 100% vulnerável a você agora. Você poderia usar suas garras para me cortar da garganta à virilha e basicamente me partir ao meio. Essa é a parte mais vulnerável do meu corpo, e estou mostrando-a para você." Assim como o rolamento, é uma mensagem de confiança.

Agora, isso é um convite para você colocar as mãos na barriga do seu gato? Não! De novo, se você respeita o instinto de proteção do gato, sendo uma presa, e entende o que cada osso do corpo comunica a ele, vai apreciar o abraço felino de uma distância segura (a não ser que você já tenha estabelecido uma relação segura e confortável com o seu gato que inclua cosquinhas na barriga). Também, como já mencionei, por essa ser uma posição às vezes usada como defesa, é fácil para os gatos de repente morderem ou arranharem se acreditarem que sua mão é uma ameaça.

COMO OS GATOS SE COMUNICAM ENQUANTO ANIMAIS SOCIAIS: O OLFATO E OS FEROMÔNIOS

Sendo caçadores que usam a estratégia de perseguir e correr, gatos não dependem tanto do olfato para caçar. Diferente de cães, que rastreiam suas presas por longas distâncias, gatos só se concentram em caçadas curtas.

Mas o cheiro é essencial nas relações entre gatos. Seu olfato é cerca de 14 vezes mais forte do que o nosso, e é importante lembrar que as informações olfativas têm conexão direta com a parte do cérebro responsável por emoções e motivações, como ansiedade e agressão.

Gatos também conseguem detectar feromônios com seu órgão vomeronasal (também chamado de órgão de Jacobson). Feromônios são sinais químicos especiais que revelam informações sobre sexo, condição reprodutiva e identidade individual. Você já pode ter visto seu gato fazer aquela careta ou "fungada com a boca aberta", chamada de reflexo flehmen. Esse comportamento é um sinal de que o gato está absorvendo esses feromônios (normalmente pelo cheiro da urina de outros gatos). A partir desse reflexo, eles sabem quem passou por ali, quando passou e talvez até seu estado emocional. É um gato conhecido? Um intruso? Uma fêmea no cio? Um macho fértil? Está estressado? Essa informação pode ser usada para ajudar os gatos a evitar entrar em contato e conflito com outros.

O borrifo de urina faz com que os gatos cheirem bastante uma área, especialmente se for a urina de um gato desconhecido. Mas urina estranha não necessariamente faz com que os gatos evitem uma área, não é como uma placa de "afaste-se".

Feromônios

Gatos podem deixar mensagens com feromônios através das glândulas nas bochechas, testa, boca, queixo, rabo, patas, bigodes, almofadas, orelhas, flancos e glândulas mamárias. Esfregar essas glândulas em objetos ou pessoas deixa o cheiro do animal. As funções de todos os diferentes feromônios ainda são mistérios da gatitude, mas pesquisadores identificaram as funções de três feromônios faciais.

Um deles, F2, é uma mensagem de um gato macho dizendo "estou pronto para acasalar". O feromônio F3 é liberado ao esfregar a bochecha ou o queixo nos objetos, e ajuda o animal a marcar seu território. Por fim, F4 é um feromônio social que marca indivíduos familiares — humanos, gatos ou outros. O F4 reduz a possibilidade de violência entre gatos e facilita o reconhecimento de outros indivíduos.

A maneira como os gatos se esfregam também pode lhe dizer um pouco sobre seu estado emocional. Esfregar a bochecha em geral é um sinal de confiança, e "dar cabeçadas" em você é um sinal de "amor felino".

Arranhar é outra maneira de marcar território, mas às vezes os gatos também podem liberar feromônios de alerta quando arranham superfícies.

A marcação com urina é ao mesmo tempo um comportamento sexual e uma resposta a mudanças territoriais (como novos animais ou objetos). Embora a marcação com urina seja um comportamento felino completamente normal, de certa forma é a antítese da marcação com o rosto; é a resposta napoleônica à ansiedade territorial.

———

É o Gato Essencial que une todos os felinos, porém esse vínculo ancestral é só metade da história. Para completar nossa jornada no mundo felino, está na hora de mergulhar a fundo e descobrir o que torna o seu gato único. Agora vamos conhecer melhor o seu amigo. Muito, muito melhor.

5

Os arquétipos da gatitude e o Lugar de Confiança

A ESTA ALTURA, ESPERO ter conseguido apresentar um panorama positivo dos gatos, como um todo. De como eles — no contexto de sua vida Essencial, do lado de fora, livres das restrições da sua casa — usam as ferramentas que lhes foram dadas pela evolução para alcançar seus objetivos diários. A busca por esses objetivos é quase um reflexo, criando um tipo de trampolim para eles mergulharem na piscina da gatitude. Agora é a hora de começar a pensar em como pegar todas essas informações gerais e aplicá-las aos nossos gatos — seja usando o conceito do Gato Essencial para ajudá-los a se tornarem os melhores gatos possíveis, ou descobrindo como transformar nosso território domiciliar para maximizar a gatitude e melhorar nossa relação no dia a dia.

OS ARQUÉTIPOS DE GATITUDE

Para ser sincero, nunca fui muito fã de "tipos", de reduzir as pessoas a meia dúzia de características. Inclusive, é por isso que não digo mais que sou um "behaviorista felino". Que termo mais reducionista! Faz parecer que tudo que faço é olhar para uma bolha de quatro patas cheia de sintomas e arrumar as peças do quebra-cabeça para que aquela coisa se torne um conjunto perfeito de "comportamentos". Você não ficaria aborrecido se seu terapeuta dissesse que é um "behaviorista humano"? Soa meio frio, não é?

Dito isso, infelizmente não tenho tempo para conhecer a fundo todos os gatos, como gostaria. Em poucas horas, preciso passar pelos cumprimentos, observar as dinâmicas ambientais e familiares, criar exercícios desafiadores, fazer o diagnóstico, passar alguns deveres de casa e terminar a consulta. Tendo a gatitude como objetivo final para todos os clientes, humanos e felinos, descobri que cada gato que conheço já deu alguns passos na longa jornada da gatitude. Sem querer simplificar as coisas, descobri que tanto eu quanto os guardiões nos beneficiamos ao identificar em que ponto o animal está e aonde ele quer chegar nesse espectro.

A gatitude começa com um domínio confiante do território, mas ao fim do nosso trabalho, não vai se tratar só de domínio, e sim de orgulho; não será só um território, e sim um lar. Saber onde seu gato se encontra no espectro da gatitude nos dá um ponto de partida mais claro para determinar nosso objetivo e, por isso, criei os arquétipos. Permita-me apresentar o Gato Mojito, o Gato Napoleão e o Gato Invisível.

O Gato Mojito

Chegaram novos vizinhos, e algumas semanas depois da mudança, eles convidam você para uma visita — tipo um open house para vocês se conhecerem e tal.

Você bate à porta e imediatamente é recebido por um nível de exuberância que o deixa meio tonto. Sua nova vizinha o recebe com um grande sorriso, chamando-o pelo nome e oferecendo um abraço caloroso como se vocês se conhecessem há anos. O abraço é só com um dos braços, você percebe, porque a outra mão da anfitriã está segurando uma bandeja com drinques.

— Mojito? — pergunta ela. — Temos alguns sabores aqui. Este tem mais limão, este aqui tem mais pepino. Estes têm sal na borda e estes outros, não.

Os arquétipos da gatitude e o Lugar de Confiança

Você para por um segundo, chocado. Ela ri, percebendo que você está um pouco quieto, mas simplesmente lhe entrega uma bebida e o leva para dentro, segurando seu braço gentilmente.

— Vou lhe mostrar a casa...

Sua primeira parada é a lareira, onde mostra várias fotos de férias, aniversários, casamentos. Sua anfitriã para e pega uma fotografia antiga, tocando-a amorosamente enquanto conta sobre a relação que tinha com a avó. Ela deixa escapar algumas lágrimas, limpa o rosto e... o passeio continua.

Você conhece cada cantinho. Incrivelmente, parece haver uma história para cada lugar da casa, e ao longo do passeio você se vê cada vez mais envolvido nessa história.

Mas espere um minuto. Você para onde está e se pergunta: "Esse pessoal acabou de se mudar?" Parece que eles moram ali há anos. E não é só a disposição das coisas — as lembranças, a mobília, até os imãs e as anotações na geladeira —, é mais do que isso... É uma sensação. Você mal consegue acreditar que duas semanas antes viu os caminhões da mudança saírem da casa, e hoje... ela é um lar.

Sua anfitriã magnífica, você percebe, não está correndo de um lado para o outro, tentando impressionar, nervosamente colocando porta-copos sob seus mojitos. Você percebe que esse nível de tranquilidade vem

do fato de que ela não está ali para impressionar. Não está interessada no status que viria de tudo estar "perfeito". Ela só quer conhecer você, e quer que você a conheça. Não há nenhuma artimanha nessa casa. Aquele plano de fuga que você tinha preparado caso tudo desse errado? Não é necessário. Por quê? Porque você quer continuar ali.

Agora, imagine se essa humana fosse um gato.

Assim que você entra na casa, o gato caminha até o centro da sala, rabo erguido, peito estufado. Orelhas para a frente, prontas para explorar, mas não girando para todos os lados como se tentasse captar pistas sobre esse estranho que chegou. Os olhos também estão focados à frente, cumprimentando-o, não verificando os arredores em busca de rotas de fuga. Em vez de oferecer uma bandeja de drinques, o Gato Mojito começa a andar entre as suas pernas ou as de qualquer um que surgir no caminho. Você estende a mão para dizer oi. Ele se estica na direção dos seus dedos e esfrega a testa e as bochechas neles. Ao mesmo tempo, aceita o contato de um estranho, gostando do carinho recebido, e marcando você cheio de confiança, enchendo-o do seu aroma pessoal. Quando você entra na sala de estar, ele sobe até o terceiro andar do castelo de gato ao lado da porta, mostrando como observa seu domínio, cheio de orgulho de suas posses. Você entra na cozinha, e ele o ultrapassa, comendo da tigela enquanto você conversa por perto. O arranhador na sala também recebe atenção quando você e o Gato Mojito voltam para o cômodo. A cada parada nesse passeio, você recebe cabeçadas e esfregões. Por fim, quando você se senta no sofá para bater papo, ele deita e cochila, no seu colo ou ao seu lado.

O Gato Mojito está bem no centro do nosso "medidor de gatitude". Ele é um farol de confiança. Não tem nada a provar; ele é o Tony Manero passeando pelo Brooklyn. Seu amor, orgulho e inquestionável domínio de seu território é o que torna o lugar seu lar. O Gato Mojito é identificável por essa característica: ele ama tanto seu ambiente que simplesmente quer partilhá-lo. Isso é evidenciado pela forma como age com os objetos e seres que vivem ali com ele. Essa é a verdadeira expressão da gatitude, pessoal.

O Gato Mojito ocupa o centro; ele nos dá um objetivo a perseguir, é um planeta em torno do qual os outros dois arquétipos orbitam. Enquanto o Mojito tem tanta confiança que quer exibir a casa para você, se oferecendo para dividir suas riquezas, os outros dois gatos são marcados por suas profundas inseguranças. Em vez de exibir sua posse com tranquilidade, nossos outros arquétipos felinos ou morrem de medo de que você vá tirar o que eles têm, ou sentem que nunca mereceram ter nada, para começo de conversa. Vamos para o nosso segundo arquétipo.

O Gato Napoleão (ou o dono de tudo)

Eu cresci em Nova York, em uma época em que havia tantas gangues que a violência parecia normal. Meus pais me ensinaram por onde eu poderia andar tranquilamente e onde não.

Depois de cair no sono no ônibus certo dia, vi que tinha passado de casa havia mais de vinte quarteirões. Com cuidado, desci do ônibus e fui atravessar a Broadway para esperar o próximo ônibus de volta para casa. Ao cruzar a rua, fui parado por um... garoto. Quer dizer, ele não devia ser muito mais velho do que eu na época, por volta dos 13 anos. Não lembro o nome da gangue à qual ele pertencia, mas sabia que era um dos membros. Como? Bem, para começar, ele estava usando um colete jeans, com as costuras dos ombros desfiadas e o nome da gangue escrito, na frente e atrás. Ele entrou no meu caminho, enchendo o peito e cruzando os braços.

— Sabe onde você tá? — perguntou ele, o rosto a centímetros do meu.
— Vou contar... — E apontou para uma imensa pichação em tinta branca na parede de um prédio de tijolos, o nome da gangue escrito.

Eu me lembro de ficar muito confuso, sem saber o que o garoto queria de mim. Supus que ele tinha algum tipo de arma, porque sempre fui levado a acreditar nisso, mas ele nem sequer a brandiu. Só ficou parado na minha frente, os olhos apertados e todo o corpo pronto para entrar em ação.

O garoto claramente não queria me matar, mas a cada segundo ele ia ficando mais impaciente com a minha falta de reconhecimento, para dizer o mínimo. Ele não estava tentando impedir minha passagem (a não ser, é claro, que eu fosse membro da gangue rival), só queria que eu concordasse que aquele território pertencia a eles. Eu me dei conta, apesar da adrenalina, de como ele era tão jovem, mas ao mesmo tempo tão intimidador. Os braços cruzados, o peito estufado, e todo o visual da gangue — juntos, aqueles elementos criavam um uniforme assustador que tinha sido dominado por muitos jovens na época.

Além disso, havia muitas gangues para acolher todos aqueles garotos perdidos que precisavam se sentir parte de uma família. Uma delas poderia facilmente tomar aquela esquina alguns dias depois e pichar a própria marca em cima da marca da gangue daquele cara. Aí, ele voltaria à "sua" esquina e picharia por cima de novo — eles precisavam avisar às outras gangues (e ao mundo todo) que aquela parede, aquele quarteirão, aquele bairro pertencia a eles... e era bom você não se esquecer disso.

Eu queria responder à pergunta dele, de verdade, mas não consegui. Em vez disso, me preparei para uma reação violenta. Todos os músculos do meu corpo se retesaram. Tentei retribuir com um olhar tão intimidador quanto o dele, mas eu definitivamente era um peixe fora d'água ali. Dei um passo para o lado para contorná-lo, mas ele se colocou no meu caminho. Fui para o outro lado, e ele fez o mesmo. Não tenho certeza do que fiz depois, mas com certeza minha postura passou uma mensagem de rendição tão clara que o garoto acabou rindo de mim. Uma gargalhada alta, com a cabeça jogada para trás. Aquela risada foi o último prego no caixão do meu orgulho; tendo me apagado como um cigarro pisado, com o orgulho saciado e seu território inquestionavelmente seguro, ele finalmente me deixou passar.

De certa forma, ele precisava reforçar seu sentimento de dominação através de intimidação e humilhação. Tinha que ter certeza de que eu estava completamente submisso antes que pudesse vestir sua coroa. Esse instinto era a natureza das gangues; o que aquele garoto fez comigo, as gangues faziam com bairros inteiros. A gatitude coletiva dessas comunidades sofria sob o peso de roubos, pichações constantes, a guerra que dividia quarteirões entre alguns poucos que usavam a violência para marcar sua posse.

Embora o complexo de Napoleão não seja uma doença reconhecida, o termo é usado há muitos anos para descrever um superdono, como o rapaz da gangue. Já que no fundo eles não têm a menor confiança na sua posse, o objetivo se perde na luta. Eles precisam ver outra pessoa derrotada para se reafirmar no espaço que ocupam. Nós vemos Napoleões em escala global — fundamentalistas que destroem artefatos milenares, líderes que empurram políticas destruidoras para o planeta quando sentem seu poder escapando pelos dedos... No mundo do Napoleão, se algo não é dele, não pode ser de mais ninguém.

E sim, tudo isso se aplica ao felino com a pior gatitude de todos, o Gato Napoleão. Ao encontrar um Gato Napoleão no território dele, você será recebido com as orelhas para a frente, os olhos focados em você, e talvez uma postura baixa, quase agressiva. Seu pensamento inicial: "Quem é você, e o que veio roubar?" Como o complexo que lhe dá o nome, ele fica paranoico com a possibilidade de ser expulso e exagera para que isso não aconteça. No lar desse gato, ele vai emboscar os outros quando menos esperarem, mesmo quando essas pessoas (e animais) demonstram abrir mão da posição de líder dia após dia.

Se gatos conseguissem cruzar os braços, é isso que o Gato Napoleão faria. Em vez de recebê-lo com uma bandeja de mojitos, o Napoleão fica parado à porta ou bem no meio do caminho, como o rapaz da gangue que encontrei quando criança. No mundo do Gato Napoleão, no entanto, as pichações não são feitas com tinta, e sim com urina. Vemos um exemplo dessa falta de gatitude quando ele cobre o perímetro da sua casa, sob as janelas e nas portas, como uma forma de dizer: "Se eu quiser proteger esse castelo, é melhor construir um fosso!"

O interessante é que, nos muitos anos de trabalho que passei definindo esses arquétipos, percebi que o Gato Napoleão recebe muito pouco amor, muito pouca empatia. Se quisermos que nosso Napoleão avance em direção ao centro da gatitude precisamos mostrar empatia. Não podemos reservar toda a nossa capacidade de proteção parental para o último arquétipo.

O Gato Invisível (ou a vítima)

Embora o Invisível seja um arquétipo bem autoexplicativo, o fato de você ter um em casa geralmente é confirmado ao receber uma visita e a pessoa perguntar: "Você tem outro gato? Achei que só tinha um!" O Gato Invisível é o gato dentro do armário, o gato embaixo da cama, cujo objetivo principal é permanecer oculto, a salvo de qualquer escrutínio.

É aquele que espera que você não o note quando ele estiver passando sorrateiramente. Enquanto o Napoleão fica deitado na frente da porta e o Gato Mojito anda de um lado para o outro gritando "Ei, e aí?", o Invisível fica escondido em algum lugar, sem arriscar caminhar pelo meio do cômodo. O Invisível está dizendo: "Não sou dono disso aqui. Imagino que seja você. Por mim não tem problema, mas, se você não se importa, vou só usar a caixinha de areia aqui rapidinho. Não vou nem olhar pra você, juro que vai ser rápido. Pronto, acabei. Tchau, tchau!" E vai embora em um piscar de olhos, correndo com o rabo entre as pernas, ou fazendo o movimento característico dos Invisíveis, a saída pela esquerda.

Ironicamente, é a demonstração de falta de gatitude do Gato Invisível — correr pelos cantos, evitar confronto a todo custo, submeter-se, e, muitas vezes, agir de forma exageradamente assustada e tímida — que o leva ao papel de vítima em casas com mais de um gato, um papel muitas vezes chamado de "o pária". Em casas assim, você vai encontrá-lo escondido em armários ou embaixo da cama, ou, quem sabe, encolhido em uma prateleira ou no alto da geladeira. Em circunstâncias extremas, nossos Gatos Invisíveis não se sentem capazes sequer de sair desses "locais seguros", ao ponto de chegarem a fazer xixi ou cocô nesses lugares.

Como o Gato Napoleão no outro extremo do espectro da confiança, o Gato Invisível também não tem gatitude, porque o ato de se esconder é

Os arquétipos da gatitude e o Lugar de Confiança

reativo, não ativo. Não importa se a ameaça é real ou imaginária — ainda assim ela requer toda a atenção e a ação desse gato.

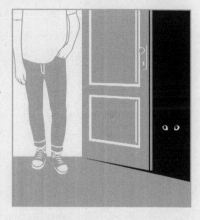

Queremos que todos os gatos sejam suas versões do Gato Mojito — em outras palavras, que eles não se encaixem nas nossas concepções de autoconfiança, mas, sim, que abracem as próprias personalidades e diminuam sua ansiedade para poderem ser o melhor Gato Mojito possível. O que tende a ser um obstáculo na jornada tanto do Napoleão quanto do Invisível em direção ao Mojito são nossos sentimentos pré-concebidos sobre eles. O Napoleão tende a receber broncas, e o Invisível, pena. O Napoleão fica preso em um cômodo onde não vai bater em ninguém, e o Invisível ganha tratamento especial nas suas "áreas seguras", o que pode significar uma tigela de comida indo parar em cima da geladeira ou embaixo da cama, ou uma caminha confortável dentro do armário. Como diz o velho ditado: "De boas intenções o inferno está cheio." O único caminho para a gatitude plena é enfrentando as dificuldades.

EM CASA COM O GATO ESSENCIAL

Na natureza, o território de um gato não é definido por paredes, portas ou janelas. Gatos criam os próprios mapas e estabelecem as próprias fronteiras. A maioria tem uma área principal que identifica como sua casa. O tamanho do território além dessa área pode depender de seu gênero, da disponibilidade de alimentos, do tipo de predador presente em torno, da acessibilidade a pares para cruzar e do nível de competição com outros gatos.

Na ausência de paredes e portas, os gatos delimitam o local que ocupam com marcadores territoriais. No entanto, se formos analisar o que une todos os felinos, de leões a gatos domésticos, não é só territorialidade, mas como eles a expressam. Todos os felinos usam marcadores, ou cercas

— seja urinando, arranhando, esfregando as bochechas e outras partes do corpo com glândulas odoríferas, talvez até fazendo cocô — para delimitar seu território.

O Gato Essencial usa arranhões para definir seus caminhos mais usados, e se esfrega em cercas ou galhos caídos. A urina é usada para demarcar as fronteiras vagas da área de um gato, em objetos proeminentes como tocos de árvore. Como mencionei no capítulo anterior, esses comportamentos dizem "moro aqui", não necessariamente "não entre". Marcações com urina transmitem informações sobre quando o gato passou por ali e sobre seu status reprodutivo; os borrifos aumentam bastante na época do cio.

Mas todo o propósito dessas cercas é permitir que os gatos coexistam sem brigar. É como mandar uma mensagem dizendo: "Ei, gostaria de reservar esse espaço entre 14h e 16h, tudo bem?" Isso combina com o estilo felino de evitar conflito, obter comida por conta própria e dividir o tempo conforme o necessário. É claro, todos sabemos que às vezes gatos não concordam, e é aí que surgem as brigas. De qualquer forma, essas cercas ajudam os gatos a identificar onde e quando elas existem, e é por isso que são tão importantes para o seu gato, especialmente porque somos nós que definimos seus limites ao mantê-los dentro de casa.

O LUGAR DE CONFIANÇA

Já estabelecemos que os gatos veem seu território de forma tridimensional, diferente de outras espécies (incluindo os humanos). Por exemplo, quando nós, bípedes, entramos em um cômodo, observamos os objetos com base no que está no chão — avaliamos a cadeira ou poltrona mais confortável, o lugar mais próximo da TV ou de uma janela, e até o melhor lugar para deixar a carteira e as chaves. Vamos encarar a realidade: somos muito terrestres.

Os gatos, por outro lado, assimilam cada centímetro do chão ao teto, avaliando possíveis locais de descanso, pontos elevados de onde possam inspecionar quem vai e vem pelo seu território, e lugares em que possam se esconder para brincar, caçar ou simplesmente se afastar do mundo.

Os arquétipos da gatitude e o Lugar de Confiança 87

A força da gatitude é em parte baseada, como já mencionei, na sensação de "lar". A atitude de um jogador de beisebol vem não só dos seus três Rs diários (que no caso dele seriam treinar, fazer fisioterapia, vestir seu uniforme etc.), mas também do local onde esses rituais são realizados: o campo de beisebol. Se tirassem Tony Manero do Brooklyn e o largassem em Staten Island, ele ainda teria o mesmo encanto? Provavelmente não.

Da mesma forma, a gatitude de um gato não tem a ver só com a capacidade do gato caçar e completar cada passo do Ritmo do Gato Essencial; gatos também criam autoconfiança baseando-se no local de seu território onde costumam ter mais sucesso. Seu gato encontrará diferentes "pontos ótimos" no eixo vertical do seu território e vai reivindicá-los. Cada gato tem um ponto de vantagem preferido no mundo vertical, o que chamo de Lugar de Confiança. Nosso trabalho é descobrir e encorajar sua relação com esses lugares, que permitem que eles entrem em contato com a gatitude e se preparem para dominar o mundo. Tudo que precisamos fazer é observar. Quando seu gato entra em um cômodo, para onde ele olha? Muitos entram de cabeça erguida, olhando direto para cima, como se dizendo: "Aquilo! Quero aquilo!" Identificar, com gatitude, uma área específica no eixo vertical é o que chamo de habitar. Descobrir que tipo de habitante seu gato é vai ajudar a criar um território cheio de gatitude duradoura e um gato igualmente feliz!

CONSIDERE AS TRÊS CATEGORIAS:

Tipos de habitantes

Habitantes dos Arbustos são os gatos que se escondem embaixo da mesa de centro ou atrás de uma planta. Muitas vezes estão na zona do "Gato Essencial", esperando para caçar ou atacar. Habitantes dos Arbustos gostam de manter as quatro patas no chão.

Habitantes das Árvores podem ser encontrados em qualquer lugar fora do chão. Esses gatos ficam mais confiantes quando estão no alto, observando o que está acontecendo. Não necessariamente ficam lá em cima, mas talvez passem o tempo em uma cadeira ou em cima do sofá. Eles demonstram sua confiança longe do chão.

Habitantes da Praia preferem manter as quatro patas em terra firme, mas em vez de ficarem embaixo da mesinha, eles gostam de relaxar em ambientes abertos. Esse é o gato em que você tropeça todo dia. Eles estão mandando uma mensagem para você e todos na casa: "Você vai ter que dar a volta em mim para passar."

Mas, antes de rotular seu gato como Habitante da Praia, da Árvore ou do Arbusto, é preciso saber a diferença entre habitar e se esconder. Você pode verificar se o gato está habitando pela sua linguagem corporal. As orelhas ficam voltadas para a frente, e eles ficam observando o entorno, mas não de forma vigilante.

Esconder-se é notavelmente diferente; é se fazer pequeno e invisível. É o que chamo de **Lugar Sem Confiança**. Agachar-se não tem a ver com conforto, e procurar um lugar seguro não é confiança. Se seu gato se esconde o tempo todo, ou passa a maior parte do tempo embaixo da cama, ele não é um Habitante do Arbusto confiante. Da mesma forma, seu gato provavelmente não é um Habitante da Árvore só porque vive em cima da geladeira. O que me faz lembrar...

Há situações de gatos que vivem em cima da geladeira, no alto, mas ainda com medo. Embora esse comportamento nos comova, é uma situação que você simplesmente não deve deixar que persista. Se seu gato demonstra que não só prefere, como precisa ficar lá em cima, e você leva a comida até ele, a situação só vai piorar. O gato está tentando se manter longe de algo, normalmente outros animais ou pessoas. Ele só se sente seguro ali, porque algo no chão é como cacos de vidro para ele.

Além disso, **cavernas** são lugares em que gatos vão para se esconder, e quando fazem isso por medo, acabamos encorajando esse comportamento levando até eles tudo de que precisam. Nós os alimentamos embaixo da cama ou levamos a caixinha de areia para eles, em uma tentativa equivocada de ajudá-los a se sentirem seguros. Mas esconder-se não traz segurança aos gatos, só faz com que se sintam menores.

Gatos muitas vezes se escondem embaixo das coisas. Pode ser no canto mais escondido da cama, entre as molas do colchão, no fundo do armário ou até em um buraco na parede (já vi de tudo). Esses lugares representam o máximo das cavernas. Mais cedo ou mais tarde, todos esses lugares precisam ser removidos ou tornados inacessíveis para o seu gato. Mas não vamos simplesmente arrancar a sensação de segurança dele.

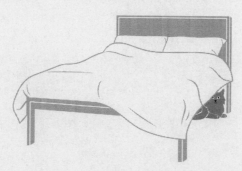

O encantador de gatos

Dicionário do pai de gatos: cavernas e casulos

Uma caverna é um lugar que o gato usa para se esconder; um casulo é um lugar seguro que o gato usa para se transformar.

Sabemos que gatos precisam de espaços seguros para passar o tempo e evitar o estresse, mas precisamos de um elemento de controle sobre esses espaços. É aí que entram os casulos. Um casulo é um esconderijo que você fornece, com o objetivo de desafiar e transformar, não só acomodar. Pode ser uma caminha em formato de tenda, um túnel ou até uma caixinha de transporte com um cobertor fofo. Um casulo oferece segurança ao gato e ao mesmo tempo permite que ele desenvolva sua confiança e faça parte das atividades da casa, porque casulos devem ser, mais cedo ou mais tarde, colocados em áreas sociais. Casulos permitem que seu gato se sinta seguro sem desaparecer. Como diz o nome, seu propósito é a metamorfose, permitindo que seu gato cresça e se transforme em sua versão mais cheia de gatitude.

No Capítulo 8, vamos falar a fundo sobre território e sobre como transformar gatos que se escondem em gatos que habitam.

ALFA E DOMINÂNCIA: FATO OU FICÇÃO NO MUNDO FELINO?

Não acredito muito em gatos alfa — a ideia de que um gato estabelece e impõe sua dominância sobre uma colônia ou grupo doméstico de gatos. Os termos "alfa" e "dominância" são muito usados quando se trata de cães e gatos, de maneiras que podem ser prejudiciais.

Existem poucas evidências de que grupos de felinos se organizam em hierarquias rígidas, em que um gato está sempre no topo. Em vez disso, acredito que gatos que vivem juntos ocupam diferentes "funções", e não postos em uma linha de comando. Eles dividem o tempo nos seus pontos favoritos, e um dos gatos meio que anda por aí mantendo tudo sob controle, como um ditador benevolente, algo como um bedel territorial. Na minha casa, quem tem esse papel é o Pishi. Ele vem andando, por exemplo, e dá uma cheirada no traseiro da minha outra gata, Caroline, que entende o recado. "Por hoje, chega. Vamos andando."

Acho que muitas pessoas descreveriam Pishi como um alfa, mas há uma diferença entre os papéis que definem qualquer sociedade e esse rótulo restritivo de "alfa". É claro, o que impede qualquer sociedade de se tornar uma completa anarquia são os papéis sociais, mas o papel de alfa denota dominância, e dominância não é um traço de personalidade. Pode descrever um padrão de interações entre dois animais, mas não existe muita evidência de "comportamento de matilha" em cães, que dirá em gatos. As pesquisas também mostram que muitos dos comportamentos agressivos ou "dominantes" que acreditamos presenciar, na verdade, têm mais a ver com a idade e a familiaridade entre os gatos. Ou seja: não existe um verdadeiro gato alfa.

Um grande problema de chamar um gato de "alfa" ou "dominante" é que isso não nos ajuda a compreender seu comportamento. Não resolve nada. Só faz com que você enxergue seu gato como um adversário, interpretando tudo o que vê como agressivo. O resultado é que você acaba tentando dominá-lo.

A CONEXÃO ENTRE OS ARQUÉTIPOS FELINOS

Como discutimos antes, um Gato Mojito é quase um ímã social. O mundo tende a girar em torno do Mojito, porque ele é confiante, e não tão concentrado na autopreservação. Napoleões e Invisíveis, por outro lado, são tão obcecados em cuidar das próprias coisas (e em ficar ansiosos com isso) o dia inteiro, que esquecem do bem maior da casa ou da colônia. Essa ansiedade pode funcionar como um alvo nas suas costas, nos olhos de outros gatos.

Mas o Mojito está acima disso tudo, e por isso consegue lidar com a estrutura geral do seu mundo muito mais facilmente. Isso faz com que o Mojito seja "dominante"? Não, porque se você observar seus gatos com cuidado, verá que é a flexibilidade e o compartilhamento que definem a maior parte dos relacionamentos felinos. (Mais sobre isso na Seção 3.)

Seção TRÊS

Ferramentas para a gatitude

6

Bem-vindo à caixa de ferramentas

GATO COM G maiúsculo; Supergato; o Gato Essencial. O gato no decorrer da história, a (por vezes difícil) transição quando aprenderam a viver entre os humanos, a (ainda mais difícil) adaptação à vida dentro de casa, e tudo que já aprendemos sobre eles... essa jornada termina aqui. E é aqui que nós começamos. Falamos anteriormente sobre como os humanos influenciaram felinos ao longo da história, mas e o aqui e agora? Não estou falando da história épica entre humanos e felinos, mas, sim, da história particular, que se desenrola dia após dia, ano após ano. Nós, humanos, não somos apenas guardiões do território e provedores de alimento. Nós somos metade desse relacionamento e temos a oportunidade de guiar nossos companheiros ao seu melhor.

Nos CAPÍTULOS A seguir, você vai adquirir muito conhecimento em forma de ferramentas: sugestões e práticas comprovadas e realistas que vão melhorar a qualidade de vida do seu gato e, por consequência, a sua. Mas as ferramentas — ou seja, o conhecimento bruto — não são a parte mais importante dessa seção. O que mais quero que compreenda a partir dessa leitura é que está em um relacionamento com o seu gato.

Imagine o seguinte: você tem um filho de 15 anos que é amigável, extrovertido e generoso — ele nunca foi de dar muito trabalho para você ou para mais ninguém. Certo dia, você recebe uma ligação da diretora da escola. Ela diz que, sem motivo aparente, ele começou uma briga com outro aluno e quebrou o nariz do garoto, que foi parar no hospital. Seu filho será suspenso até toda a situação ser resolvida, e no momento ele está na sala da diretora esperando que você vá buscá-lo.

Você desliga o telefone, em choque, tentando compreender a razão pela qual seu filho teria feito algo assim, e seu alarme de preocupação parental chegou ao nível mais alto. Desde o momento em que pega as chaves do carro até estacionar em frente à escola, você sente um turbilhão de fortes emoções: raiva, frustração, medo, até um pouco de humilhação para completar. No olho desse furacão íntimo, porém, você visualiza seu filho esperando, com medo, vergonha e talvez ainda cheio de raiva. Seja como for, você sabe, sem sombra de dúvida, que ele está sofrendo, e por isso, você também sofre. Ele é seu filho, e você só quer saber o que há de errado para poder ajudar.

Agora imagine isto: você chega em casa após um dia difícil no trabalho, abre a porta e é atingido pelo fedor de amônia de xixi. Você já ouviu sobre esse tipo de comportamento, mas seu gato nunca fez nada assim na vida. Imediatamente, você começa a busca, xingando a si mesmo e ao gato, porque esse dia não poderia ficar pior, mas fica: bem na almofada central do seu sofá branco novinho em folha, uma grande mancha amarela e laranja.

O choque dá lugar à raiva quando você pega o desinfetante e começa a limpar a almofada. Não importa o que você faça, esfregando sem parar, está começando a ficar claro que a almofada já era. O grosso da mancha pode sair, mas ela sempre estará ali, junto com aquele cheiro. Sua temperatura começa a subir, e junto surge o pensamento recorrente de que seu gato agiu daquela forma por causa de algo que você fez. Claramente, isso foi um desrespeito, e não importa por que ele está se sentindo assim, você sabe que não fez nada de errado. Você percebe o gato parado na porta da cozinha, como toda noite, esperando o jantar. Algumas horas atrás ele decidiu que odeia você, mas agora é vida que segue? De jeito nenhum. Pesando as consequências, você balança a cabeça porque percebe que seu gato simplesmente nunca vai entender o tamanho do sofrimento que fez você passar.

Agora, vamos comparar os dois cenários.

Em ambos, tanto o garoto quanto o gato deixaram claro que algo não está bem. No caso do menino, o foco foi imediatamente para a criança. O grande porquê dominou seus pensamentos: por que ele achou que precisava recorrer à violência? Por que você não viu os sinais antes? A isso se seguiu o grande como, ou seja, como você pode ajudar seu filho e como vocês vão superar esse episódio, em família? No caso do seu gato, o grande porquê se concentrou em por que seu gato faria algo assim com você, e o grande como foi sobre como você tiraria a mancha de xixi da almofada. Você não se esforçou para compreender que novas questões podem ter surgido na sua casa que fizeram com que ele agisse daquela forma, nem seu "alarme de preocupação parental" fez com que levasse o gato imediatamente para o veterinário para ver se ele tinha uma infecção ou alguma outra questão de saúde que poderia ter causado isso.

Conclusão: no primeiro cenário, sua reação se concentrou na preocupação com o seu filho; no segundo cenário, sua reação se concentrou na preocupação com seu sofá.

E esse é o problema.

No santificado reino do nosso lar, em meio a nossos familiares, a verdadeira empatia não deve ser reservada a uns e não a outros, para uns e não todos. Por mais esclarecidos que nos consideremos, enquanto houver mesmo uma minúscula parte de nós disposta a tratar os animais da família como posses e não como entes queridos, essa parte vai infectar todo o nosso conjunto familiar. Essa parte tem um nome: propriedade. A maneira de superar esse problema também tem um nome: relacionamento.

NÃO É O QUE SE TEM, É QUEM SE AMA

Se você tirasse a espécie da equação e simplesmente visse seu gato como outro membro da família, o resultado seria um relacionamento. No centro desse relacionamento estão elementos fundamentais que determinam sua habilidade de lidar com ele, como:

- *Compreensão:* entender do que ele gosta e do que não gosta, seus medos, aversões, e como sua história determina seus comportamentos no presente.
- *Atenção:* quando ele pedir algo de você, seja afeição, proteção, ou só seu tempo, lhe dê atenção, mesmo que não tenha nada a oferecer no momento.
- *Harmonia:* em qualquer relacionamento, mais cedo ou mais tarde percebemos que ele não se trata apenas de nós mesmos e nossas necessidades. É preciso se dobrar aos outros mesmo quando essa é a última coisa que se quer fazer.
- *Vulnerabilidade:* a natureza dessa via de mão dupla que é um relacionamento é permanecer presente com o outro, admitindo que você não sabe de tudo e que não controla o resultado de cada momento do relacionamento. Você não é dono das reações do outro ou da forma como ele lida com o mundo ao redor. Você aprende com os outros da mesma maneira que eles aprendem com você. Em outras palavras, você se aventura a estar disponível para o outro, sem depender de uma rede de apoio que você criou e que você controla.
- E, é claro, o ingrediente mágico em tudo isso é o amor: um conhecimento profundo de que sua vida juntos é melhor que sua vida separados, o que faz você abraçar todas as condições acima (mesmo que não tão alegremente), não só porque você tem a perder ou a ganhar em cada momento, mas porque é por isso que estamos aqui, afinal: para amar e sermos amados.

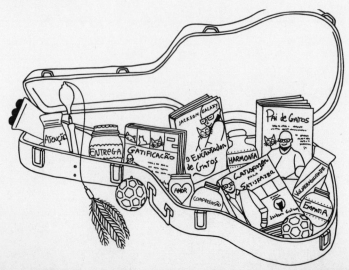

Coloque todos esses ingredientes em uma panela, leve à fervura, e essa sopa ganha vida, evoluindo até certo ponto em seus próprios termos e seu próprio ritmo. Nós, individualmente — apesar de intensos protestos do nosso ego —, nos reduzimos a participantes da nossa história, não diretores.

E há um último ingrediente, a entrega, que, seja esse relacionamento amoroso ou familiar, é inevitavelmente um ponto chave da receita. Abrir mão da posse e abraçar um relacionamento com certeza é assustador, mas é o que torna a presença de outros na nossa vida a coisa mais maravilhosa de todas.

Pode estar ficando bem óbvio a essa altura que meu objetivo é que você tenha um novo olhar para o relacionamento com o seu gato, ao vê-lo como um relacionamento. A partir desse ponto de vista, tudo que você pode absorver deste livro para conseguir boas soluções para problemas comportamentais será multiplicado imensamente. Ao observar as ações do seu gato com um olhar empático, você terá uma reação muito diferente a um xixi no móvel ou qualquer outra "má-criação". Em vez de ficar com raiva do seu gato e gritar com ele (ou xingar a si mesmo), seu primeiro pensamento vai ser: "Nossa! Isso não parece coisa dele. O que pode ter acontecido que o fez agir desse jeito tão estranho?" O grande porquê e o grande como se tornam partes essenciais das suas reações, e é exatamente essa perspectiva que quero que você leve adiante ao prosseguirmos para as ferramentas apresentadas nessa seção.

Além disso, a empatia nos permite desenvolver um certo nível de presciência. Se formos capazes de nos conectar emocionalmente a uma atitude extrema, então é lógico que seremos capazes de prevenir isso ao perceber o pavio aceso antes de a bomba felina explodir. A imensa mancha de xixi no sofá pode ter sido precedida por ações imperceptíveis a um estranho: andar de um lado para o outro, vocalizações que você nunca tinha ouvido antes, até comportamentos que não têm conexão a sintomas. Pelas leis do relacionamento, você vai ficar mais ligado à sua intuição, aquela sensação de que "tem alguma coisa errada", que muitas vezes pode acabar salvando uma vida... ou pelo menos um sofá.

No INÍCIO DESTE capítulo, dissemos que a coisa mais importante era compreender que você está em um relacionamento com o seu gato. Esse relacionamento, como qualquer outro na vida, exige que você utilize ferramentas para navegá-lo, e nas próximas páginas você receberá muitas delas. Isso nos leva a um último pensamento: nem mesmo todas as ferramentas do mundo o ajudarão se você não tiver um lugar onde armazená-las e manuseá-las — e esse lugar é seu coração empático. Em outras palavras, você é a caixa de ferramentas. Bem-vindo a ela.

Introdução ao Gato Essencial e os três Rs

A ESTRADA DOS TIJOLOS amarelos da gatitude é pavimentada com a confiança do seu gato, seu senso de orgulho, a posse segura de seu território e o conhecimento instintivo de que ele tem um trabalho a fazer nesse território. O que faz ele andar pela estrada é a rotina diária de caçar, apanhar, matar, comer, seguida de limpar e dormir. Se os gatos exercitarem esse ciclo CAMCLD com consistência, certeza e confiança, vão experimentar a gatitude total, que é a nossa Cidade das Esmeraldas, sempre se erguendo como o sol no horizonte.

Para que os gatos cheguem à Cidade das Esmeraldas, precisamos fornecer uma infraestrutura na qual todas essas atividades se desenrolem todos os dias de forma previsível. Fazemos isso com os três Rs: Rotinas, Rituais e Ritmo.

Cada casa tem seus ciclos de energia naturais de ascensão e queda, fundamentados em quando você se levanta, vai para o trabalho, volta para casa e depois vai para a cama. À medida que você começa a estabelecer Rituais e Rotinas com o seu gato, e baseá-los nos picos de energia da sua casa, você cria um Ritmo. Ele se torna o pilar para todas as interações de apoio primárias que você tem com seu gato, como quando vocês brincam, e você o alimenta.

Entretanto, não se trata apenas de fazer com que o gato se adapte ao seu ritmo. É sobre unir as necessidades dele e as suas em um ritmo da casa. Assim como os rituais humanos definem nossa confiança e sensação de estabilidade, os gatos precisam de seus próprios. Portanto, seu dia não consiste apenas em levar as crianças para a escola, deixá-las no treino de futebol e nas aulas de piano, depois ajudá-las com a lição de casa e preparar o jantar; estou dizendo que CAMC, a hora do carinho e a limpeza da caixa de areia também fazem parte desse ritmo.

O BALÃO DE ENERGIA

Os gatos dormem tanto para se preparar para a caça. Enquanto dormem, estão armazenando energia. Eles são, em essência, balões de energia, começando como um recipiente vazio e, a partir do sono, se enchendo de energia. Quando acordam, essa energia precisa de um lar — um alvo, digamos. Não esqueçamos que eles foram programados por anos de evolução para um ritmo que exige ser satisfeito. O Gato Essencial desperta e precisa caçar. Qualquer outra coisa que aconteça com gatos (como ser acariciado), ou mesmo ao redor deles (vivenciar o ritmo animado do dia a dia da sua família), se torna mais ar no balão, mais energia que precisa ser liberada.

É aí que nós entramos. Nós podemos praticamente garantir uma medida de gatitude e sermos proativos para diminuir a frustração de um balão se enchendo rápido ao agirmos como arquitetos desse ritmo preexistente. Ao interagir com nossos gatos, ou estamos colocando energia, enchendo o balão, ou tirando energia, abrindo a válvula de segurança. É simples assim. Da mesma forma que o ritmo do nosso dia é determinado pelos nossos vários rituais e rotinas, o mesmo vale para os gatos. Cada dia na nossa casa apresenta picos energéticos mais ou menos previsíveis, e nossos gatos seguem esse ritmo junto conosco. Quando a família se levanta pela manhã, é energia entrando. Nossos rituais vão de despertador (e função soneca) a chuveiro, de se barbear ou aplicar maquiagem a café da manhã (tanto para humanos quanto gatos). Esses rituais são os componentes básicos da rotina matinal; todos correm pela casa, falando em voz alta. Você embalou o seu almoço? Está pronto para sair? Deu comida para os gatos? Mais energia para dentro. Passos pela casa, portas batendo e todas aquelas reverberações: ainda mais energia. Saímos de casa deixando um balão cheio (nosso gato) para trás.

Imagine o que acontece a partir desse momento, com o passar do dia. Pássaros do lado de fora da janela, barulhos de trânsito, pessoas em apartamentos vizinhos fazendo barulho.

Agora você e sua família voltam, e a energia tem mais um pico. Hora do jantar, todos em casa. Como foi seu dia? Alimentar humanos e animais. Hora de lavar a louça! Preparar-se para o dia seguinte. Enquanto isso, o balão vai enchendo, enquanto você relaxa e descansa. Um pouco de TV antes do último pico de energia, quando você se levanta, se prepara para dormir e arruma as coisas para a manhã seguinte. A essa altura, tudo que você precisa fazer é respirar alto demais para o balão estourar.

O que demonstra que o balão está cheio? Imagine que você tem um balão com consciência, sentindo que está prestes a estourar. Ele iria começar a se autorregular, soltando um pouco de ar. Agressividade redirecionada é um exemplo do seu gato soltando um pouco de ar, mas há outras formas mais sutis. Para mim, o rabo batendo é uma forma de o "balão" se esvaziar. Quando o balão está cheio, o rabo se torna uma maneira de deixar o ar escapar. O mesmo serve para o que chamo de "tremelique traseiro". Aquele tremor que acontece nas costas do gato é, pelo menos em parte, um espasmo, mas também uma maneira de liberar energia. Você pode notar seu gato andando pelo cômodo, de repente parar como se uma mosca tivesse pousado nele e deliberadamente se lamber em um ponto específico. Esse tipo de autotranquilização também é um autorregulador.

Qual é o nosso papel no enchimento do balão, nesse estímulo excessivo? Para alguns gatos, o carinho enche o balão de ar de uma maneira que é intolerável. É energia entrando sem forma de sair. O que pode parecer gostoso por três ou trinta segundos, de repente começa a parecer que pode fazer o balão estourar. E aí... bang! Aquele chiado, aquela mordida, aquele momento em que eles se viram contra você — correr ou se lamber são tentativas desesperadas de fazer o ar sair do balão.

A ferramenta de introdução ao Gato Essencial se concentra nos detalhes desses Rituais e Rotinas chaves, para que você possa ter um Ritmo na sua casa que sustenta a experiência da gatitude necessária para seu gato, todos os dias.

BRINCAR = CAÇAR

Agora que você já conhece o Ritmo do Gato Essencial, ainda acha que jogar uma bolinha de papel no chão conta como brincadeira? Está tirando o corpo fora porque tem vários ratinhos de plástico e bananas de catnip

jogadas no chão da sala? Você ainda, mesmo depois de tudo isso, acha que brincadeiras felinas são só um gatinho empurrando um novelo de lã pelo carpete? Se sim, pode dar meia-volta. Volte para o Capítulo 3, Ritmo do Gato Essencial, releia tudo e me encontre aqui de novo.

Uma das coisas mais importantes que posso lhe dizer sobre manter seu gato feliz e saudável com o seu lado Essencial é que brincadeiras não são um luxo, uma diversão quando e se você tiver um tempinho. Veja desta maneira: se você tivesse um cachorro, teria uma coleira para passear com ele diariamente. Da mesma forma, tendo um gato, deve ter brinquedos interativos e usá-los durante suas brincadeiras diárias. Essas coisas devem ter igual importância, porque, para cada espécie, são uma necessidade física e comportamental.

Ter aquele brinquedo interativo, porém, é só a ponta do iceberg. A questão é: brincadeiras são uma atividade estruturada. A diferença entre brincar casualmente com o seu gato e realmente se dedicar ao ritual de CAMC é a natureza rotineira do CAMC. Seu gato gosta que as coisas aconteçam de forma previsível, e é assim que você torna a brincadeira uma atividade cheia de gatitude. Você não joga Banco Imobiliário só jogando as peças de um lado para o outro do tabuleiro. Não, Banco Imobiliário significa rolar o dado, mover a peça, pegar uma carta, comprar uma casa. Uma sessão de brincadeira típica com o seu gato deve envolver esse nível de comprometimento.

Ao pegar um brinquedo interativo e replicar os movimentos da presa, você ajuda a reforçar o objetivo — o que o ciclo de Caçar/Apanhar/Matar realmente é — e aumenta a gatitude que vem com o processo de caçar. Basicamente, você promove um escape estruturado para os desejos comportamentais do seu Gato Essencial. É assim que se alimenta a gatitude.

"MAS MEU GATO NÃO GOSTA DE BRINCAR"

A razão pela qual muitas pessoas me dizem: "Jackson, meu gato não gosta de brincar." É porque esperam que a hora da brincadeira seja seu gato correndo em círculos pela casa por uma hora. Mas lembre-se: a brincadeira (ou melhor, "a caça") não é só ação; a preparação, ou "a perseguição", é uma parte tão importante (ou até mais) do processo quanto a parte do "ataque e abate".

A exaustão que vem da caça acontece mesmo quando o gato não está se movendo; observar a mariposa no teto exaure, a perseguição exaure, aquelas curtas explosões de energia exaurem. É a concentração de corpo e mente que faz isso com seu gato, é uma ação direta em que ele fica cem por cento concentrado. Esperar que o sucesso seja uma corridinha e nada mais só vai deixar você e seu gato frustrados. Não crie expectativas ilusórias: saiba aceitar o sucesso pelo que ele é.

Todos os gatos brincam. Você só precisa entender qual é a definição de brincadeira do seu gato. Seu persa diabético e gordo de 16 anos talvez só faça a parte da "mariposa no teto". Para ele, essa é a brincadeira. Se tudo que o gato faz é a mariposa no teto, e quando a mariposa pousa, ele só dá duas patadas no brinquedo, isso ainda é uma brincadeira. Esperar que seu persa diabético de 16 anos corra pela casa faz com que você diga "meu gato não brinca" e pare de tentar. Em vez disso, procure entender o significado de CAMC no "universo alternativo" do seu gato.

E você não achou que eu ia pegar leve com você, achou? Criar um Ritual ao redor da brincadeira é só metade da equação; sua dedicação ao Ritual é a outra metade.

O guia do pai do gatos para tipos de brinquedos

Brinquedos interativos: Você fica de um lado, o gato fica do outro. Você provê os três Rs (Rotinas, Rituais, Ritmo) da caçada. São brinquedos que estimulam o desejo pela presa, como a varinha com penas ou o brinquedinho amarrado a uma corda. Sem dúvida, a ferramenta mais crucial.

Brinquedos remotos: Qualquer brinquedo que você pode jogar e brincar de buscar. Em geral, desaparecem embaixo do sofá ou da geladeira e retornam na próxima faxina. Exemplos são bolinhas de papel, ratinhos de pelúcia e aquelas bolinhas de borracha geométricas. São legais, mas não podem ser a única opção.

Brinquedos automáticos: São a escolha do preguiçoso, em geral funcionam a pilha. Você liga, o brinquedo faz o resto. O problema é que se seu "parceiro de brincadeiras" é uma máquina, com movimentos previsíveis, a emoção da caçada acaba. De certa forma, o ritual de CAMC é como andar na corda bamba entre ordem e caos. Sem chance para um pouco de anarquia, o ritual fica meio sem sentido para o gato. Estou dizendo para nunca usar esse tipo de brinquedo? Não. Eu entendo — talvez você tenha tido um dia longo e cansativo, e poder simplesmente ligar o brinquedo é uma boa alternativa a não fazer nada. Contanto que não se torne a principal ferramenta do seu arsenal de brincadeiras, o brinquedo automático ainda tem seu lugar no lar cheio de gatitude

Uma observação sobre canetas laser: Uma caneta laser pode ajudar a começar os trabalhos da brincadeira, mas acredito fortemente que ela seja uma ferramenta limitada. Simplesmente não pode ser a linha de chegada da brincadeira. Por quê? Porque não pode ser "morta". É uma provocação de presa — não dá para morder, não dá para pegar com as patas —, só uma perseguição eterna. Pode começar a brincadeira com o laser, claro, mas tenha certeza de que, em algum momento, a presa vá mudar para algo físico que pode ser "apanhado e morto".

SEJA A AVE: ANATOMIA DO ABATE

A brincadeira é uma atividade que exige dedicação. A última coisa que quero é que você fique no celular com uma mão e balance uma varinha com penas com a outra, ou converse com seu parceiro ou assista TV enquanto brinca com seu gato. Se você deseja os benefícios de um gato que executa todos os elementos do Ritmo do Gato Essencial, então precisa se comprometer. Não estou falando só de comprometer seu tempo, digamos, 15 minutos de brincadeira. Estou falando de entrar no papel que você está representando no "jogo". Chamo isso de "ser a ave" ou "ser o rato". Como seria a experiência de realmente ser essa presa? Como você se moveria na presença de um mamífero rápido e de dentes afiados que está tentando matar você? Com isso em mente, vamos avaliar como os gatos caçam e, desta forma, como você deve tentar replicar os movimentos da presa durante as brincadeiras.

Primeiro, quero que você finja que é a ave.

Sendo a ave, você vai fazer aquele movimento sutil, "mariposa no teto", por um momento, voando ali, e então vai se permitir ser apanhado: dar um rasante e de repente bater no chão. Nesse instante, seu gato vai dar o bote. Mas o que transforma isso em uma brincadeira? Só arrancar o brinquedo e fazer a ave voar de novo? Não, você vai se fingir de morto, para que seu gato dê uns tapinhas na ave e verifique se ela está mesmo morta. Então, é provável que ele se afaste para tentar enganá-la a se mexer de novo.

Daí, você pode tentar se mover devagar, nem tanto se fingindo de morto, ao dar passinhos lentos para longe, tentando achar um refúgio na lateral do sofá. Você está na direção certa quando vê olhos arregalados, atenção total, músculos tensos, talvez um tremelique no rabo. Então, as pupilas se dilatam, a cabeça balança para avaliar o tamanho exato da presa, e o bumbum faz aquele famoso balançar logo antes do bote. Tudo isso lhe diz que seu gato mergulhou nesse universo alternativo. É nesse instante que ele vai correr até a ave... e aí você levanta voo novamente!

Agora é a hora de decidir: você quer que ele apanhe a presa ou ainda não está na hora? E lá vai você de novo, repetindo a sequência: o movimento de mariposa no teto, o balanço do bumbum, o bote... O tempo todo pensando: quais são os seus melhores métodos para evocar essa confiança, esssa gatitude, do seu gato?

Pessoalmente, uma das coisas que me deixa muito feliz é quando, no final da sequência do CAMC, o gato agarra a pena do brinquedo com a boca, começa a rosnar e olha ao redor do cômodo em busca do lugar perfeito para levar sua presa. Quando ele começa a se afastar, deixo que ele carregue o brinquedo e o sigo. Para mim, esse é o Santo Graal. Brinquei tão bem que meu gato entrou de cabeça naquele outro mundo, o mundo do Gato Essencial. Então, espero que ele largue a pena e saio voando de novo. É assim que você sabe que acertou em cheio.

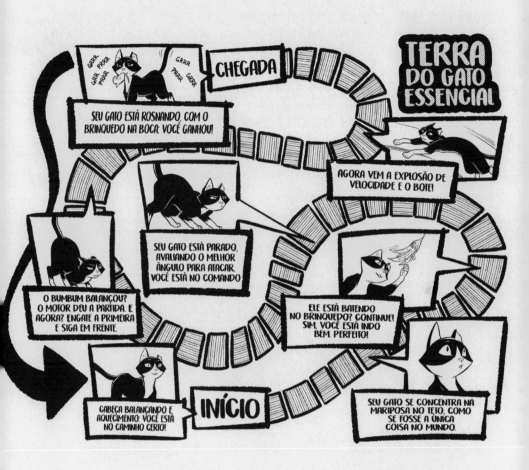

BEM-VINDO À TERRA
DO GATO ESSENCIAL — POPULAÇÃO: 2

Esta é uma lista geral, então o mais importante a fazer é descobrir quem é o seu gato. Ele gosta de presas terrestres ou voadoras? É um caçador de lagartos ou de pássaros? Ele consegue ir de um ambiente natural para outro com fluidez? Alguns felinos ficam assustados com o movimento de pássaros e talvez prefiram presas terrestres.

LEMBRETE SOBRE ESTILOS DE CAÇA

Como discutimos no Capítulo 3, gatos em geral têm um estilo preferido de caça, inato a eles. Alguns preferem uma emboscada em espaço aberto; outros, perseguir e correr de trás de um esconderijo, ou esperar para dar o bote em uma presa que sai de uma toca no chão. Incorpore essas diferentes estratégias na brincadeira e veja a qual seu gato responde melhor.

TIPOS DE GATOS BRINCALHÕES

Falando em diferentes estilos, considere esses dois tipos gerais de gatos, quando se trata de brincadeiras:

Alguns são como um **carro esporte**; você simplesmente mostra o brinquedo e vrooooom! Eles saem correndo. Sem hesitação. Só virar a chave, pisar no acelerador e eles vão de zero a cem.

E outros são como um **Ford modelo T.** Você tem que girar a alavanca do motor, às vezes por vários minutos, antes que eles respondam ao brinquedo. Porém, quando começam, não param. Quando seu mecanismo de caça estiver alimentado a ponto de virar a chave, esses gatos se jogam de cabeça. É por isso que usamos brinquedos como canetas laser. Elas são como as alavancas nos antigos Ford modelo T.

Dicionário do pai de gatos: ferver e baixar o fogo

O Gato Essencial (assim como o seu) é um caçador de velocidade, não distância. Tentar fazer com que ele corra por aí durante 15 minutos direto na hora da brincadeira não vai funcionar (a não ser que eles estejam naquela fase pré-adolescente). Não só seria desconfortável para muitos gatos, como também se tornaria uma fonte de frustração para o guardião (que acabaria exclamando: "Meu gato não gosta brincar!" ou "Posso brincar com o meu gato por uma hora e ele não se cansa!").

Introdução ao Gato Essencial e os três Rs

Em vez disso, lide com a hora da brincadeira nos termos do Gato Essencial: explosões curtas de brincadeira vigorosa, seguidas por um breve período de descanso. Pense em uma receita simples que manda ferver os ingredientes e depois baixar o fogo. A única diferença é que, quando se trata de brincadeiras com seu gato, você vai voltar a ferver.

Então, comece levando a atividade à fervura: faça-os perseguir um brinquedo, queimando um pouco de energia, talvez até fazendo-os arfar por alguns segundos. (Durante a primeira fervura, e só para esquentar os motores, você pode pegar aquela caneta laser, se seu gato gostar.) Então abaixe o fogo (descanse) por um tempo. Você provavelmente vai perceber que o gato se recupera rápido. Talvez ele aja com indiferença ou tédio (ou seja, como um gato), mas logo você vai conseguir levantar fervura de novo.

A partir disso, é só repetir. Canse um pouco o gato, deixe-o descansar, depois faça ele correr de novo. É claro que, a essa altura, você deve trocar para um brinquedo mais interativo do que a caneta laser, em outras palavras, algo que ele possa "matar"! Depois de algumas voltas, você vai ver que seu gato terá explosões de energia cada vez mais curtas. Quando chegar ao ponto em que ele só dá um pulo e pronto, ou quando a única maneira que seu gato queira interagir é se você levar o brinquedo até ele enquanto ele permanece deitado de lado... bem, então seu gato está frito. Figurativamente, é claro!

Cantinho do gato nerd
Evitando o tédio nas brincadeiras

Um estudo de 2002 do Dr. John Bradshaw e colegas testou o interesse dos gatos em brincar com os mesmos brinquedos, em oposição a quando eles apresentavam um brinquedo novo. Não é surpresa que um brinquedo novo fez os gatos aumentarem as mordidas e caças. Em outras palavras, seu gato talvez se canse do brinquedo antes de se cansar de brincar.

Embora praticamente qualquer brinquedo que imite uma pressa seja capaz de deixar seu gato animado, procure revezar os brinquedos para mantê-lo interessado em uma sessão de CAMC.

CATNIP: É UM GOSTO FELINO, VOCÊ NÃO ENTENDERIA

Todos nós precisamos de um pouco de diversão. Para os gatos, ela talvez venha na forma de uma erva. Existem muitos tipos de planta a que gatos respondem, as mais famosas sendo catnip, valeriana, Lonicera e Actinidia polygama.

Catnip, também conhecida como erva-dos-gatos (Nepeta cataria), faz parte da família da hortelã. O ingrediente ativo na catnip a que os gatos respondem é a nepetalactona, que, na verdade, tem efeito sobre a maioria das espécies de felinos, pequenos ou grandes. Essa reação parece ser algo entre alucinógeno, afrodisíaco, estimulante e relaxante. (Uau, onde assino para me inscrever?)

O comportamento mais comum que vemos em reação à catnip são rolamentos. É semelhante ao que as gatas fazem quando estão no cio, mas no caso da catnip, tanto gatos machos quanto fêmeas rolam. Não se sabe ao certo se a resposta à catnip é sexual, lúdica ou predatória, mas às vezes parece ser as três opções. Alguns gatos preferem lamber e mastigar catnip, enquanto outros apenas ficam deitados, babando, com olhos vidrados. Há também os que ficam superempolgados.

Aproximadamente um terço dos gatos, no entanto, não responde à catnip — é uma característica genética. E filhotes parecem não responder à erva de forma alguma, então talvez o comportamento esteja relacionado à maturidade sexual (apesar de castrações não diminuírem a reação). Os efeitos da catnip são relativamente curtos: apenas cinco a 15 minutos. Depois disso, seu gato normalmente precisará de uma pausa de pelo menos meia hora para reagir novamente.

Claro, a coisa mais importante sobre a catnip é saber como ela afeta o seu gato. De modo geral, ela parece reduzir as inibições, o que, similar a com os seres humanos, pode ser bom ou ruim. Basta fazer a si mesmo a pergunta: "Meu gato é um bêbado feliz ou um bêbado chato?" É a mesma pergunta que você faria sobre um amigo com quem vai passar a véspera de Ano Novo, simplesmente para ficar preparado. Se seu amigo for um bêbado feliz, então, em algum momento durante as festividades, pode apostar que ele vai te abraçar, dizendo "EU TE AMO, cara!", antes de encontrar algum canto para desmaiar. Se esse amigo for um bêbado chato? Então, é melhor você deixar o dinheiro da fiança separado, porque com certeza ele vai começar uma briga com alguém no estacionamento. Ou seja, você precisa ser capaz de prever como seu gato vai agir, uma vez que suas inibições saírem de cena. Se o gato já tiver uma tendência a fazer bullying, talvez a catnip intensifique sua natureza violenta e o faça perder a cabeça. A competição por brinquedos pode ficar um pouco mais feroz, e se ele tiver propensão a se sentir hiperestimulado, isso pode ficar ainda mais evidente. Outros gatos ficam mais relaxados ou menos assustados (o que pode se tornar um problema se eles, de repente, se aproximarem de outro gato de forma mais direta do que o normal).

O que quero dizer é que, em uma casa com mais de um gato, vale ao menos experimentar a catnip, mas sempre recomendo um test drive individual primeiro, e não com todo o grupo ao mesmo tempo. Se você sabe que existe tensão entre alguns gatos ou estiver tentando apresentar novos animais à família, é uma boa ideia remover todos os brinquedos com catnip da casa. Por que correr o risco? Lembre-se: considerando que a resposta à catnip é de curta duração (e exposições múltiplas fazem com que o efeito diminua), mantenha os brinquedos de catnip guardados, marinando-os em erva solta para aumentar a potência, e tire-os em ocasiões especiais. Isso vai melhorar a experiência do seu gato e também vai proporcionar uma associação positiva quando algo assim for necessário. (Para mais informações sobre isso, consulte "O efeito Bingo!" no Capítulo 9.)

ALIMENTANDO A GATITUDE

O Ritmo diário de CAMCLD representa uma linha direta entre o Gato Essencial e o seu gato. Essa necessidade inata de viver em função da caça não começa e termina como uma série de rituais, pois a psique e o corpo do Gato Essencial (e do gato doméstico) só ficarão satisfeitos com o resultado daquela caçada. Em outras palavras, o Gato Essencial — e o seu gato — são carnívoros estritos.

A dieta que prefiro e recomendo para gatos é baseada em carne crua, incluindo o conjunto geral de uma presa: ossos, músculo, gordura, órgãos e até um pequeno percentual de material vegetal, proporcional ao que seria encontrado no estômago da presa que os gatos caçariam e comeriam. Como qualquer dieta industrializada necessariamente não inclui um animal morto e consumido in loco, alguns nutrientes ficarão faltando, como os encontrados no sangue da presa. Dito isso, vivemos em uma época em que a nutrição completa através de alimentação crua pode ser alcançada com diversas opções comerciais.

Entendo que você talvez ache a alimentação crua nojenta; além disso, nem todos os gatos vão curtir. Às vezes é bem difícil fazer os gatos gostarem. Nesse caso, recomendo que você alimente seu gato com uma dieta de comida úmida livre de grãos. Por que tem arroz, glúten ou outros recheios na comida do seu gato? Porque tudo isso é mais barato do que carne!

Ainda assim, prefiro que você alimente seu gato com a pior comida úmida do mercado do que com a melhor comida seca; se quiser usar a seca, use-a como agrado. Para gatos mais velhos, porém, qualquer coisa vale. Só é preciso ficar de olho no peso. A essa altura, as filosofias sobre alimentação são inúteis; se eles insistirem em comer a comida seca, deixe. Mas meu ponto é: comida úmida é o mais natural para o seu gato.

Tenho opiniões fortes sobre comida seca. Temos que admitir, a maioria das pessoas prefere porque ela é conveniente. Garanto que, se você alimenta seus gatos com ração seca, há uma grande chance de ela ficar à disposição 24 horas por dia, e isso não funciona na lógica do Gato Essencial.

Por que não sou fã de comida seca? Em primeiro lugar, esse tipo de ração costuma ser cheia de carboidratos. Pesquisas já associaram uma dieta com muitos carboidratos a cristais urinários, diabetes tipo 2 e obesidade em felinos. Não parece algo que você queira arriscar, certo?

Além dos riscos para a saúde, vamos voltar à dieta do Gato Essencial: a presa. Animais são ricos em proteína e água. O processo de produção da ração seca, a extrusão, quebra alguns dos nutrientes do alimento. Ao fim da extrusão, o nível de umidade na ração é de menos de 10%. Na comida úmida, o nível fica em torno de 60%, bem mais próximo do de um rato (em torno de 75%). Faça as contas. Gatos que se alimentam de ração seca podem beber mais água para "compensar", mas pesquisas mostram que isso não é o suficiente para remediar o déficit.

E se você já ouviu que a ração seca ajuda a limpar os dentes do gato, pode esquecer essa bobagem. Mesmo se a ração removesse parte da placa (o que é questionável), ela não substituiria a escovação dos dentes do seu gato em casa ou no veterinário.

A verdade é que, se você quer satisfazer o Gato Essencial, ração seca não funciona.

DESTINO: BINGO!

Esse é o momento em que você se vê abrindo várias latas de ração até achar a certa. Mas lembre-se: isso é um relacionamento. Quando você começa a sair com alguém e não tem ideia do que a pessoa gosta de comer, você pergunta, certo? Não é possível perguntar para o gato, mas você pode apresentar opções que são ao mesmo tempo boas e prazerosas para ele.

O que nos traz à importância da variedade. O Gato Essencial pode adorar ratos, mas isso não significa que ele vá torcer o nariz para o restante do bufê oferecido pela natureza. Da mesma forma, gatos não são

O encantador de gatos

feitos para comer a mesma coisa a vida inteira. Além disso, é importante se colocar no lugar deles de vez em quando. Se você comesse exatamente a mesma coisa todos os dias, tenho certeza de que depois de certo momento você também ficaria "enjoado".

A notícia boa é que, se tem algo que não falta no nosso crescente mercado atual são opções. Por um custo relativamente baixo, é possível experimentar diferentes proteínas, texturas, preparos e variações que inevitavelmente levarão você até o paladar preferido do seu gato. Trata-se apenas de avaliar o mercado. Existem patês, lascas, pedacinhos e muito mais. Talvez seu gato prefira assado ou grelhado, ou quem sabe você se dê conta de que ele ama espinafre. Há centenas de opções no mundo, e preciso enfatizar a importância de encontrar aquilo que fará seu gato gritar: "Bingo!"

Além disso, como um veterano em abrigos de animais, preciso alertar você sobre algo que espero que nunca aconteça, mas para o qual temos que nos preparar: se seu gato só comer uma coisa a vida inteira e algo acontecer a você, é provável que isso se torne um problema para ele e para quem precisar cuidar dele. Se ele acabar em um abrigo, a combinação do estresse com um paladar limitado é uma porta de entrada fácil para uma forma de anorexia. Basicamente, desafiar a dieta do seu gato regularmente e apresentá-lo a diferentes sabores e texturas não só é bom para ele, como pode prepará-lo para diferentes desafios e mudanças de vida.

Fazendo a transição para a dieta do Gato Essencial

Para alguns gatos, a dieta crua é como voltar para casa. Recomendo que você tente introduzi-la como um agrado inicialmente, para ver se seu gato curte.

Se ele já estiver em uma dieta de ração úmida, você também pode fazer a transição misturando um pouco da comida crua com sua ração atual. Como regra geral, é melhor evitar mudar a alimentação rápido demais, ou você pode acabar com uma diarreia explosiva espalhada pela casa. (Diversão para toda a família!)

Introdução ao Gato Essencial e os três Rs

> Alguns gatos se dão melhor se você começar esquentando a comida crua por pouco menos de um minuto para soltar o aroma, o que aumenta o interesse do gato (e leva a comida à temperatura corporal média de uma presa). Outros gostam que se adicione um pouquinho de água à comida para dar uma umedecida. Você pode até espalhar um pouco de carne desidratada por cima para incentivá-lo. Quando ele começar a curtir, talvez você não precise mais desses "truques" para fazê-lo se alimentar.
>
> Você pode deixar a comida crua mais parecida com o estilo de ração que ele gosta, pode apresentar diferentes cortes e carnes, em pedaços ou moída. Lembre-se: uma alimentação desafiadora significa apresentar variedades ao paladar, mesmo com carne crua!

ALIMENTAÇÃO EM REFEIÇÕES: ISSO É INEGOCIÁVEL!

Temos que fazer uma distinção entre detritívoros e caçadores oportunistas. Uma das dietas indica pastagem; a outra, CAMC. Alimentação livre é deixar comida disponível para o seu gato 24 horas por dia, e isso é basicamente análogo à dieta detritívora. É comida para quem quiser pegar, sem nenhum esforço envolvido. Não foi merecida e, portanto, não traz satisfação. Gatitude zero. Em minha experiência, a alimentação livre prejudica o trabalho que tentamos fazer, sem contar a própria fisiologia dos gatos.

Eles evoluíram de forma a fazer várias pequenas refeições por dia, idealmente com cinco ou seis horas de intervalo. Sugiro entre duas e quatro refeições por dia, de acordo com o ritmo da sua casa. A diferença entre um gato selvagem que caça o tempo todo e o seu gato é que o ritmo circadiano do seu amigo está conectado ao seu. Quando sua família acorda pela manhã, a energia da casa dispara, e também a do seu gato. Então, idealmente, a hora de CAMC é essa. Quando você volta do trabalho, o mesmo acontece: a energia do seu gato aumenta. E mais uma vez antes de dormir. Toda vez que houver um aumento de energia na casa devido a um ritual, é quando você deve ritualizar brincadeiras e alimentação (CAMC) para o seu gato.

Controlar quando seu gato come regula a energia dele. Regular a digestão lhe informa quando ele vai evacuar. Nós temos a tendência de complicar demais as coisas. Mantenha a simplicidade e reconecte o cronograma de alimentação ao Gato Essencial!

Quanto alimentar seu gato

Guias de alimentação gerais não são realistas. Não aceite uma única fonte como correta no que tange a alimentação do seu gato. Faça uma pesquisa, mas também busque conhecer os gostos dele, o quanto ele geralmente come, e monitore o peso e o nível de energia.

Gatos precisam de algo em torno de sessenta a oitenta calorias por quilo por dia para se manter, e um rato tem em torno de trinta calorias. Gatos de rua comem entre oito e dez ratos por dia, mas isso é depois de vinte ou trinta tentativas de caça. Eles têm um ritmo muito diferente dos nossos gatos domésticos e precisam se esforçar muito mais para conseguir alimento.

Hora da comida para vários gatos

É claro que, por mais que eu tente lhe dar regras práticas para viver com seu gato, quando se trata de casas com mais de um, as regras voam pela janela. Em casas assim, seus gatos talvez não comam na mesma velocidade ou com o mesmo apetite. Se houver um gato mais velho ou doente, talvez ele precise de mais acesso à comida do que os outros, e talvez até seja necessária uma alimentação livre. Além disso, gatos não dividem seus ratos, e a maioria dos gatos não vai querer dividir seu prato de ração. Então, separe as tigelas. Seu gato tem uma bolha de espaço pessoal que precisa ser respeitada.

Alguns gatos fazem parte da turma do "engole e cospe": eles comem como se não houvesse amanhã, tanto que às vezes mal acabaram de comer e já colocam tudo para fora. Em geral, acontece tão rápido que você acaba limpando comida não digerida, praticamente igual à que você acabou de servir. As razões para esse comportamento variam. Às vezes é um problema de saúde não diagnosticado, como, por exemplo, hipertireodismo. É sempre bom considerar comportamentos repetitivos como sintomas e marcar uma consulta com o veterinário. Muitas vezes, porém, há motivos emocionais por trás disso — o gato pode ter vindo da rua, onde competia com outros por recursos parcos. Ou talvez tenha vindo de uma casa em que o cachorro gostava tanto da comida de gato quanto ele, e portanto precisava devorar o alimento antes que outro o roubasse.

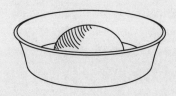

Seja qual for o motivo, porém, há uma solução simples. Minha favorita é a "tigela vai com calma". São comedouros que têm barreiras ou formas que fazem os gatos se esforçarem mais para alcançar a comida. Você pode fazer uma versão caseira colocando algumas pedras limpas em um prato, para ele ter mais trabalho ao catar a comida. Esses comedouros não só evitam o "engole e cospe" como também podem ser fonte de um tempo precioso durante apresentações de animais (veja o Capítulo 10).

Desafio alimentar

Você talvez tenha um gato que não come com os outros por ser do tipo Invisível. Porém, não é bom alimentá-lo em outro cômodo só porque ele tem medo. Em vez disso, use a hora da comida para lentamente integrá-lo à comunidade.

Tudo que damos aos gatos é uma oportunidade de desafiá-los. Comida é o principal. São animais motivados por alimentos e recursos, não por elogios humanos, e não se trata só de Rotina e Ritmo. Não é possível conseguir que os gatos façam o que você quer sem que eles estejam com fome. Quando comecei a gravar *Meu gato endiabrado*, o pessoal da emissora observava meus métodos de "desafio alimentar" e me perguntava: "Mas você não está só subornando o gato?" É claro que estou subornando o gato! Não tem problema.

Evitando chatices alimentares

A primeira coisa que você precisa fazer é observar a situação alimentar no seu ambiente. Se a ração seca fica disponível o tempo todo, você realmente acha que seu gato vai se sentir motivado a experimentar algo novo? Ele está sendo chato ou só não está com fome? Isso tem tudo a ver com a necessidade de refeições. Os gatos precisam estar com um pouco de fome para experimentarem coisas novas.

Irritação dos bigodes: Muitos gatos não gostam da sensação do bigode encostando nas laterais da tigela. Tente alimentá-los em tigelas rasas ou pratos.

Textura: Alguns gatos preferem patês, ou alimentos em pedaços ou fatiados; outros apreciam até mesmo o formato da comida seca ou dos petiscos.

Temperatura: A comida deve ser servida à "temperatura corporal de rato". Não há Gato Essencial no mundo que escolheria comer algo gelado.

Variedade: Ofereça muitas opções, mude as comidas e preste atenção nas preferências.

Localização: Certifique-se de que o pote está em um local seguro — isso pode significar longe de outros gatos ou com campo de visão para observar as idas e vindas de outros animais. Não se esqueça: cães adoram comida de gato. Crianças pequenas adoram brincar com comida de gato. Todo mundo merece um pouco de paz e tranquilidade durante as refeições.

Não encha a tigela: Alguns gatos aprendem que recebem atenção ao miarem para a tigela, esperando que o humano coloque "comida fresca".

> **Saiba a diferença:** Gatos que não comem não necessariamente estão de chatice. Ficar sem comer, mesmo que só por um ou dois dias, é um sinal muito grave. Gatos obesos têm risco particularmente alto de lipidose hepática (doença da gordura no fígado), que pode ser fatal e repentina.

A LIMPEZA E O SONO DA GATITUDE

Diferente dos outros componentes do Ritmo do Gato Essencial, os dois últimos precisam de muito pouca ajuda; eles são produtos do impulso criado pela execução bem-sucedida dos quatro primeiros. De certa forma, eles servem como prova do total comprometimento do Gato Essencial e do seu pastor humano. Se seu gato caçou, apanhou, matou e comeu de forma completa — e esvaziou totalmente seu balão de energia —, um instinto infalível de se limpar e dormir vai entrar em ação para encerrar o ciclo do CAMCLD e se preparar para o próximo.

Dito isso, aqui vão algumas observações gerais sobre limpeza e sono:

Limpar ou não limpar...

Quando foi a última vez que você viu seu gato se limpando? Se ele não tem feito isso, há algo de errado. Além disso, se o pelo estiver oleoso ou embaraçado em pontos que não costumavam ficar assim, isso também é um sinal de alerta. De qualquer maneira, você precisa ficar atento em relação a isso. Se seu gato parou de se limpar, pode ser um sinal de doença física ou depressão. Também é um possível sinal de obesidade; observe se o gato se limpa, mas evita as costas ou o bumbum. A verdade é que talvez ele não consiga alcançar, o que pode ser um grande sinal para que você fique mais atento.

SEU GATO PRECISA DE AJUDA PARA SE LIMPAR?

Todos os gatos se beneficiam ao serem escovados, mas para algumas raças isso não é opcional — você precisa fazer isso. Gatos de pelo longo podem ficar com nós dolorosos, que talvez precisem de ajuda profissional para serem retirados.

SEU GATO PRECISA DE UM BANHO?

Minha pergunta para pessoas que dão banho o tempo todo em seus gatos é: por que você está torturando seu animal?

Simplesmente não existe motivo para dar banho no seu gato. Na verdade, a não ser que seu gato tenha se sujado de xixi ou sido atacado por um gambá, ele nunca vai precisar de banho. (A exceção são os gatos sem pelos, que, devido à sua condição artificial de não ter pelos, precisam tomar banho uma vez por semana.) Gatos passam o tempo todo se lambendo para se cobrir com o próprio cheiro. Isso é parte do feijão com arroz do Gato Essencial, fonte fundamental da gatitude, e aí vem um humano e dá banho nele, apagando sua identidade. Alguns gatos podem ser limpos com lenços umedecidos, se forem velhinhos e não se limparem mais com tanta frequência ou se forem obesos e não conseguirem se limpar satisfatoriamente. Caso contrário, saia de perto da banheira.

Tosa de leão: não, não é crueldade

Acho que as pessoas quando veem gatos com a tosa de leão tendem a pensar: *Meu Deus, que horror! Por que você faria isso com o seu gato?*

A tosa de leão não é só algo que se faz no verão porque seu gato pode ficar com calor. A verdade é que não se vê muitos gatos selvagens de pelo longo porque isso não é natural. Nós passamos a adotar o visual do gato de pelo longo porque fizemos com que ele fosse absorvido pelo patrimônio genético felino. Porém, gatos de pelo longo são ainda mais sensíveis ao toque e à bagunça nos pelos durante a limpeza ou o carinho. Isso também explica por que muitos gatos de pelo longo não gostam de ser escovados, embora muitas vezes seja uma necessidade para que não se criem nós no pelo. Além disso, as tosas de leão também são recomendadas para gatos idosos ou obesos que não se limpam bem ou com frequência.

Como tudo o mais, pergunte a si mesmo: Estou fazendo isso por mim ou por ele? Nesse caso, considerando que muitos gatos ficam mais felizes depois de terem o pelo cortado, estamos fazendo isso por eles, mesmo que a natureza "estética" do corte possa sugerir o contrário.

. . . Dormir, talvez sonhar

Dormir é uma necessidade básica de bem-estar, e gatos estressados podem ficar sem sono, assim como nós. Então certifique-se de que seus gatos tenham lugares tranquilos, silenciosos e seguros para descansar, especialmente em casas agitadas ou com vários animais. Não tem problema deixar os gatos dormirem na sua cama, mas talvez eles queiram ter outras opções só para eles. Ofereça diferentes texturas e estilos de caminha para ver o que deixa seu gato relaxado, e lembre-se: alguns gatos gostam de dormir no alto, outros de dormir no chão. (Mais sobre isso no Capítulo 8.)

Cada etapa do ciclo de CAMCLD alimenta a confiança da etapa seguinte. A beleza de aplicar o Ritmo do Gato Essencial ao ritmo da sua casa é que isso pode ser feito com relativa facilidade, e os benefícios são imensos, imediatos e refletem em todos os aspectos da vida do seu gato. Entretanto, como veremos, enquanto os três Rs — Rotinas, Rituais e Ritmo — ditam o ritmo da gatitude total, a posse confiante do seu território é o tambor que dá a batida da música.

8

Gatificação e território

Aumentando a gatice do terreno domiciliar

A ESTA ALTURA, SEI que pareço um disco arranhado, mas... o território, os recursos que ele contém e o senso de propriedade são os componentes MAIS importantes da gatitude. Você quer saber quão importantes? Bem, vamos dizer o seguinte: já escrevi outros dois livros sobre o assunto. Em *Catification* e *Catify to Satisfy*, a ênfase era em compreender os instintos territoriais do Gato Essencial, observar como seu gato expressa esses instintos e, a partir daí, construir um mundo que satisfizesse essas necessidades de forma criativa, não destrutiva.

Por que precisamos construir um mundo para os gatos, para começo de conversa? Conforme nossa jornada juntos segue do ambiente rural para o urbano, o ônus de fazer isso recai sobre nós, guardiões. Afinal, nossos gatos teriam naturalmente um território de seis ou sete quarteirões, e ao mantê-los dentro de casa, em densidades populacionais maiores, estamos reduzindo essa área. O mundo externo vai diminuindo, enquanto o mundo interno do Gato Essencial permanece o mesmo. Se esse desequilíbrio não for corrigido, bem, na minha experiência, coisas ruins acontecem. Relacionamentos se transformam em rivalidades, e a competição por recursos valiosos aumenta. E não ache que estou falando só de relacionamentos entre gatos, não; essa tensão é sentida por todas as espécies dividindo o espaço entre quatro paredes.

A boa notícia é que nós podemos vencer o aperto territorial. **Gatificação** é a arte de criar um ambiente rico que seja aceitável tanto para você quanto para o seu gato. Ela nos ensina que cada metro quadrado da casa pode ser dividido de forma positiva. É possível permitir que nossos gatos tenham seus espaços através da distribuição de marcações olfativas e da descoberta de confiança no mundo vertical, e, ao mesmo tempo, respeitar e manter seus gostos e sua estética pessoais. Nesse mundo novo e significativamente reduzido que dividimos com nossos gatos, ninguém sai perdendo, contanto que sejamos transigentes. Se não... Bem, como eu disse, é uma aposta segura que coisas ruins vão acontecer.

Todos os gatos precisam de um lugar onde sua gatitude possa florescer, e isso nos leva a...

Acampamento base é uma área definida na sua casa equivalente ao coração do território do seu gato. Muitas vezes é o lugar de apresentação e adaptação (para gatos se mudando para uma nova casa) e também um local de segurança.

Crie um acampamento base para:

- Mudanças
- Obras
- Apresentação de novos animais
- Apresentação de novos membros humanos da família
- Chegada de hóspedes, quando seu gato é tímido
- Preparação para emergências

Quando gatos têm um acampamento base para onde retornar, o estresse dessas situações de transição é minimizado.

ONDE ESTABELECER O ACAMPAMENTO BASE

O acampamento base deve ficar em um cômodo onde você passe bastante tempo, um espaço socialmente significativo, onde seu cheiro possa se misturar ao do seu gato. Os escritórios, as salas de estar e os quartos são bons exemplos. As lavanderias, as garagens e os porões não são bons lugares para acampamentos base, pois não são cômodos em que você provavelmente passa muito tempo, e não têm seu cheiro tão marcado.

Se for apresentar um novo gato à sua família felina pré-existente, talvez não seja bom transformar seu quarto no acampamento base do gato novo. Se seus gatos residentes dormem com você, é melhor não expulsá-los desse "lar dentro do lar", pois isso poderia causar um estranhamento inicial entre eles e o novo membro da família. Não há lugar que tenha mais o seu cheiro do que a sua cama. (Para saber mais sobre apresentar um novo gato aos seus gatos residentes, veja o Capítulo 10.)

EXPANSÃO DO ACAMPAMENTO BASE

O acampamento base precisa de muitos marcadores de território. Conforme o território do seu gato se expande, e ele começa a passar mais tempo no restante da casa, essas cercas também precisam ser ampliadas.

A expansão do acampamento base acontece quando você move os marcadores para outros lugares da casa, como forma de apresentar seu gato ao restante do território.

As cercas e os marcadores que absorvem o cheiro do seu gato, usados inicialmente no acampamento base, serão ferramentas para estender o território dele, aumentando sua gatitude.

Quando seu gato estiver pronto para sair do acampamento base, coloque alguns dos marcadores (uma caminha, um arranhador, uma caixa de areia) em ambientes próximos. Assim, quando ele explorar a casa, esses objetos familiares o ajudarão a perceber que esses novos ambientes também fazem parte do seu lar.

Quando ele vai estar pronto, você quer saber? Gatos estão prontos para uma expansão do acampamento base quando estão visivelmente tranquilos: rabo para cima, explorando o espaço, comendo, bebendo água e usando esses marcadores de cheiro. Observe o comportamento e a linguagem corporal para decidir sobre a ampliação do acampamento base.

Rotação do acampamento base: troque os objetos que foram espalhados pela casa por novos marcadores de cheiro. Isso significa que seu gato sempre terá áreas na casa com cheiros conhecidos, dando a ele uma sensação de posse. Além desses pré-requisitos básicos do acampamento base, cercas e marcadores de cheiro, temos que considerar a casa inteira como território.

Dicionário do pai de gatos

1. **Cercas** são objetos que marcam os limites de posse territorial para o seu gato. Uma cerca é algo em que seu gato deixa uma indicação visual ou olfativa, como arranhadores, caixas de areia e camas. Vamos falar em detalhes sobre caixas de areia, a cerca mais importante, mais adiante neste capítulo.
2. **Marcadores de cheiros** são objetos macios que absorvem o cheiro do gato e podem servir como cercas. Eles dizem "moro aqui" e são objetos que os gatos podem arranhar, se esfregar ou se deitar. Caminhas, cobertores, almofadas, tapetes e arranhadores são ótimos marcadores de cheiro.

ARRANHADOR = CERCA/MARCADOR DE CHEIRO

Muitas vezes escuto clientes dizendo: "Meu gato está destruindo a casa." O que em geral eles querem dizer é: "Meu gato está arranhando meus móveis, e eu prefiro não ter um arranhador de carpete bege gigantesco no meio da minha sala." Justo.

Em muitos casos, o que os humanos consideram um comportamento "chato" é uma necessidade para os gatos. Arranhar mesinhas e sofás é um bom exemplo. Para os gatos, arranhar não é um luxo (ou uma doença). Repita comigo: arranhar não é um luxo para gatos. É como eles alongam os músculos das costas e do peito, como se exercitam e desestressam, e como se livram de unhas soltas.

Mas arranhar tem duas funções ainda mais importantes para a gatitude do seu bichano:

1. Arranhões são uma marca de posse.
2. Arranhar faz com que o cheiro do gato se misture ao nosso (e ao de outros gatos).

Para entender de verdade o impulso territorial felino de arranhar, pense nisso: nós, humanos, tendemos a decorar nosso ambiente com objetos — posses materiais, como móveis, arte, fotos, livros e lembranças. Gatos tendem a decorar seu ambiente com sinais visuais e olfativos, que gostam de "manter frescos". Arranhar é uma forma excelente de fazer isso.

Quando seu gato tem opções para arranhar em casa, isso deixa marcas visuais e olfativas no tecido ou na madeira. Assim como você troca, rearruma ou limpa suas fotos, os gatos "ajustam" esses marcadores de cheiro ao passar. Arranhar lhes dá uma sensação de posse e segurança, e transforma essas partes da sua casa em cercas e marcadores.

E embora os gatos queiram algumas coisas só deles para marcar e arranhar, talvez também queiram arranhar outras coisas... coisas que cheiram a... você. Gatos amam arranhar sofás e cadeiras que você usa por algumas razões, a principal sendo que, assim como eles criam um "cheiro do grupo" com os gatos com quem convivem, provavelmente também querem fazer o mesmo com os outros mamíferos da casa, em especial aqueles grandes e com menos pelos, que lhes dão comida e amor. Seu gato está tentando misturar o cheiro dele com o seu para mostrar a você o maior de todos os sinais de carinho felino: o compartilhamento de território.

Ah, sim: e seu sofá em geral é gostoso e firme, coberto por um material ótimo de arranhar, e fica em um território socialmente significativo. Mas também podemos prover todas essas características para seu gato em um arranhador. (Veja o Capítulo 13 para mais sugestões de como fazer seu gato só arranhar o que você quer.)

Gatos em geral têm quatro preferências que você precisa conhecer:

1. Localização:

Agora que você sabe que arranhar equivale a possuir, pense nos lugares em que seu gato gosta de arranhar. Gatos vão marcar os objetos que são socialmente significativos para eles, seja um batente de porta, um sofá ou um tapete. É aí que você precisa ser tolerante.

Ao esconder um arranhador no canto do escritório em que ninguém vai, a única coisa que você vai conseguir é um pouca gatitude em relação ao arranhador e um sofá destruído. Como arranhar equivale a possuir, é necessário ter vários arranhadores espalhados pela casa.

2. Textura

Gatos querem arranhar um material em que possam realmente enfiar as unhas. Em geral, preferem texturas como sisal, juta, madeira, cortiça, carpete ou papelão. Alguns gatos têm preferências bem marcadas, então é bom oferecer algumas opções diferentes e ver o que eles escolhem. Se estiver em dúvida, copie o que eles já estão arranhando!

3. Preste atenção aos ângulos

Observe seus gatos quando estão arranhando; eles preferem superfícies horizontais, como tapetes, ou a lateral do sofá, em uma posição totalmente vertical? Ou arranham a base da sua cabeceira? Alguns gatos têm preferência em relação ao ângulo para arranhar, e outros gostam de fazer isso nas três posições.

4. O tamanho importa

Não importa o que você dê para o seu gato arranhar, precisa ser algo robusto. Gatos que gostam de arranhar na vertical precisam ser capazes de ficar de pé nas patas traseiras, esticar as patas e se alongar completamente. Arranhadores do tipo poste precisam de uma base larga e firme — se eles balançarem, "o sofá ganha".

PLANEJAMENTO URBANO

Planejamento urbano é um processo de arrumar a sua casa de modo que as necessidades de todos que vivem ali, humanos e animais, sejam atendidas, alcançando uma coexistência pacífica. A chave é o fluxo de tráfego: todos precisam poder se mover livremente, sem conflito.

Essa ideia é especialmente útil para casas com crianças e cachorros, onde podemos tirar vantagem do fato de que gatos ficam tão à vontade em espaços verticais quanto horizontais. Ser capaz de planejar o mundo nesses dois eixos cria um fluxo confortável na casa, permite que encon-

O encantador de gatos

tremos o Lugar de Confiança os nossos gatos, promove linhas de desafio (veja mais no Capítulo 9), e mostra o mundo a eles de forma muito positiva... tudo isso enquanto eles nos mostram em que lugar no mundo se sentem mais confiantes.

Aqui está um processo simples para integrar o planejamento urbano à sua casa:

Passo um: Avaliar a "paisagem" atual da sua casa

Em uma cidade, os sinais e as placas de trânsito criam um entendimento entre os habitantes, lhes dão regras a seguir e ajudam a otimizar o fluxo de tráfego. Observe o layout atual da sua casa e considere a eficiência do "trânsito", tentando identificar áreas problemáticas como:

Pontos de conflito são áreas em que comportamentos problemáticos ocorrem regularmente. Brigas, agressões, ou xixi fora da caixa de areia quase sempre apontam um ponto de conflito. Isso está acontecendo no meio da sala? Perto da janela? Em uma caixa de areia? Para ajudar a resolver a charada do comportamento de forma clara, use fitas adesivas coloridas para identificar onde essas ações acontecem. Quanto mais fita você colocar em um lugar, mais problemático ele é. (Para saber como interpretar melhor esses padrões, veja O mapa do antitesouro na página 274.) Pontos de conflito exigem alternativas para que não se tornem pontos mortos. O que nos leva a...

Zonas de emboscada e pontos mortos são áreas de conflito muitas vezes criadas por aspectos do espaço, como o posicionamento dos móveis, e os elementos arquitetônicos ou até mesmo a bagunça. Zonas de emboscada podem ocorrer perto de recursos com só uma entrada ou saída, como uma caixa de areia fechada, localizada ao fim de um corredor ou atrás de uma lava-roupas. Zonas de emboscada permitem que um gato impeça os outros de passar, criando "engarrafamentos". Faça um esforço para identificar e eliminar zonas de emboscada e pontos mortos para melhorar o tráfego.

Dica do pai de gatos
Bloqueando cavernas

Se você tem gatos, não há razão para ter cavernas. Cavernas são aqueles lugares difíceis de alcançar — debaixo do sofá, das cadeiras ou camas, dentro dos armários ou atrás do fogão — que vão atrair um gato assustado como um ímã.

Para evitar que gatos se escondam em cavernas, é preciso bloqueá-las totalmente. Isso pode significar, por exemplo, ocupar o espaço embaixo da cama com caixas de armazenamento, fechar a parte debaixo do sofá com acrílico, ou usar trancas para bebês para evitar o acesso aos armários. Bloquear as cavernas encoraja a busca da gatitude em outras partes da casa, em vez de estimular o uso de esconderijos o tempo todo. Mais importante, encoraja VOCÊ a providenciar casulos para o seu gato — lugares seguros, mas socialmente significativos, onde ele pode se transformar no seu eu mais confiante (seja lá o que isso signifique para ele). É claro, esse processo precisa ser bem pensado, com uma série de desafios crescentes. Saiba mais sobre a estratégia que chamo de linhas de desafio no Capítulo 9.

Passo dois: Otimizar o fluxo do tráfego

Adicionar uma **rotatória** a um ponto de conflito pode desviar o fluxo do tráfego e evitar conflitos. Rotatórias podem ser feitas com um condomínio de gatos ou outro móvel, e funcionam para reduzir potenciais animosidades.

Após identificar uma zona de emboscada ou ponto morto, uma **porta giratória** pode ajudar a manter o trânsito andando. Isso em geral envolve uma estrutura para escalar, como um condomínio de gatos ou algumas prateleiras, que permita que o gato suba e se afaste em segurança da área problemática.

Rotas de fuga evitam que gatos fiquem encurralados. Você pode organizar rotas de fuga deixando a caixa de areia descoberta ou se certificando de que todas as prateleiras ou locais de apoio têm vários pontos de saída.

Passo três: Utilizar e otimizar todo o espaço potencial de cômodos chave com algumas das seguintes ideias:

MUNDO VERTICAL

Todos sabemos que gatos são escaladores naturais, então, ao avaliarmos o potencial de gatificação de qualquer cômodo, precisamos considerar o mundo vertical que existe ali. Quando possível, gatos vão habitar todos os espaços disponíveis de um cômodo, do chão ao teto, em particular os habitantes das árvores. Lembre-se, eles gostam de qualquer superfície longe do chão, seja cadeiras, mesas ou estantes até as partes mais altas do lugar. Considere como os móveis existentes em um cômodo podem ser otimizados como paisagem vertical.

Gatificação para necessidades especiais

O que determina exatamente se um gato tem "necessidades especiais"? Um denominador comum — seja com gatos idosos, cegos, surdos, com problemas neurológicos, deficiências, ou nascidos com problemas de saúde — é que andar pelo mundo geralmente faz parte do seu desafio diário. Apesar das suas deficiências, meu objetivo para todos os felinos é o mesmo: ajudá-los a encontrar e maximizar sua gatitude.

Se você tem um gato idoso ou com necessidades especiais, pode modificar sua gatificação facilmente para ajudá-lo:

- Certifique-se de que ele consegue entrar na caixinha de areia sem dificuldade, cortando a parte da frente da caixa.
- Luzes noturnas junto ao rodapé podem fazer uma grande diferença para gatos com dificuldade para enxergar à noite.
- Rampas em ângulos suaves, almofadas, tapetes antideslizantes, camas aquecidas e poleiros confortáveis ajudam seu gato a acessar essas áreas cheias de gatitude e permanecer em contato com seu mundo vertical e com a TV de Gato.

Manter seu gato com necessidades especiais conectado ao CAMC e aos três Rs também o ajuda a se manter vivaz. Lembre-se: vergonha e pena não têm nada a ver com a vida de um gato, precisamos lidar com eles nos seus próprios termos. Utilizando bem a gatificação, podemos manter esses gatos em segurança e, ao mesmo tempo, continuar a explorar o mundo dos desafios.

A AUTOESTRADA FELINA

Um dos aspectos mais interessantes da gatificação é a autoestrada felina, que aumenta o fluxo do tráfego e dá aos gatos acesso total ao mundo vertical, permitindo que eles se movam por um cômodo sem sequer tocar no chão.

Algumas das principais características de uma autoestrada felina bem construída são:

Faixas múltiplas são faixas imaginárias que correm pelo eixo vertical da "autoestrada", permitindo que vários gatos atravessem a área sem tumulto.

Rampas de acesso servem como formas de entrar e sair da autoestrada felina. É essencial que existam múltiplas rampas de acesso, especialmente em casas com mais de um gato.

Destinos e paradas de descanso tornam a autoestrada mais atraente e fazem com que ela seja mais usada. Destinos são lugares aonde o gato certamente vai para passar algum tempo — como uma caminha em cima de uma estante, por exemplo. Paradas de descanso são pontos de paradas temporárias ao longo do caminho, onde o gato pode fazer uma pausa e acompanhar o entorno, como poleiros pequenos ou até um cesto de gávea, que basicamente é um ponto de observação para os gatos vigiarem seu território.

Algumas coisas a evitar na construção de sua autoestrada felina:

Vias apertadas: Quando as vias da sua autoestrada são apertadas demais e os gatos não conseguem passar tranquilamente um pelo outro, isso pode significar um "engarrafamento", o que muitas vezes acaba gerando problemas. Procure manter um mínimo de 20 centímetros de largura para passagem, ou certifique-se de que há uma rota alternativa ou rampa de saída por perto.

Áreas em que você não consegue alcançar seu gato: Evite construir sua autoestrada felina de forma que você não consiga alcançar seu gato em caso de emergência ou visita ao veterinário. Você precisa ser capaz de pegá-lo a qualquer momento. Isso vai tornar a limpeza mais fácil também.

Pontos de conflito, zonas de emboscada e pontos mortos: Mesmo sem vias apertadas, conflitos podem surgir por inúmeras razões. Fique de olho em qualquer ponto na autoestrada que pareça um ponto morto ou um local problemático de alguma forma. Aumentar as vias ou criar mais pontos de acesso muitas vezes podem resolver essas questões rapidamente e fazer o trânsito fluir novamente.

A CEREJA NO BOLO DA GATIFICAÇÃO

Certo, então estabelecemos um acampamento base, melhoramos o território do lar com nosso planejamento urbano, criando espaço para o tráfego correr livremente e otimizando todas as áreas disponíveis, tanto horizontal quanto verticalmente. Também espalhamos nossos marcadores de cheiro e nossas cercas estrategicamente por esse terreno cheio de gatitude. Agora, vamos falar sobre mais duas ferramentas revolucionárias da gatificação.

O relógio de sol felino

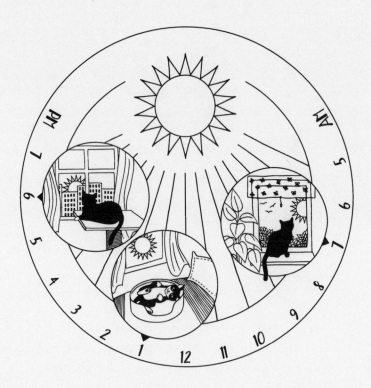

O relógio de sol felino é a tendência dos gatos de seguir os padrões de incidência solar pela casa. A melhor coisa que você pode fazer é identificar quais janelas deixam entrar mais luz do sol a cada momento do dia e espalhar marcadores de cheiro nessas áreas: caminhas, torres, poleiros, redes ou condomínios de gato.

Gatificação e território

Ao fornecer aos seus gatos diferentes recursos nesses locais altamente desejáveis, você permite que eles pratiquem a bela arte felina de dividir o tempo. Permita que, em vez de brigar, seus gatos dividam esses recursos territoriais.

TV de gato

Na nossa casa, a TV é um ponto central de relaxamento. Não importa o quão ocupado ou caótico tenha sido o dia, sabemos que podemos parar na frente desse aparelho sempre presente e, com um bom entretenimento, esquecer de tudo, por pelo menos trinta minutos. Embora muitas vezes as pessoas se refiram a isso como "vegetar", essa não é a história toda; ver TV nos dá a rara oportunidade de relaxar e nos envolver ao mesmo tempo. Não estamos só observando, mas usando a imaginação, juntando tramas e tendo investimento emocional em outras vidas. Entretanto, fazemos isso com certo grau de distanciamento, de forma que a diversão sobrepuje o estresse que viria de efetivamente viver aquelas experiências.

Com a exceção do calor agradável que vem dos aparelhos, gatos não veem muita utilidade em nossas TVs, mas isso não significa que eles não possam aproveitar os benefícios do conceito. A TV de gato pega a trama mais importante na vida deles, ou seja, caçar, e a coloca em uma "caixa", para que eles possam experimentar a mesma sensação relaxante: um exercício que chamo de "engajamento passivo".

O programa mais comum na TV de gatos é sentar-se a uma janela para observar presas. A chave para a estratégia de perseguir-e-correr de um caçador é observar e avaliar. O bote é só uma pequena parte do ciclo CAMC, enquanto acompanhar a presa e planejar um possível ataque é uma atividade que pode entreter seu gato por boa parte do dia. Pense nisso: todo mundo já viu um gato obcecado por uma mariposa girando em torno de uma lâmpada. Gatos podem literalmente ficar sentados ali por horas, esperando o inseto se mexer (ou cometer um erro).

Assim como você pode planejar a decoração da sua sala com a TV como ponto central, avalie quais são as melhores janelas da sua casa para a TV de gatos, e coloque objetos do lado de fora que possam atrair presas naturais como pássaros e insetos. Pense: um passarinho em um bebedouro, abelhas visitando flores, esquilos em um comedouro. Torne a janela um destino da sua autoestrada com camas ou condomínios de gato para que seu amigo se sinta à vontade para vir e fazer uma maratona quando preferir.

Além disso, mantenha em mente o **relógio de sol felino** quando for montar sua TV de gato. Assim, você aumenta as chances de seu gato realmente usar aquele ponto, com base no movimento natural da luz solar durante o dia.

Se você mora em apartamento, é um pouco mais difícil. Não só o espaço das janelas é mais raro, como a possibilidade de pendurar coisas do lado de fora, tal como comedouros ou casas de passarinho, é limitada. Nesse caso, há outras opções. Por exemplo, embora eu não seja um grande fã de aquários, eles servem como bons substitutos para a TV quando a janela não está disponível (só tenha certeza de que você vai cuidar bem dos seus peixes!). Também existem "aquários falsos" bem legais, que usam peixes e águas-vivas de plástico, e são bem realistas. Foram pensados como decoração para os humanos, mas funcionam bem como TV de gato. Além disso, contanto que você torne suas janelas seguras e convidativas, simplesmente olhar as "formiguinhas" lá embaixo pode ser um bom exercício repleto de fascinação e engajamento.

Instalar várias estações de TV de gato na sua casa vai trazer benefícios imediatos para o seu gato e para você também. Isso

evita tédio, ansiedade e estresse para gatos que passam muito tempo sozinhos durante o dia. Igualmente importante, isso também complementa seus rituais diários de brincadeira. É claro que não há forma melhor de drenar o balão de energia do que de fato brincar, mas esses períodos de engajamento passivo enquanto você está fora evitam que o balão se encha demais no momento em que você passar pela porta. Como já falei, cada momento com o seu gato é uma oportunidade de encher ou esvaziar o balão, e a TV de gato lhe dá a habilidade de tomar essa decisão à distância; o próprio território ajuda a manter intacto o ritmo da gatitude diária do seu bichano.

O MAPA DA GATICE

Até agora, eu me concentrei nos componentes de uma casa propriamente gatificada. Porém, para entender como esses componentes se juntam para criar um *fluxo* ideal dentro do território, não há jeito melhor do que criar um mapa da gatice.

O que entra no seu mapa da gatice

Camada 1: As áreas que seu gato usa

Camada 2: As coisas que você oferece para o seu gato
- Os elementos de gatificação da casa
- Áreas de TV de gato
- Como o tráfego felino corre na sua casa
- Onde seu gato faz xixi e cocô, onde come, dorme e patrulha
- Compartilhamento de áreas específicas
- Os tronos territoriais da sua casa, tanto para gatos quanto para humanos (cama e sofá)
- Áreas em que seu gato passa muito tempo e áreas em que ele só passeia
- O relógio de sol
- Portas e janelas

O encantador de gatos

Comece pela planta baixa da sua casa. Existem aplicativos on-line que podem ajudar a criá-la, ou você pode simplesmente ir pelo caminho analógico e rabiscar o desenho da sua casa com papel e caneta. Inclua os móveis humanos principais, janelas, portas e os cômodos que elas ligam. Essa é a base do seu mapa.

O mapa da gatice permite que você identifique **áreas socialmente relevantes (ou ASR)** — os "tronos" (móveis visados e muitas vezes disputados com o gato), as áreas de maior fluxo da casa, e, em lares com mais de um gato, os pontos em que há desacordo. O mapa da gatice vai permitir que você defina padrões (e possíveis bloqueios) que informam escolhas de gatificação, como *onde colocar as caixas de areia e onde adicionar um condomínio de gatos.*

Para ajudar você a compreender as preferências e os padrões dos seus gatos e como complementá-los, gosto de usar a antiga técnica das estrelinhas. Comece colocando estrelas nos lugares mais valorizados. Onde seus gatos dormem mais do que algumas horas por dia? Onde eles brincam? Onde arranham (mesmo sendo onde você não queira)? Em uma casa com mais de um gato, indique as preferências de cada um com estrelas de cores diferentes para facilitar a compreensão dos territórios deles, como se sobrepõem aos espaços dos outros gatos e dos humanos, e quais partes da sua casa não são tão queridas.

Falando em humanos, pense em que cômodos eles costumam se reunir, e onde os rituais diários se concentram. Sua família passa a maior parte do tempo na cozinha? Ou você trabalha em casa o dia todo, no escritório? Vocês vão para a sala de estar à noite para assistir TV? Ou as crianças fazem a lição na mesa de jantar enquanto você lê na cama? Essa é a hora de pensar no compartilhamento territorial, uma das bases da gatificação: esses cômodos, por mais importantes que sejam para a família humana, também devem ser mostrados no mapa como igualmente importantes para os gatos.

O mapa da gatice vai ajudar a identificar o centro do território do seu gato. Uma vez identificado, você vai perceber como as ondas da gatificação vão se espalhar. Quando você compara as ASR humanas com o que está oferecendo ao seu gato, verá muito claramente que partes da casa precisam ser gatificadas.

Gatificação e território 145

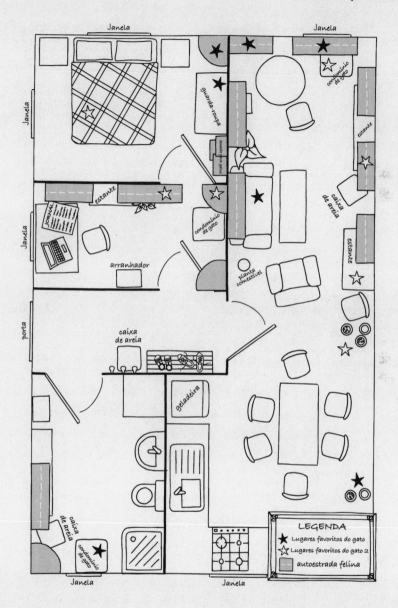

Agora dê uma olhada nos itens de acampamento base que você já tem: onde estão os potes de comida? Onde estão as caixas de areia? Os arranhadores, os condomínios de gatos, as caminhas? Você já tem uma autoestrada felina? Coloque tudo isso no mapa. Esse processo revelará para que lado a balança da gatificação está pesando. Se você perceber que todas as "coisas de gato" estão concentradas em um canto, bem, é hora de espalhar esses objetos, de acordo com quem prefere cada item e onde essas peças podem ser melhor colocadas para otimizar a posse do território e o fluxo do tráfego. No nosso mundo perfeitamente gatificado, cercas, marcadores de cheiro, pontos do relógio de sol e da TV de gato estariam espalhados de forma equilibrada pelo território.

Não esqueça: gatificação trata-se de criar um espaço que funcione igualmente bem para humanos e gatos. Mas a palavra-chave dessa definição é "igualmente". Se não encorajarmos ativamente uma relação de gatitude com o território, estaremos tacitamente apoiando o contrário. A escolha é clara: *construa cercas, ou prepare-se para pichações*.

UMA COISA VIVA

Ao construir e rever seu mapa da gatice, você vai perceber que ele é uma coisa viva; é fluido, bem como as relações que ele documenta. As preferências certamente vão mudar com o passar do ano. O sol bate em lugares diferentes dependendo da estação, e, se você ligar o aquecimento ou ar-condicionado, os lugares preferidos do seu gato também vão mudar, visto que eles costumam ir atrás de fontes de calor. Isso pode afetar como os objetos são dispostos no decorrer do tempo, e é aí que o mapa mostra sua utilidade — com ele, você permanece um passo à frente do território. Quanto mais você mantiver seu planejamento urbano atualizado, mais cresce a confiança e menos se demonstra competitividade pelo território.

"CERCAS E MARCADORES DE cheiro" devem ser um dos seus mantras ao observar a estrutura do território compartilhado. Os componentes básicos óbvios são caminhas, arranhadores de formas e tamanhos diversos, potes de comida, fontes de água, e, sim, sua pilha de roupas velhas. Resta, porém, a maior de todas as cercas e a mãe de todos os marcadores de cheiro: a caixa de areia.

Não é exatamente música para os ouvidos humanos, eu sei. Eu sei. Posso apostar que não tem muita gente que já viu em primeira mão a destruição que pode vir de uma caixa de plástico de meio metro quadrado, como eu vi. Não estou falando de cocô e xixi; já vi várias vezes a caixa de areia se tornar uma causa de conflito no lar, e todos os relacionamentos — entre humanos, entre gatos e humanos, e até entre humanos e suas casas — podem sofrer com isso. É por isso que vou tentar contar tudo o que sei sobre caixas de areia. Quanto mais você souber, menos vai se culpar, culpar seu gato, seu parceiro ou aquela caixa de plástico de meio metro quadrado.

INTRODUÇÃO À CAIXA DE AREIA E ALÉM

Você acredita em mágica? Se já viu um gato usar uma caixa de areia — seguindo o instinto de enterrar os excrementos em um material macio e esparso, e fazendo isso em uma caixa de plástico —, então é provável que tenha experimentado um momento de admiração.

Se seu gato estivesse do lado de fora, ele faria suas necessidades onde quisesse, e não obrigatoriamente no mesmo lugar. Quando a areia sanitária foi inventada por Ed Lowe, em 1947, ela instantaneamente revolucionou nossa relação com gatos de duas maneiras: primeiro, essa relação se tornou mais profunda, porque nossos gatos puderam começar a passar mais tempo dentro de casa conosco. Tão importante (e infinitamente mais complicado) quanto isso é que essa relação passou a ser baseada em expectativas. Como humanos sempre fazem, daquele momento em diante, nós passamos a esperar que nossos gatos fizessem suas necessidades exclusivamente em uma caixa. Depois de uma longa, *longa* história de um arranjo mais liberal, esse ultimato repentino aconteceu de uma hora para outra nas vidas dos gatos. E, novamente, é típico dos humanos que não tenhamos demonstrado muita paciência ao mudar o curso da evolução. Se você considerar há quão pouco tempo levamos os gatos para nossas casas, apontamos de repente para uma caixa e dissemos "Agora faz cocô ali!", é um baita milagre que eles tenham concordado.

O ELEFANTE NA SALA

Se você perguntar para mim ou para qualquer outra pessoa que faz o mesmo trabalho que eu, nós diríamos que não teríamos emprego se não fosse por xixi e cocô fora da caixa de areia. Nada motiva um cliente em potencial a procurar um profissional ou doar seu animal mais rápido do que um gato que faz xixi e cocô fora da caixa, seja no sofá, no carpete, na cama ou em você. Então, vamos começar por algumas prescrições básicas para evitar o problema, usando uma bela gatificação da caixa de areia.

Primeiro, porém, tenho que dizer: a caixa de areia (assim como sua quantidade e localização) é o proverbial elefante na sala sobre o qual ninguém quer falar. Sei que alguns clientes meus já consideraram fortemente aguentar o xixi no carpete a ter que colocar mais uma caixa de areia na casa. Isso, no fim das contas, é uma decisão sua. A caixa de areia também representa aquelas concessões de que já falei. Quando você perceber a importância que ela tem para o bem-estar do seu gato, espero que isso te leve para a decisão correta. E há mais um fator a considerar enquanto você reflete sobre esse elefante em forma de caixa de areia: se você seguir essas diretrizes agora, em quase todos os casos, elas vão evitar problemas com a caixa de areia no futuro.

Já falei sobre marcadores de cheiro e sobre a importância deles para a gatitude. Esses marcadores territoriais são equivalentes aos pertences que definem sua vida no lar. As lembranças, os objetos trazidos de viagens, as fotografias nas paredes, os pequenos detalhes de design que você demorou a escolher, e mesmo o mancebo que, no momento, está encoberto por casacos, blusas, chapéus e bolsas. Essas são as coisas para as quais você olha e pensa, lá

no seu subconsciente: "Sim, esse é o meu lugar." Você respira com tranquilidade, sabendo que essa é a *sua casa*.

Com isso em mente, reflita: se você fosse fazer uma viagem longa, sabendo que ficaria com saudade de casa, o que levaria consigo para representar seu lar?

Como alguém que passa em torno de um terço do ano na estrada — e que sente muita falta de casa —, acho que um dos melhores conselhos que já recebi foi levar minha toalha de banho. Claro, é ótimo levar fotos da sua esposa e dos seus bichos para colocar ao lado da cama do hotel, mas uma toalha é um dos marcadores mais importantes para os humanos, porque ao sair do chuveiro em um hotel estranho, você pode se envolver no próprio cheiro, no cheiro da sua casa. O seu marcador de viagem pode ser um travesseiro ou chinelos. Para os gatos, com certeza seria a caixa de areia.

Pense nisso: para o seu gato, cada cômodo da sua casa pode representar tanto a estranheza de um quarto de hotel quanto a intimidade do seu quarto. Se você quer maximizar a gatitude, precisa colocar caixas de areia em áreas socialmente relevantes, espaços que tanto humanos quanto animais ocupam de forma igual. Nós chegamos em casa e nos sentamos no sofá, depois vamos para a cama, o que torna esses móveis incríveis marcadores de cheiro humano. Isso incentiva os gatos a passar tempo nesses lugares, misturando o cheiro deles ao nosso, o que torna a sala e o seu quarto os cômodos mais socialmente relevantes na casa. E sim, são nesses lugares que você talvez deva colocar caixas de areia.

Sei que isso pode parecer uma bomba em formato de caixa de areia, mas essa bomba pode mudar radicalmente o cenário da sua casa, de uma maneira mutualmente construtiva. Essa disposição a mudar a paisagem doméstica em nome do bem-estar do seu gato é a definição de gatificação. No que você sai ganhando é que colocar caixas de areia nessas áreas de convivência, sem pensar duas vezes no valor estético, vai reduzir ou ajudar a eliminar a ocorrência de xixi fora do lugar, que vem de uma insegurança territorial (a causa da maioria dos problemas com xixi).

Ainda assim, se a imagem de uma casa repleta de caixas de areia está te deixando nervoso, pense nisso como um grande experimento. Com o passar do tempo, algumas caixas serão utilizadas, e outras, ignoradas. Isso vai lhe mostrar o que seus gatos consideram ser áreas socialmente significativas, e então você poderá retirar as outras.

Dicionário do pai de gatos: ressentimento da caixa de areia

Acabei de sugerir que você encha a sua casa de caixas de areia, mas o que não quero é que essas concessões se tornem tão sacrificantes que cheguem ao ponto de abalar o relacionamento entre você e seu gato. É o que chamo de **ressentimento da caixa de areia**. Você está andando pela casa quando olha para baixo e vê uma caixa de areia. Aí começa a se ressentir do gato, como aconteceria se, em um dia ruim, você pisasse nos brinquedos que seu filho deixou espalhados pelo chão e começasse a se ressentir da criança. Obviamente, isso clama por uma intervenção.

Você acabou de se dar conta de que os gatos não são os únicos animais territoriais na sua casa. Nós queremos que eles sejam felizes, mas a ideia de vê-los fazendo cocô na sua sala é insuportável. Porém, assim como os brinquedos do seu filho são fundamentais para o desenvolvimento dele, a caixa de areia também é essencial para a gatitude do seu felino. Lembre-se: sempre há uma solução. É buscar soluções que vão afastar você desse mal que é o ressentimento.

OS DEZ MANDAMENTOS
DO PAI DE GATOS PARA A CAIXA DE AREIA

As dicas a seguir estão mais para sugestões do que mandamentos, mas elas ajudaram a resolver a maioria dos problemas desse tipo que encontrei nos últimos vinte anos. Então ouça bem: as leis da manutenção da caixa de areia têm o poder de livrá-lo dos tempos de tapetes estragados e ajudá-lo a alcançar o paraíso da aceitação felina.

Terás uma caixa por gato + 1

É possível que essa fórmula também tenha sido escrita em tábuas de pedra como os mandamentos originais. Embora não seja obrigatória, a "fórmula do mais um" é uma orientação que recomendo fortemente que você considere. A ideia é que você tenha uma caixa de areia para cada gato na casa, mais uma extra. Se você tem um gato, é bom ter duas caixas de areia; dois gatos, três caixas de areia, e assim por diante. Essa fórmula existe para levá-lo a pensar no tamanho correto. Falando nisso...

Terás estações variadas e espalhadas por tua casa

Quando volto à casa de um cliente após ter deixado a instrução anterior como dever de casa, muitas vezes ela ainda parece não ter caixas de areia, pelo menos à primeira vista. Aí o cliente me leva até a garagem, onde há quatro caixas colocadas lado a lado, criando não quatro, mas uma enorme "estação de areia". Bem-vindo ao resort exclusivo da praia do xixi, numa localização privativa, longe da agitação da casa. Bela tentativa, seu "odiador" de caixas de areia! Elas definem o território, e cada uma deve servir seu propósito como marcador de cheiro em diferentes lugares da casa. Pense que é como ter vários capachos: você não empilharia todos eles na porta da frente, certo? Colocaria um em cada entrada — na porta principal, na lateral e na dos fundos —, para que servissem seu propósito de recepcionar visitantes e delimitar o território da sua casa.

Digo e repito: localização, localização, localização! Você coloca a caixa de areia na garagem, na varanda ou na área de serviço porque não quer ficar olhando seu gato fazer cocô ou xixi, e nem quer ser lembrado de que ele faz isso na sua casa. Ou simplesmente não quer que ela estrague o visual da sua sala tão bem decorada. Enquanto isso, talvez esteja exigindo que seu gato desça dois lances de escada, passe por uma portinhola e atravesse o piso gelado da garagem para usar uma caixinha pequena e coberta, quase fora do seu território. É quase uma casinha do lado de fora — nada conveniente nem desejável, e se você

O encantador de gatos

tivesse escolha também não a usaria. Outros possíveis problemas: nesse tipo de local, barulhos altos como a abertura da porta da garagem ou a máquina de lavar podem assustar seu gato. Um possível resultado disso é que ele vá associar coisas ruins ao uso da caixinha... até parar de usá--la.

Então, mais uma vez: *localização, localização, localização!*

Não há como fugir disso, na minha experiência: a caixa deve ficar no melhor lugar para o seu gato, não para você. Pense nisso como o menor dos males. Ou você aceita a caixa de areia onde não quer, ou lida com xixi onde definitivamente não gostaria.

Não camuflarás o rei dos marcadores de cheiro

III Seu gato tem 200 milhões de receptores de cheiro (em comparação aos somente 56 milhões dos humanos), o que mostra a importância e a sensibilidade desse sentido para os felinos. Por isso é tão importante entender o que atrai seu gato e o que o repele. Portanto, recomendo que se use somente areia sem cheiro e não se coloque desodorizadores ou aromatizadores de ambiente perto da caixa. Na minha experiência, essas fragrâncias fortes e artificiais, incluindo areia com cheiro, podem afastar seu gato. Pense assim: se você fosse tentar manter seus gatos longe de objetos como, por exemplo, a árvore de natal, eu lhe diria para usar um cheiro repelente. Em geral gatos não gostam de cheiros cítricos, então recomendaria colocar raspas de limão em algo como um ziplock furado e escondê-lo ao lado da árvore de natal. Então como um aromatizador de ambientes com características semelhantes bem do lado da caixa de areia não os afastaria?

Quando se trata de aromatizadores ou areia com fragrância, voltamos à história das concessões entre humanos e gatos. A mesma coisa se aplica a outras formas de camuflagem — seja disfarçar a caixa como se fosse um vaso de planta, usar uma caixa eletrônica ou treinar seu gato para usar o vaso sanitário. Essas atitudes são convenientes para os humanos, mas, como você verá, raramente funcionam para os gatos. É o cheiro do gato que torna a caixa de areia um marcador de cheiro, e por

Gatificação e território **153**

isso é tão importante. Do ponto de vista humano, desde que você limpe a areia constantemente, não deve encontrar problemas com cheiro. Logo abordaremos isso, quando chegar o momento de falar sobre a limpeza da areia.

Seguirás a lei do bom senso

IV Claro que a textura da areia é uma questão de preferência individual, mas pensando pelo viés do Gato Essencial a perspectiva fica clara. Tendo escolha entre fazer suas necessidades em pedras ou na terra, a vasta maioria dos gatos de rua prefeririria a segunda opção. Gatos que vivem dentro de casa e não estão satisfeitos com suas caixas de areia tendem a usar itens mais macios como tapetes de banheiro, roupas ou lençóis. Muitos (inclusive gatos idosos ou sem as garras) podem ser bem sensíveis em relação à textura áspera de algumas areias de sílica ou de grãos mais grossos.

Como no nosso mandamento anterior, para manter o Gato Essencial satisfeito, o bom senso diz que a melhor opção é a mais simples. Quanto mais sofisticada a areia, maiores as chances de algo dar errado.

Não encherás demais a caixa de areia

V Acho que encher demais a caixa de areia é um problema comum simplesmente porque nós pensamos que mais é melhor. Cada gato é diferente, é claro, e temos que descobrir o que funciona individualmente, o que só é possível observando.

Leve em consideração que gatos mais velhos, com problemas de articulação, podem ficar desconfortáveis em caixas cheias demais, especialmente ao fazer cocô, porque o gato precisa se "segurar" na areia para ter estabilidade. Da mesma forma, gatos obesos podem afundar em quantidades muito grandes de areia.

Gatos de pelo longo não gostam da sensação da areia nos pelos das patas, bumbum e barriga. Lembre-se, aqueles folículos capilares sensíveis significam que, quando se abaixam, os pelos na parte de trás das patas encostam na areia, causando uma sensação de cócegas. (Para alguns gatos de pelo longo, isso pode ser tão incômodo que eles procuram uma superfície mais lisa.)

Na maioria dos casos, é bom começar com algo em torno de dois a cinco centímetros de areia e adicionar conforme necessário. A lição aqui é que, como em tudo em relação à areia, a quantidade também deve ser uma decisão consciente.

Honrarás a caixa certa

O seu gato passa muito tempo cavando a areia? Ou entra cautelosamente como se houvesse algum perigo esperando por ele lá dentro? Você exige que seu gato use uma caixa com entrada superior mesmo sendo idoso ou tendo algum tipo de deficiência? Ou seu gato está obeso, e a caixa seria mais apropriada para um filhote? Lembre-se, a caixa deve ser atrativa e conveniente — em outras palavras, um lugar agradável em que seu gato vai entrar sem pensar duas vezes.

O ideal é que a caixa seja cinquenta por cento maior do que o comprimento do seu gato. Ele deve conseguir se virar, cavar bastante e encontrar um lugar limpo para fazer suas necessidades sem precisar dar de cara com a parede da caixa.

Além disso, ele não deve ter que fazer acrobacias para entrar e sair. Caixas com abertura superior podem parecer uma boa ideia, e para um gato ágil talvez não sejam um problema, mas até mesmo o gato mais ativo não escolheria viver subindo e descendo da caixa, quando há uma alternativa mais fácil: fazer xixi no tapete.

Gatos filhotes, idosos, obesos ou com deficiências podem ter dificuldade para entrar e sair de caixas com bordas altas. Caixas para cachorros são ótimas para gatos idosos ou com problemas de mobilidade ou desconforto. Você também pode cortar parte delas para facilitar a entrada, permitindo que os gatos simplesmente entrem, em vez de terem que saltar.

Não cobrirás

VII Não sou muito fã de caixas cobertas. A ideia de que gatos precisam de privacidade para fazer xixi ou cocô é uma clássica projeção humana; é o que nós queremos quando vamos ao banheiro, então supomos que eles também queiram. Errado. Gatos que fazem suas necessidades em áreas externas muitas vezes fazem isso abertamente, na frente de um arbusto, na calçada ou no jardim.

Alguns gatos podem não se importar com caixas tampadas, mas elas podem se transformar em zonas de emboscada e pontos mortos, especialmente em uma casa com cães, crianças ou outros gatos. As tampas ficam bastante sujas com o tempo e são difíceis de limpar. Além disso, gatos de pelo longo ou de dimensões maiores ficam com eletricidade estática ao tocar o plástico das laterais quando entram ou saem da caixa. Em outras palavras, os contras são muito mais numerosos do que os prós, então por que arriscar?

Não usarás sacos

VIII Você pode achar que usar um saco por baixo da areia vai facilitar a sua vida, mas na verdade muitos gatos não gostam da textura do plástico e podem ficar com as unhas presas. Além disso, o saco acaba rasgando e deixando o xixi empoçado embaixo, uma bagunça danada. Não é mais prático. Melhor deixar para lá.

Manterás a caixa limpa

IX Quando foi a última vez que você limpou a areia? É, sei que você não gosta de enfrentar aquele campo minado de torrões e cocôs secos, mas seu gato também não gosta.

Um estudo recente comprovou que gatos preferem indiscutivelmente usar uma caixa limpa a uma com torrões de xixi ou cocô. Sim, às vezes a gente precisa que a ciência nos diga o que já sabemos: limpe a caixa todos os dias.

O encantador de gatos

Permitirás que seu gato deseje a caixa alheia

A melhor forma de descobrir do que seu gato gosta em matéria de caixas de areia é lhe dar escolhas (de tamanho, de estilo, localização, tipos de areia), acompanhar qual é a mais usada e ajustar de acordo com o que descobrir. É realmente simples assim.

Reclamação do pai de gatos: a política do cocô

Quando você passeia com seu cachorro, sabe o que esperar. Você pega o cocô quentinho com nada além de uma sacola plástica separando sua mão e o cocô. Essa familiaridade "em primeira mão" faz com que você permaneça em constante contato com os resíduos do seu companheiro e fique alerta para possíveis problemas.

Com os gatos, porém, parece que decidimos ter uma abordagem mais como "o que os olhos não veem, o nariz não sente", tentando constantemente desinfetar e expurgar o que são necessidades corporais normais. Fazemos qualquer coisa para não ter que lidar com excrementos dos gatos. Muitas pessoas decidiram até ter uma pá "robótica" para limpar a caixa de areia automaticamente, mas se você deixa um robô fazer seu trabalho, não vai ter informações sobre o estado do seu gato; o robô faz o cocô e o xixi desaparecerem, mas a consequência é que você não se envolve tanto com a "vida interior" do seu companheiro. (Além disso, por que pagar uma fortuna nessas pás robóticas, que ficam pegajosas e nojentas? Elas também podem não funcionar direito e começar a limpeza quando seu gato ainda está na caixa, assustando-o e fazendo com que faça as necessidades em outro lugar.)

Faz parte das responsabilidades do guardião saber do bem-estar do gato com base na aparência dos seus excrementos, e limpar a caixa de areia é uma oportunidade de obter essas informações sobre a saúde dele. Você deve saber qual é a aparência e o cheiro de um cocô saudável; quantas vezes por dia seu gato costuma urinar e defecar; quantos torrões normalmente ficam na caixa; e ser capaz de perceber sinais de sangue no que ficou para trás. E se a casa inteira fica empesteada depois que seu gato faz cocô, talvez seja melhor fazer uma visita ao veterinário.

Um buraco sem fundo
O que seu gato está fazendo na caixa?

Muitas pessoas me perguntam por que seus gatos cavam tanto na caixa de areia. Primeiro, querem saber por que eles cavam, cavam e continuam cavando. O interessante é que esse comportamento pode ser muito diferente para cada animal. Alguns gatos dão uma cavadinha e pronto, cobrem o cocô com uma camada fina de areia, enquanto outros cavam até a China, cavando até mesmo nas paredes e no chão perto da caixa.

Por outro lado, muitas pessoas têm a preocupação oposta, e me perguntam se é possível treinar seus gatos para cobrir o cocô. Não é exatamente possível "treinar" os gatos nesse aspecto — ou eles fazem isso por si mesmos, ou não. Às vezes eles não cobrem porque não gostam da areia por algum motivo. Nesse caso, limpar a caixa pode resolver: gato nenhum quer cavar se isso for deixar suas patas sujas ou se tiver que revirar os excrementos de outro gato. Para outros gatos, esse comportamento pode estar relacionado a sua experiência de ter aprendido a fazer xixi e cocô por conta própria quando filhote. O que estou dizendo é: se limpar a caixa e trocar por uma areia mais fina não resolver, é improvável que você consiga mudar esse hábito, e talvez tenha que se acostumar com ele.

"Cobrir" muitas vezes é um comportamento atribuído ao instinto de esconder seu cheiro dos predadores. Para seu gato, esse ritual é tão enraizado que não importa que não existam predadores na sua casa. No entanto, a verdade é que esse comportamento provavelmente é bem mais complicado do que simplesmente se proteger de ataques. Gatos que vivem em ambientes externos cobrem mais seus excrementos quando estão no centro do seu território — nas áreas em que dormem e comem — do que quando estão mais distantes. Além disso, xixi e cocô são usados para mandar mensagens entre os gatos. Tudo isso demonstra o quão complexo é esse comportamento de cobrir seus excrementos, e a loucura que é tentar mudá-lo. Esse é mais um mistério da gatitude.

Problemas no paraíso (do cocô de gato)

Parte do seu trabalho como detetive da caixa de areia envolve saber o que o seu gato faz enquanto está ali. Acredite ou não, isso pode lhe dizer um pouco sobre como ele está se sentindo. Por exemplo, você sabe identificar quando seu gato não gosta da areia?

Alguns sinais de que ele não gosta da areia ou da caixa:

- Ele não coloca as patas na caixa.
- Ele não cava a areia antes ou depois de fazer suas necessidades.
- Ele sai correndo da caixa como se alguém estivesse o perseguindo.

Se você perceber qualquer um desses comportamentos, primeiro corra ao veterinário para descartar qualquer hipótese mais grave. Se estiver tudo bem, releia os mandamentos e veja se você pode experimentar alguma variação, seja com a areia, seja com a caixa.

LIMPANDO A CAIXA

Esta pode ser uma opinião impopular, mas realmente acredito que, quanto mais se limpa a areia, mais se atrapalha o gato. Se você tira torrões duas ou três vezes por dia, lava a caixa uma vez por semana, desinfeta etc., vamos ser sinceros: isso é mais por você do que por ele.

Pense nisso. Quase toda fonte sobre o comportamento felino diz que, para evitar que seu gato retorne a uma área que ele já sujou, você precisa remover o odor de urina completamente. Isso é verdade. Então por que tentamos obliterar completamente o cheiro deles na caixa de areia?

Gatos querem e precisam sentir o próprio cheiro. Xixi e cocô trazem muitos marcadores territoriais e são formas de dizer "sou dono disso". Seus excrementos são símbolos de segurança territorial, em nada diferentes de um esfregão de bochecha ou arranhar em um poste.

Posse do território é de extrema importância para os gatos. Se não sentirem seu cheiro na casa, eles vão encontrar formas de deixar sua marca. Isso pode encorajá-los a fazer xixi em lugares diferentes.

Tudo que você precisa fazer é tirar os torrões todos os dias, sem enlouquecer. Você pode trocar a areia completamente uma vez por mês e enxaguar a caixa com água quente. Isso será o suficiente para a maioria dos gatos (e para você também).

UMA PALAVRINHA SOBRE TREINAR PARA USO DO VASO SANITÁRIO

Estava assistindo a uns vídeos de gatos treinados para usar o vaso. A maior parte das pessoas que conheço que já viram esses vídeos achou bonitinho, ou pelo menos interessante, que os gatos possam ser treinados para fazer algo assim. Algumas começaram a fantasiar com a comodidade daquilo, de não ter que se preocupar com caixas de areia e as tarefas que vêm com elas. Na época, não consegui identificar exatamente o que me incomodava em ver aquelas imagens. Com o tempo, percebi que era porque via sinais físicos, e também emocionais, de estresse naqueles animais. Havia um olhar que parecia dizer: "Isso não é natural para mim, não gosto, me sinto vulnerável e desconfortável."

É claro, existem as raras exceções de gatos que decidiram usar o vaso espontaneamente. Humanos oportunistas se aproveitaram desses casos e extrapolaram: se aquele gato faz isso, por que o meu não pode fazer? Agora existem vários "produtos para treinamento" disponíveis para forçar seu gato a usar o vaso em vez da caixa. Já vi gatos serem treinados até mesmo para dar a descarga depois de terminarem. Se seu gato quisesse usar o vaso para fazer xixi e cocô, ele já teria demonstrado esse interesse. Você talvez seja capaz de treiná-lo, mas isso vai totalmente contra a gatitude. Gatos urinam em vários lugares diferentes para marcar território, portanto, o Gato Essencial nem consideraria usar um vaso; isso é puramente para o nosso conforto.

Já EXPLORAMOS CADA canto da conexão entre gatos e humanos, desde nossos mandamentos e ferramentas à observação instintiva e empática. Agora podemos verdadeiramente reivindicar aquele território em que uma vida cheia de gatitude é construída e mantida. Essa terra prometida está ao nosso alcance, contanto que nos dediquemos ao nosso papel como guardiões dos gatos e repitamos o mantra: não é o que você tem, é quem você cria.

A arte de ser pai de gatos

NO CAPÍTULO 6, "Bem-vindo à caixa de ferramentas", nós começamos a estabelecer o tom dessa sessão ao incentivar você a se ver em um papel de pai do seu gato, em vez de "dono" ou "treinador". Este é o momento de mergulhar de cabeça nas estratégias que você pode usar para encorajar a gatitude e, ao mesmo tempo, promover a conciliação na sua casa compartilhada.

Embora se possa dizer que cães sentem-se confortáveis e seguros em uma dinâmica de treinamento entre guardião e companheiro, isso não funciona para os gatos, de forma alguma. Pense: você já se perguntou por que as pessoas que trabalham com cães são chamadas de "adestradores", e as que fazem trabalho semelhante com gatos, de "behavioristas"?

Para os cães, o treinamento de adestramento é estabilizador e, quando bem feito, serve como um elemento de aproximação no relacionamento com o humano. No entanto, com gatos, temos que procurar maximizar nossa influência no comportamento deles, mas também estar abertos a certo nível de *conciliação* para alcançar um bom resultado final.

Fazer um cão ou gato se sentar com um comando pode parecer a mesma coisa, mas embora a ação de o gato se sentar se aproxime da relação humano-cão, precisamos entender que ainda há um gato por trás dessa ação. Ou seja, no que tange à relação com o humano, enquanto o cão se sente seguro ao sentar, o resultado final para o gato é uma ação completa com a expectativa de uma recompensa. De qualquer forma, esse efeito está longe de ser uma vitória vazia; conseguimos que o gato olhasse para nós, seguisse nosso comando e se concentrasse em completar a tarefa exigida dele. É uma vitória porque isso constrói o relacionamento, embora não o *complete* como talvez fizesse com um cão.

É possível dizer até que, comparados aos gatos, os cães precisam ser treinados para seu bem-estar. Não só está no seu DNA, por conta da nossa longa relação com eles, mas o adestramento também dá aos cães ferramentas para lidar com as expectativas que temos para eles, nos muitos ambientes e situações em que os colocamos.

A conciliação tem a ver com chegar a um meio-termo com os gatos, na cerca que delimita nossas relações e comunicações; o processo de "treinamento" de que falo maximiza nossa habilidade de trazer o gato de bom grado a essa cerca, algo que eles não fazem naturalmente. Não espere que os gatos mudem da mesma forma que o adestramento muda um cão. "Maximizar e conciliar" é o mantra que nos lembra do que se trata uma vitória com os gatos. Os dois lados têm igual poder no resultado final, pois gatos são assim.

Embora os princípios do reforço positivo sejam universais, seria ingênuo presumir que os efeitos são iguais para todas as espécies. O cérebro felino e o canino não são iguais; eles têm motivações distintas e resolvem problemas de forma diferente. Por isso, nossas expectativas precisam ser diferentes também.

Mais uma vez, peço que você considere a analogia da dinâmica pai-filho. Nós falamos de "boa criação", não de "bom treinamento", quando se trata de ensinar as crianças a serem gentis com os outros ou fazerem seu dever de casa. Antes que você desconsidere meu argumento como mera questão de semântica, pense em como as abordagens são diferentes quando se pensa em "criar", em vez de "treinar". Essa diferença sutil é *essencial* para conseguir que seu gato aja de forma mais desejável.

PUNIR OU ELOGIAR, EIS A QUESTÃO

Os princípios da modificação de comportamento através de condicionamento operante se aplicam a todos os animais: pássaros, esquilos, golfinhos, orcas, e sim, até gatos e humanos. O psicólogo B. F. Skinner desenvolveu a teoria do reforço para descrever o que motiva o comportamento, que foi baseada no princípio de que certos resultados que coincidem com determinado comportamento aumentam a chance de esse comportamento se repetir no futuro. Esses reforços normalmente são coisas de que o animal gosta. Punições, por outro lado, são definidas como resultados que diminuem a chance de repetição futura.

Hoje em dia, *cientistas e adestradores confirmam que o reforço positivo é a forma mais efetiva de mudar um comportamento*. Embora punições possam funcionar temporariamente, elas não mudam a motivação do seu gato nem lhe dizem o que fazer em vez do comportamento em questão. A punição também vem com uma bela dose de efeitos colaterais, como medo e agressão (sem falar na destruição da base de confiança do seu relacionamento).

Ainda assim, quando precisam enfrentar essa realidade, muitos perguntam: "Mas sem usar algum tipo de punição, como disciplinar meu gato?" Minha resposta é: não existe isso de disciplinar. Gatos não têm ideia do que você está fazendo quando briga, grita ou molha a cara deles com um spray de água. Além disso, para a punição ter o efeito desejado, ela precisaria vir todas as vezes que o comportamento em questão ocorre, e imediatamente depois. É impossível policiar seu gato 24 horas por dia, e quem gostaria de fazer isso?

Nosso objetivo é aumentar a gatitude, a confiança do gato. Não há nada em humilhá-lo ou puni-lo que vá fazer isso. Ainda pior é uma prática em que a humilhação é disfarçada como uma tentativa de se provar como sendo o "alfa" para o gato. Repito: qualquer tipo de punição, por mais esperto que seja o "conceito" que a disfarce, é antigatitude. Qualquer coisa com o propósito de reforçar sua dominação sobre seu gato é antigatitude.

Isso tem a ver com relacionamentos. Não existe relacionamento bem-sucedido que seja baseado em dominação. Esse livro se propõe a ensinar você como agir a favor da gatitude, não contra. Cercas invisíveis, tapetes ou coleiras de choque, remoção das unhas e, sim, até o inocente spray de água devem ser aposentados por completo.

Dar um tempo versus prisão

Quando gatos ficam excessivamente estimulados e agressivos, lembre-se de que não é uma escolha; o Gato Essencial está no modo fugir-ou-lutar. Dar um tempo, apesar de como pode soar, não é uma punição; é uma forma de deixar esse estado puramente físico, que estou descrevendo, se acalmar. Por outro lado, temos a prisão.

A prisão às vezes é erroneamente chamada de "dar um tempo", mas vamos deixar bem claro: são coisas totalmente diferentes. Dar um tempo é, em essência, um gesto bondoso, uma forma de acalmar seu gato após uma explosão do Gato Essencial. A prisão é uma punição, que só vai acender o pavio da bomba felina.

A prisão acontece quando os guardiões estão no auge da frustração, impacientes com algum problema — sejam brigas, xixi fora do lugar, ou "ataques noturnos". Você não consegue mais lidar com aquilo e começa a trancar seu gato no banheiro ou longe das áreas socialmente relevantes da casa. É uma punição.

Como você já deve saber a essa altura, a punição não tem sentido para os gatos. Faz com que você se sinta melhor a curto prazo, mas definitivamente não vai resolver o problema. Os gatos não vão fazer a associação de que, porque fizeram algo dez minutos atrás, ficaram presos no banheiro por uma hora e meia. Não existe "vá pensar no que você fez". Isso é tipo pegar o focinho do seu gato e esfregar no xixi: eles não compreendem.

Se você precisa deixar seu gato do lado de fora do quarto, digamos, porque ele faz xixi na sua cama noite após noite, eu entendo. É um curativo, mas entendo. A prisão, por outro lado, não é um curativo, é um bumerangue de desgraça. Ele vai voltar direto para você e lhe acertar bem na cara.

Quando seu gato entra no modo de fugir-ou-lutar, tem episódios de agressividade, ou pira com algo ou alguém, leve-o para um ambiente pequeno e confinado, com luzes baixas, sem sons, sem estímulos. Essa zona de descompressão permite que seu gato retorne à órbita do próprio corpo, indo do auge da energia para um lugar de harmonia e calma, fundindo de volta seu corpo etéreo ao físico. É esse o propósito de dar um tempo, o que pode durar entre cinco e dez minutos. É só para tirar seu gato do estado de alerta, do fugir-e-lutar, e trazê-lo de volta ao mundo real. **OBSERVAÇÃO**: Se seu gato estiver agitado demais para ser levado ao local do tempo, NÃO tente pegá-lo e carregá-lo até lá. Nesse caso, traga a montanha a Maomé: transforme o cômodo onde ele se encontra em uma zona de silêncio. Apague as luzes e saia do cômodo. Isso funcionará da mesma forma, e com segurança.

Não esqueça: dar um tempo é algo que se faz pelo bem do seu gato, não por si mesmo. Essa é a diferença entre dar um tempo e mandá-lo para a prisão. Um é para o seu gato, para ajudá-lo a recobrar seu equilíbrio. O outro é para você, para que você não o mate.

ABRINDO MÃO DO SPRAY

A garrafinha de spray... parece que todo mundo tem uma hoje em dia, e já vi algumas casas de clientes com uma em cada cômodo. Em algum momento da história, essa ferramenta de punição se tornou tão comum e aceitável quanto gritar "Não!" (o que também não é muito útil).

Você deve estar pensando: "Mas funciona. Molho meu gato e ele sai de cima da pia. Agora é só eu mostrar o spray e ele já sai correndo." Porém, o que seu gato está aprendendo de verdade? Que a pia é um lugar em que ele não deve subir? Não. Ele aprendeu que a pia é um lugar ruim para subir se você estiver por perto segurando o spray. O pior é que ele está aprendendo a ter medo de você. Ele só reage quando você está com o spray, o que significa que a origem da sensação desagradável é você.

Lembra-se do mantra "maximizar e conciliar"? Bem, o spray joga esse mantra na fogueira. Em outras palavras, a diplomacia do spray não é nem um pouco diplomática. É emblemático da espécie humana acreditar ser capaz de fazer os animais se curvarem à nossa vontade. Se seu gato está se encolhendo, é porque espera que você faça algo ruim, o que não significa que vá aprender uma lição ou entender o que é certo ou errado do seu ponto de vista.

Sempre há uma alternativa positiva, mas usar o spray significa que seu gato vai ficar com medo. Não tem nada de positivo em seu gato (ou cão ou companheiro ou filho, aliás) ter medo de você, não existe benefício. Se você precisa recorrer ao medo, está sendo contraproducente.

Os animais sabem quando fizeram algo errado?

Muita gente diz que seus animais "sabem quando fizeram algo errado". Por isso, a Dra. Alexandra Horowitz resolveu determinar se o que os humanos entendem como "cara de culpado" em cães realmente tem a ver com culpa, ou se a expressão é só uma resposta a levar uma bronca.

No estudo, guardiões de cães foram instruídos a mostrar um petisco aos cachorros e então mandá-los não comer, com um "não" firme. O guardião colocava o petisco no chão, fora do alcance do cachorro, e saía.

Então, os cientistas ou tiravam o petisco ou deixavam os cães comerem. Quando os guardiões voltavam ao cômodo, recebiam a informação verdadeira ou falsa sobre o que tinha acontecido com o petisco. Se a pessoa achasse que o cachorro tinha obedecido, ela o cumprimentava de forma amigável. Se achasse que tinha desobedecido, dava uma bronca.

Os guardiões interpretaram comportamentos como evitar contato visual, dar a barriga, enfiar o rabo entre as pernas ou se afastar como sinais de "culpa". No entanto, esses comportamentos dependiam exclusivamente da forma como os donos tratavam o cão, e não se o cachorro realmente se sentia "culpado" por ter comido o petisco contra as ordens do dono.

O experimento demonstrou que os cães não sentiam culpa depois de comerem o petisco, mas sim que sentiam medo e ansiedade por levarem bronca dos donos. Se você perceber esses comportamentos que expressam "culpa" no seu gato, não há razão para imaginar que seja diferente.

ADESTRAMENTO/ENSINAMENTO BÁSICO — NO ESTILO DA GATITUDE

Pense em quando você estava na escola: quem era seu professor favorito? Qual característica dessa pessoa ainda é marcante, na sua lembrança? Era o fato de que ela tornava o aprendizado divertido? Era por acreditar em você e, ao mesmo tempo, fazer você se interessar pelo assunto da matéria? Qualquer que seja a resposta, provavelmente não é porque o professor simplesmente apresentava fatos que você tinha que decorar e depois apenas recitar para receber uma boa nota. Seu professor favorito dava à matéria um componente emocional, um motivo para você se importar com ela.

Assim como em qualquer relação parental, seu relacionamento com seus gatos lhe dá oportunidades constantes de ensinar. Mas o que aumenta a habilidade de aprender (e reter o conhecimento) do seu aluno é o quanto você se dedica a cada momento. Como qualquer bom professor pode atestar, você sabe que está fazendo um bom trabalho quando se dispõe o suficiente para aprender enquanto ensina. De agora em diante, gostaria que você parasse sempre que possível e refletisse sobre como ensinar ou treinar seu gato pode ser uma via de mão dupla; essa é uma oportunidade de sempre aprender algo sobre você mesmo.

No início da minha carreira com gatos, tudo girava em torno de três coisas: experiência em primeira mão, observação e aprendizado teórico. O problema com esse último item é que não havia muita informação disponível, e ainda menos colegas de profissão com quem aprender mais sobre o mundo felino. Por isso, pedi ajuda à minha amiga e diretora de treinamento canino do abrigo em que eu trabalhava, Nana Will. Nana não só é incrível com cães, em nível de empatia, como também é uma enciclopédia ambulante no que se trata das minúcias do comportamento animal e das aplicações do condicionamento operante.

Eu estava acompanhando Nana em seu trabalho, absorvendo tudo enquanto ela lidava com os animais no abrigo e nas casas de seus clientes. Fui adotando todas as técnicas possíveis, menos as partes em que seria necessário tratar gatos como cães. Ainda assim, uma das mais importantes lições que aprendi com Nana veio de forma inesperada.

Fomos ao banco juntos para depositar nossos pagamentos, em uma terça-feira, depois de um grande feriado, ou seja: o lugar estava uma loucura. Todo mundo estava irritado, porque era o primeiro dia útil depois de um feriadão, e as filas estavam saindo pela porta. A atmosfera estava pesada com a irritação coletiva pós-feriado.

Estávamos na fila, e Nana estava me contando sobre treinamento de reforço positivo aplicado ao adestramento de cães. Por acaso, na nossa frente havia uma menininha de 4 ou 5 anos com a mãe. De repente, ela começou a dar um piti épico, exigindo sorvete aos berros. Logo todos estávamos ouvindo suas demandas, porque tudo que saía da boca da menininha, em todo tipo de tom, volume e cadência, era: "QUERO SORVETE!!!" Quando essas três palavras não funcionaram, ela simplesmente pirou: deu puxões nas calças da mãe sem parar de gritar, depois caiu de quatro, socando o chão e batendo a cabeça como num desenho animado, então rolou de costas batendo os pés, perfurando nossos tímpanos com os gritos agudos que exigiam sorvete. Foi uma loucura, e só aumentou exponencialmente o nível de irritação coletiva pós-feriado.

A cereja desse bolo ruim, o que estava enlouquecendo todo mundo, inclusive eu, era que a mãe da pequena encapetada decidiu ignorá-la e só. Eu estava ficando bem irritado, a ponto de quase falar alguma coisa. Nana segurou meu braço e disse: "Não, espera." Por fim, depois que a menina tinha se exaurido, bem como todas as suas cordas vocais, ela olhou para a mãe e, em silêncio, levantou do chão. Depois de uma pausa de uns cinco segundos, a mãe se virou para ela e perguntou: "Então, o que a gente vai almoçar hoje?"

Não poderia ter sido mais perfeito. Nana sentiu meu corpo relaxar e soltou meu braço, percebendo que eu tinha entendido. Com um sorriso perfeitamente zen em meio ao caos que havia precedido, ela comentou: "Viu? É assim que funciona. Ou nós premiamos o barulho ou premiamos o silêncio. Todo mundo aprende da mesma forma."

A primeira lição de Nana foi inesquecível para mim, e permanece como núcleo dos meus ensinamentos mais de vinte anos depois: todo mundo, cães, gatos, galinhas, furões, burros, tartarugas... até humanos. Todos nós. Quer sejamos premiados pelo barulho ou pelo silêncio, *todos aprendemos da mesma forma.*

AS FERRAMENTAS DE APRENDIZADO DA GATITUDE TOTAL

As ferramentas básicas de como eu "treino" giram em torno de uma breve lista de técnicas (na falta de palavra melhor). São elas: conquista de confiança, treino com clicker, a técnica do não/sim e a linha de desafio, todas baseadas em reforço positivo. Conquista de confiança, claro, é do que estivemos falando até agora. Vamos dar uma olhada nas restantes:

Treino com clicker

Quando pedi que minha amiga Nana, adestradora de cães, me explicasse melhor seu trabalho em treinos com clickers, ela logo me avisou que não tinha quase nenhuma experiência em usar essa técnica com gatos. Eu não tinha problema nenhum com isso; nunca quis transformar gatos em cães. Só queria juntar todas as ferramentas possíveis para que, depois, pudéssemos entender como usá-las para construir a casa da Gatice.

Treinos com clickers se baseiam nas ideias de condicionamento operante elaboradas por B. F. Skinner. Nos anos 1940, dois de seus alunos, Marian e Keller Breland, expandiram suas ideias para treinar animais atores no seu "IQ Zoo".

O que tornava o método de treinamento deles tão eficiente? Usar um som para avisar aos animais que eles tinham demonstrado o comportamento desejado. Eles usavam uma caixinha que emitia um clique para o treinamento e, com isso, treinaram milhares de animais: galinhas jogaram baseball, porcos guardaram dinheiro em porquinhos, pombos foram treinados para guiar mísseis (quem me dera estar brincando).

A ideia não ganhou popularidade até o início dos anos 1990, quando Karen Pryor começou a oferecer aulas para ensinar as pessoas a adestrar seus cães usando um clicker. Hoje em dia, esse é o método principal para treinar animais de forma efetiva e não violenta.

Como funciona? Vamos descobrir...

1. Ensine ao gato que o clique imediatamente leva a um petisco gostoso. Chamamos isso de "carregar" o clicker. Faça isso várias vezes, para ajudar seu gato a absorver essa associação. Clique. Petisco. Clique. Petisco.
2. Agora, acrescente o comportamento. Ative o clicker sempre que seu gato demonstrar a conduta que você quer incentivar. Pode ser um comportamento que você "captura" (que pega no ato) ou que você "molda" ou "estimula". Quando ele o fizer: Clique. Petisco.

É simples. Ação. Clique. Petisco. O clicker não dá comandos, nem funciona como um controle remoto. É uma ponte entre o petisco e uma resposta à conduta que você deseja. Como os comportamentos são incentivados, seu gato fará isso mais vezes no futuro.

Afinal, para que eu uso o treino com clicker? Não mudei muito minha forma de trabalhar desde que descobri essa técnica. É uma ferramenta, portanto, eu a uso quando ela se mostra necessária e útil. Por exemplo, uso o clicker quando trabalho em abrigos para ensinar comportamentos simples como sentar, parar e dar a pata. Em um abrigo, isso ajuda os gatos a sentirem um pouco de gatice naquele ambiente estranho, e pode até encorajá-los a se aproximar para cumprimentar potenciais adotantes, além de manter suas mentes e corpos ágeis, e é uma atividade estruturada útil para funcionários e voluntários fazerem com os animais. Essa técnica fortalece os laços com os humanos, e por isso acaba tornando os gatos mais "adotáveis".

Fora dos abrigos, não perco muito tempo com coisas desse tipo. Não me entenda mal — treinar truques é divertido tanto para os humanos quanto para os gatos. Por exemplo, adoro criar uma pista de obstáculos para ajudar os gatos a acharem seu Mojito interior, e o treino com clickers pode ser muito útil para isso. Pistas de obstáculos para gatos são diferentes das dos cães porque podem usar também o espaço vertical. Ver um gato que nunca explorou o "mundo superior" chegar ao ponto de caminhar pela autoestrada felina com confiança é sensacional... Cheio de gatitude!

Por outro lado, ensinar seu gato a ficar sentado no condomínio de gatos em vez de na mesa da cozinha durante o jantar é útil e resolve o problema de vocês dois: o gato quer ficar numa posição alta, e você quer que o gato *não* esteja na mesa, metendo a pata no seu garfo. Essa pode ser uma ótima oportunidade para usar o treinamento.

Além disso, treinos com clickers podem ajudar a aumentar a confiança e encorajar gatos a aceitarem necessidades como: entrar e sair da caixa de transporte, enxergar a caixa de transporte como um lugar amigável, cortar as unhas, tomar remédios e até conhecer novos membros da família. Essas são as aplicações mais comuns e mais úteis para o treinamento e o relacionamento com seu gato. A palavra-chave é: útil.

Caso ainda não tenha percebido, sou um grande fã do Gato Essencial. Assim sendo, obviamente não gosto de usar o clicker para treinar truques que considero humilhantes. O papel que o humano assume e o que o gato ocupa nesse processo necessitam de muita confiança da parte do animal e de muita persistência e empatia por parte do humano. Então, antes de começar um treinamento, precisamos nos perguntar: isso é útil para o meu gato, para a gatitude dele e para a nossa relação?

Precisamos nos dar conta do poder que temos em mãos, e de quão facilmente ele pode se tornar abusivo. O treino com clicker é ideal para ajudar um gato que quer sair de casa a entender que a coleira é uma ferramenta para isso e não algo a se temer? Claro. Mas devemos treinar nossos gatos a aceitar uma fantasia de cachorro quente para postar uma foto viral nas redes sociais? Com base em tudo que esse livro diz sobre construir e alimentar a gatitude, espero, do fundo do meu coração, que você já saiba a resposta.

É claro que esse é um resumo muito simplista do treinamento com clicker. Por mais simples que seja o método, ele ainda merece um estudo mais aprofundado. Se você deseja saber mais, existem muitas fontes ótimas de conhecimento por aí, sejam vídeos, sites ou livros. Recomendo a obra de Karen Pryor como um bom ponto de partida.

O efeito Bingo!

Se ainda não me fiz claro, permita-me recapitular::

Gatos, ao contrário de cachorros, não são motivados pela ideia de te deixar feliz. Gatos, na maior parte das vezes, são muito motivados por comida. Quanto mais gostarem de uma comida em particular, mais receptivos serão à sua influência e persuasão. Portanto, chame isso de motivação alimentar direcionada ou suborno. Quando se trata de trabalhar com seu gato, a comida não é só mais uma ferramenta qualquer: ela é a sua melhor amiga.

Para "treinar" seu gato, o elemento mais importante, pelo menos na minha experiência, é encontrar aquela comida, a que deixa de ser uma simples motivação e entra no terreno mágico do seu gato gritando: BINGO!

Alguns comportamentos ou algumas ações, como se sentar ou dar a pata, podem ser treinados com um petisco comum. Ainda assim, para criar uma associação positiva com algo que seja um desafio para o seu gato é melhor ter aquele Bingo! à mão.

Sabendo a importância desse instrumento, chegamos ao primeiro possível obstáculo: a dita frescura dos gatos. Embora possa parecer uma tentativa de encontrar uma agulha num palheiro (ou não, pois alguns gatos são aspiradores de pó com quatro patas!), o Bingo! do seu gato está aí em algum lugar. Aqui vão algumas dicas de como encontrá-lo:

- **Para limpar o prato:** Não faz sentido sequer tentar encontrar o Bingo! do seu gato se ele estiver satisfeito, logo, certifique-se de que ele esteja com fome. Isso reforça ainda mais meu desejo de que você alimente seu gato em refeições, em vez de deixar a comida disponível o dia todo. Enquanto você continuar a alimentá-lo livremente, o Bingo! não vai aparecer.
- **Sabor primeiro:** Se você apresentar carne ou peixe não processados para seu gato, na forma natural (ou seja, nada de petiscos ou rações industrializados), ele naturalmente vai se interessar por pelo menos

uma opção. Então, comece por aí. Salmão, bife ou frango? Siga apresentando opções até chegar àquele olhar, os olhos arregalados e nariz hiperativo que dizem: "Ei, o que é isso?"

- **Hora da textura:** Para muitos gatos, tão importante quanto o sabor, é a sensação da comida. Se você descobrir, por exemplo, baseado no teste do sabor, que o salmão é o que chama a atenção inicial, o próximo passo é descobrir a textura certa — e olha que existem muitas. Pode ser patê, pedaços maiores, pedaços menores, tiras, com mais ou menos caldo... Quanto à textura crocante que muitos gatos preferem, eu não sou fã de ração seca, não para as refeições pelo menos. Se seu gato vê a ração como o Bingo! dele, use isso! Em vez usá-la como refeição, transforme cada grão da ração em um petisco.
- **O mito das sobras:** Não sei quem inventou a história de que gatos não devem comer "comida de humanos". Talvez seja por conta dos temperos, como sal, cebolas, alho e outros condimentos muitas vezes usados por nós, que podem ser perigosos para o seu gato. Dito isso, se seu gato se interessa por carne ou peixe de consumo presumido por humanos, tente oferecer frios ou carnes em geral reservados para nós. Lembre-se de que seu gato não terá uma dieta de petiscos Bingo!; eles serão oferecidos de forma restrita e controlada, não indiscriminadamente.
- **Fale com o Gato Essencial:** Assim como existem muitos motivos para evitar grãos como alimento para o seu gato, é igualmente importante evitá-los em petiscos, pois esses ingredientes extras vão satisfazer seu gato rápido demais, o que significa o fim da motivação. É por isso que gosto tanto de petiscos de carne congelada. Eles são tudo de que um gato precisa e nada mais; a textura crocante é parecida com a da ração, para aqueles que a preferem, e as carnes podem ser partidas em pedaços pequenos, o que mantém o petisco atraente por mais tempo.

Quando encontrar o Bingo!, mantenha seu valor. Seu controle e sua intenção para determinar *quanto* e *quando* distribuir petiscos é absolutamente essencial. Petiscos devem ser considerados raros, especiais, surgindo apenas em ocasiões especiais. Muitas vezes vejo guardiões bem-intencionados afogando seus gatos em petiscos porque eles são fofos, ou porque se sentem culpados por ficar fora o dia todo, ou simplesmente sem motivo algum. Esse comportamento é ruim porque o petisco perde sua magia, e você perde uma das poucas oportunidades de influenciar seu gato.

A técnica do não/sim

Tenho a sensação de que a maior parte das ligações introdutórias com meus clientes (e até conversas com estranhos que me param na rua) gira em torno do desejo deles de dizer "Não!" para seus gatos. Em outras palavras: "Jackson, como faço meu gato parar de... " ou "Como mostro para o meu gato que [preencha aqui] é errado?" Quando a pergunta é apresentada dessa forma, vejo o quanto a pessoa está distante de encontrar a gatitude, e vou lhe dizer, esse é o começo da estrada para o fim. Em vez de colocar curativo em uma mordida de tubarão, para interromper uma determinada ação é preciso retirar a sua motivação. Se não há nada além disso, não funciona, porque por trás de toda ação há expectativa de uma recompensa; por trás de todo "não" deve haver um "sim".

Uma das melhores formas de descrever a técnica do não/sim é mais uma referência à dinâmica entre pais e filhos. Digamos que você tem que lavar suas paredes regularmente porque seu filho de 3 anos fica rabiscando nelas. Você pode colocá-lo de castigo, gritar, mandá-lo pensar no que fez, tirar suas canetinhas... ou pode comprar um cavalete. Comprando um cavalete, você estará trazendo à tona o que há de melhor no seu filho e certificando-se de que seus impulsos não são frustrados. Você pode apertar a tampa da pasta de dentes o mais forte que der, mas, se aplicar pressão, a pasta vai vazar de qualquer maneira. Você não está negando o impulso de desenhar; está dizendo "não" à escolha inicial de como e onde a criança desenha com base nas regras estabelecidas na sua casa, além de fornecer outra maneira de seu filho expressar esse impulso irresistível. É um "não" seguido por um "sim", e a força das duas instruções é essencial nessa equação.

Agora vamos voltar a uma das perguntas mais comuns sobre gatos: "Como evitar que meu gato suba na pia da cozinha?" É claro que existem algumas formas bastante diretas de dizer "não" nessa situação. A chave é uma negativa constante. Por exemplo, existem latas de ar comprimido com ativação por movimento que funcionam bem. Se você coloca a lata em cima da pia, *toda vez* que seu gato subir, o sensor é disparado e uma lufada inofensiva, mas surpreendente, de ar é lançada. Também pode-se colocar alguns jogos americanos com fita dupla-face colada. Novamente, toda vez que o gato subir, seu plano será interrompido por acabar pisando em uma textura simplesmente desagradável. Pronto, aí está o "não".

Porém, assim como no caso do artista/vândalo mirim, esse "não" é só metade da solução. Se você não der um cavalete para a criança, ela simplesmente vai escolher outra superfície para pintar, seja a porta da sala ou a mesa da cozinha. O impulso de fazer arte é impossível de conter, e só vai se transferir de um lugar para outro.

No exemplo da pia da cozinha, o desafio não consiste em encontrar o "não", mas determinar onde está o "sim"; temos que descobrir o que motiva seu gato a ir para aquele lugar, para começo de conversa.

A primeira motivação óbvia é alcançar "aquele lugar": o mundo vertical. Mesmo que seu gato não seja um habitante das árvores tradicional, ele claramente encontra gatitude fora do chão. Então, vamos começar incluindo a verticalidade na nossa receita do "sim".

A segunda parte da receita são os recursos: o que há na pia da cozinha que a torna tão atraente? Bem, sendo a pia da cozinha, provavelmente comida. Nosso "não" significa manter a comida guardada, para não ser uma tentação constante. Quanto ao "sim"...

Essa é a terceira parte da receita: nós. Quando nossos relógios biológicos estão sincronizados, os picos de energia humana e felina acontecem ao mesmo tempo. Seja de manhã ou à noite, pode contar com o fato de que, quando a energia da família está alta, provavelmente ela se encontra fazendo algo na cozinha. Subir na pia dá ao gato uma visão privilegiada da ação.

Claramente, todos os sinais do "sim" apontam para dar ao gato um lugar perto o suficiente da ação e dos recursos, mas que não seja a pia propriamente. Minha solução mais simples seria colocar um condomínio de gatos perto o suficiente da pia para satisfazer esse desejo, e longe o bastante para não se tornar uma rampa para a autoestrada felina na pia. Ao apresentar o novo móvel, instigue o gato a subir durante esses momentos de alta energia humana. Faça uso do "efeito Bingo!" também, dando petiscos só durante esse primeiro momento.

Acabamos de incorporar um "sim" que diminui bastante a frustração do "não". É isso que torna a técnica do não/sim uma vitória para todos.

Explosão de extinção

Você jurou que pararia de reagir quando seu gato começasse a pisotear seu travesseiro, algo que se tornou um ritual noturno. As noites estão sendo difíceis, mas você decidiu que não daria o braço a torcer e ignoraria. Então, você vai dormir e, às 4h, seu gato começa a miação de sempre. Você respira fundo e fica deitado, esperando aquilo parar... mas não para. Em vez disso, parece ainda pior. Aí seu gato pisa na sua cabeça e começa a derrubar as coisas da mesinha de cabeceira. São 5h da manhã e você começa a pirar, pensando: "Não aguento mais. Vou me levantar e dar comida para esse gato para poder voltar a dormir." Você está pronto para ceder.

Espera! Quando você para de dar atenção a um comportamento que antes era recompensado, seu gato vai tentar forçá-lo a responder aumentando a intensidade da ação. Isso se chama explosão de extinção, um aumento temporário em um comportamento quando o reforço é retirado. Para ter sucesso em "extinguir" comportamentos irritantes, você deve se certificar de que miar durante a noite não trará nenhuma recompensa para o seu gato, e isso significa aguentar a explosão de extinção. Enfim, acredite ou não, você terá de volta toda a paz e tranquilidade de uma boa noite de sono, sem bagunça. (Para saber mais sobre pisoteio de travesseiro, veja o Capítulo 16.)

Vamos continuar com uma das ferramentas mais fundamentais para uma "criação" eficiente.

A linha de desafio

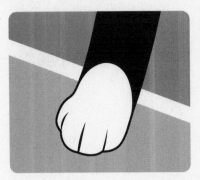

Meu trabalho com gatos começou no abrigo que, por muitos anos, chamei de lar. Aprendi tudo naquele prédio, sob os estresses emocionais e físicos tão particulares dessas organizações. Muito do que eu fazia na época era lidar com gatos totalmente reclusos: Gatos Invisíveis no maior grau possível. Tratava-se de animais que provavelmente já eram Invisíveis nas suas casas anteriores, ou, em muitos casos, que não tinham um lar havia anos. O pior é que alguns deles eram totalmente traumatizados, às vezes até com machucados físicos. Mesmo se eu fosse capaz de torná-los emocionalmente sadios o bastante para irem para a área de adoção, o desafio seguinte era como manter aqueles gatos se sentindo e se apresentando bem, sem enlouquecer em suas gaiolas enquanto esperavam, às vezes por meses, até acharem suas novas famílias, tudo no espaço limitado de jaulas apertadas.

Ironicamente, foi nesse tempo trabalhando com gatos sob tamanha pressão que percebi que nunca alcançaria meu objetivo — e os gatos nunca encontrariam sua gatitude — sem cruzar o que hoje em dia chamo de sua linha de desafio.

Tendo enfrentado diversos obstáculos com muitos gatos, comecei a examinar meu processo com eles. Percebi que eu tinha dificuldade em pedir para que os gatos confrontassem sua linha de desafio, a precursora da mudança. A linha de desafio poderia ter sido chamada de linha de conforto, porque ela representa o limite da zona de conforto do indivíduo. É onde dar um passo para a frente é um desafio, e um passo para trás é um retorno ao conforto. Porém, essa última é uma palavra incorreta. No caso dos gatos do meu abrigo (e de dezenas de milhares que conheci desde então), o que era interpretado como conforto na verdade não passava de invisibilidade. Eles se escondiam no fundo das gaiolas e davam as costas para a porta. Todos conhecemos a sensação de permanecer pequenos, porque... bem, é mais fácil. E o que é fácil, como sabemos por causa da nossa própria jornada pessoal, em geral nos impede de seguir em frente.

Perceber que eu precisava desafiar esses gatos foi muito desafiador para mim. Quer dizer, depois de tudo que eles tinham passado, como eu poderia fazer isso?

Mas, se não o fizesse, eles provavelmente ficariam no abrigo para sempre, e mesmo se saíssem, sua ultrainvisibilidade os impediria de aproveitar seus novos lares, praticamente garantindo que acabariam se escondendo em cavernas — ou seja, embaixo da cama ou dentro de armários (ou pior ainda, seriam devolvidos ao abrigo). Ajudá-los a mudar se tornou minha principal motivação.

Meu objetivo para cada um desses animais era compreender onde esse limite específico ficava para eles. Então, queria saber o quanto poderia acostumá-los a isso e encorajá-los a, uma pata de cada vez, cruzar a linha sem se sentir como uma criança pulando na parte funda da piscina pela primeira vez.

Uma criança pode ser instigada a entrar na piscina pela garantia dos pais de que ela não vai se afogar. Esses animais não têm essa segurança, pelo contrário: cada vez que se arriscavam e se tornavam "visíveis", algo ruim acontecia. Sendo assim, comecei a aumentar suas áreas de conforto e reduzir a área de desafio.

Ao forçar a linha, eu a defino. E sim, às vezes as linhas de desafio são limites físicos que podem ser marcados no chão. A seguir, veja um exemplo de como elas funcionam.

CRUZANDO A LINHA

Recentemente estive trabalhando com uma gata (vamos chamá-la de Daisy) que sempre era muito tímida perto de humanos e outros animais. A exceção era seu melhor amigo gato, Dexter. Ele era um mentor mais velho que, desde que se conheceram, atuou como uma "ponte social" para Daisy, o gato que ela podia seguir e que demonstrava uma gatitude que ela, até certo ponto, imitava.

Quando Dexter morreu, Daisy voltou à sua vida de Gato Invisível e se escondia sempre que podia. Seus guardiões supuseram que, se trouxessem amigos felinos para Daisy, ela recuperaria o pouco da gatitude que tinha quando Dexter era vivo.

Isso não funcionou. Nem de longe.

Os guardiões adotaram uma dupla de meninos já amigos, Alex e Possum, que imediatamente dominou o território e passou a aterrorizar Daisy sempre que possível, fazendo-a voltar para sua caverna quando ela se arriscava do lado de fora. Os humanos se sentiam péssimos, e pena, compaixão e culpa viraram uma bola de neve, criando um monstro antigatitude. Eles começaram a alimentá-la no seu "lugar seguro" e colocaram uma caixa de areia embaixo da cama também. Daisy literalmente não tinha motivo para sair sob a luz do dia, e mesmo quando os meninos a deixavam em paz, ela permanecia ali.

Meu desafio era trazê-la de volta para fora. Depois de deixar sua caverna, o desafio virou fazê-la sair do seu cômodo seguro e ir para as áreas sociais comuns. Depois, ir até o meio do cômodo, em vez de só andar colada às paredes, encolhida e temerosa. Muitos desafios para mim, muitas linhas de desafio para Daisy.

Oferecendo petiscos Bingo!, bloqueando as cavernas e gradualmente movendo a caixa de areia, às vezes centímetros por dia (e ao mesmo tempo trabalhando com o problema dos dois gatos que a atormentavam), todas essas linhas foram cruzadas. Cada passo era calculado para não ser fácil. Provar para Daisy que ela poderia estar com um pouquinho de medo e ainda assim conseguir dar um passo a frente aumentou sua gatitude e no fim deu confiança suficiente para que ela não só circulasse livremente, mas até desse um tabefe em Alex quando precisou defender sua posição. Foi essa mudança cheia de gatitude que mudou permanentemente a dinâmica da relação entre eles e permitiu que Daisy ocupasse um lugar maior no mundo.

Bloqueando as cavernas: a reprise

Como mencionado no Capítulo 8, as "cavernas" são aqueles lugares difíceis de acessar em uma casa, onde um gato assustado pode procurar refúgio — por exemplo, embaixo da cama, do sofá, de mesas, de poltronas etc. Bloquear as cavernas é impedir que seu gato possa acessar essas áreas.

A ferramenta de bloqueio das cavernas é especial, porque integra aspectos tanto das linhas de desafio quanto da técnica do não/sim. Removendo a opção de seu Gato Invisível sempre poder se esconder em algum lugar, ele é forçado a confrontar seus medos e atravessar diversas linhas de desafio. Ao mesmo tempo, ao dizer não às cavernas, você diz sim aos casulos — lugares que ainda vão servir como a proteção que seu gato deseja, mas em um local de sua escolha. Nos dois casos, estamos encorajando-o a não se sentir mais invisível ou insignificante, além de levá-lo para um lugar de maior liberdade emocional e territorial.

Um porém: jogar tudo para o alto de uma só vez — isto é, remover todos os esconderijos no mesmo dia — é um tiro que vai sair pela culatra, resultando em um gato que não só se sente mais tímido, mas também estará em completo pânico. Bloqueie as cavernas de forma gradual para que seu gato possa se ajustar ao novo ambiente.

A ideia de forçar as linhas de desafio é uma combinação de dessensibilização e terapia de exposição, o que significa que não estamos simplesmente empurrando uma criança assustada para a parte funda da piscina. Não tento forçar gatos temerosos para a realidade. Até dizer que estou "forçando" as linhas de desafio é incorreto, porque não forço nada, na verdade, e sim encorajo-os a expandir sua bolha de segurança. Com animais que sofreram traumas consecutivos, a bolha de segurança é tão justa que é quase uma segunda pele. Esse processo lhes devolve a gatitude que vem das pequenas vitórias e prova que os resultados sempre serão positivos.

Você pode fazer cara feia para a ideia da linha de desafio, porém, talvez esse seja um daqueles momentos em que você deve mudar sua perspectiva para a de um pai. Você não evitaria desafios com seu filho humano. No primeiro dia de aula, você precisa ser o vilão da história e deixá-lo no portão da escola. Sim, tem aquele momento difícil em que seu filho vai chorar do outro lado da grade, basicamente dizendo: "Por que você está fazendo isso comigo? Achei que você me *amava*!" Que dor. Ainda assim, você sabe que crianças *precisam* ir à escola, porque, se não forem, o restante da sua existência social, seu desenvolvimento intelectual e sua habilidade de enfrentar desafios serão comprometidos.

O que acontece depois? A criança frequenta a escola, faz amigos, aprende coisas novas e se desenvolve. Você deu as condições para que ela se tornasse a melhor versão de si mesma, e é exatamente isso que estamos fazendo com os gatos quando forçamos a linha de desafio. Já que não podemos fazer terapia com eles, temos que lhes mostrar, repetidamente, como é a sensação de superar um desafio que os assustava cinco minutos atrás. É assim que eles ganham a carteirinha de Gato Mojito.

ESSA LINHA TAMBÉM É SUA

A linha de desafio do seu gato é, também, a sua. Forçar quem se ama a sair da zona de conforto, com a promessa de uma vida melhor do outro lado, é difícil. No entanto, peço a todo guardião que abrace essa ideia, porque durante todos os meus anos trabalhando com milhares de animais, nunca tive um resultado negativo.

Ao colocar a filosofia da linha de desafio em prática, é crucial agir como se aquilo não fosse nada demais. Na minha experiência, você só vai aumentar em dez vezes a ansiedade do seu gato se demonstrar alguma preocupação. Lembre-se, gatos são esponjas emocionais, e se você estiver transmitindo a ideia de que aquilo é um perigo e esperando que a experiência falhe, seu gato certamente vai perceber e reagir de acordo.

Se quer que eles reproduzam um comportamento confiante, terá que apresentar essa confiança para que eles se espelhem em você. Lembre-se: a linha de desafio é algo que estabelecemos para eles, sabendo que não é um abismo nem um banho de água fria. Pedimos somente uma pata — só uma patinha — do outro lado da linha, oferecendo muitos elogios e recompensas a cada passo.

Dentro de algum tempo, você vai perceber uma mudança no seu gato. A dúvida dará lugar à confiança, e em geral isso acontece de repente. Pode demorar um mês para a linha se mover meio metro — é como aquele barulho do carrinho fazendo a primeira subida na montanha-russa — e de repente, bam, eles se jogam no ímpeto da jornada. É a recompensa pela sua paciência e sua liderança e criação confiantes, e a experiência acumulada do seu gato em cruzar essas linhas com resultados positivos (e mais gatitude) a cada momento, dia após dia.

DESAFIOS CERTAMENTE SÃO fronteiras constantes na vida de todos nós, sejamos humanos ou felinos. Entretanto, um dos maiores desafios na nossa vida cotidiana é criar novos relacionamentos. Para humanos, isso pode envolver se acostumar com novos colegas de quarto (e todo mundo tem uma história de terror para contar sobre isso), ou levar um relacionamento romântico para o próximo nível e lidar com o inevitável "período de ajuste". Para os gatos, é ainda mais difícil, porque eles são muito dependentes da confiança territorial para construir sua gatitude, então aprender a dividir o território pode ser desanimador tanto para eles quanto para os guardiões. Conforme vamos descobrir no próximo capítulo, quando a linha de desafio se torna "Três é demais", é melhor ir devagar para que a corrida não se transforme num engavetamento.

10

Os relacionamentos gato/animal

Apresentações, adições e negociações correntes

QUANDO O GATO Essencial se integra à nossa casa, invariavelmente ele se vê em uma mistura borbulhante de diferentes companhias e relações variadas. Gatos e gatos; gatos e cães; gatos e crianças... Nossas famílias modernas de humanos e animais são muitas vezes uma salada de personalidades, e nós, guardiões, acabamos tendo que intermediar as dinâmicas diversas e imprevisíveis de mudanças territoriais. Essas relações serão compatíveis ou explosivas? Assim como fazemos ao integrar famílias humanas, o importante é respeitar os indivíduos — seus gostos, seus hábitos e suas personalidades. Com sorte, você já sabe no que acredito: soluções pré-concebidas não funcionam para lidar com casos específicos e desafiadores.

RELACIONAMENTOS ENTRE GATOS: UMA QUESTÃO COMPLICADA

Na Seção 4, vamos conversar sobre vários desafios (e oportunidades) comuns que podem surgir em relacionamentos entre gatos quando passam a viver juntos em uma unidade familiar. Por enquanto, vamos começar pelo básico e examinar as complexidades de acrescentar um ou mais gatos à sua atual família.

SERÁ QUE DEVO ADOTAR MAIS UM GATO?

Quando se trata de casas com um só gato, a pergunta que sempre ouço é: "Só tenho um gato, trabalho 12 horas por dia e sei que ele fica entediado. Eu me sinto tão culpado... Será que ele precisa de um amigo?"

Existem muitos componentes nessa questão que precisamos avaliar. Acredito fortemente que gatos devem viver com outros gatos. Infelizmente, o que se vê muitas vezes no meu programa são casos extremos de gatos que definitivamente não querem viver com outros animais. Mas, em geral, gatos são animais que vivem em comunidade e que sofrem com os estereótipos de serem antissociais e solitários. O Gato Essencial vive em colônias, como vimos pelo exemplo dos gatos ferais, que resolvem problemas como membros de uma comunidade. A única coisa que fazem sozinhos é caçar. Dito isso, alguns gatos realmente não se importam de ficar sozinhos; é uma questão individual.

Quanto a essa dúvida, a pergunta tem um quê de razão: um gato que fica sozinho 12 horas por dia precisa de mais estímulo. No entanto, para descobrir se seu gato está entediado, você precisa primeiro fazer o dever de casa. Dê ao seu animal formas de não ficar entediado, crie um ambiente propício à exploração, e certifique-se de sempre deixar alguma TV de gato disponível.

Aí é a hora de colocar o chapéu de detetive e fazer a perícia ao chegar em casa: alguma coisa foi destruída? Algum objeto foi comido ou usado como brinquedo quando não deveria? Se sim, então você de fato tem um gato entediado.

Por último vem a sua culpa, e temos algumas questões importantes sobre ela. Primeiro: independentemente das melhorias no ambiente mencionadas, nada substitui um tempo de qualidade com você. Tirar alguns minutos para brincar de manhã, antes de sair, e um pouquinho de carinho à noite fazem muita diferença na vida de um gato e ajudam bastante a diminuir a culpa. A segunda questão é que o remorso é uma péssima razão para acrescentar um membro à família. Pense nisso: você gostaria de ter mais um gato em casa? E, descontando a culpa, você acha que seu gato ficaria feliz? Se a resposta for sim, então vamos nessa, intrépido adotante, vamos encontrar o par perfeito!

MITOS E LENDAS DA INTERAÇÃO: PERGUNTAS FREQUENTES PARA O PAI DE GATOS

Há muitos equívocos quanto a expandir o núcleo familiar e adotar mais um gato. Vamos conversar sobre alguns deles:

Tenho uma gata de 12 anos. Devo pegar um filhote para ela ter um papel maternal?

Com perguntas assim, sempre prefiro errar para a generalização. Dito isso, se você tem um gato de mais de 10 anos em casa, por favor, evite trazer um filhote. Normalmente, os níveis de energia não são compatíveis, porque filhotes são muito elétricos, e quando entram na fase da adolescência (por volta dos 6 meses), pegam o que aprenderam quando filhotes e forçam a barra para ver o que acontece. Gatos mais velhos em geral não têm paciência para isso.

Além disso, um gato mais novo pode perseguir o mais velho "de brincadeira" — só que isso não é brincadeira para o mais velho. Assim como a maioria dos humanos, os animais ao chegarem em certa idade também preferem o caminho de menor resistência, e um filhote representa a maior resistência possível ao cotidiano dele, com a exceção de... bem, um cachorro. Ou um bebê. Você entendeu.

Acredito que essa ideia de "papel maternal" se trata, na maior parte das vezes, mais de uma projeção humana do que da realidade. Ou seja, sua gata não passa os dias torcendo para ter um filhote para cuidar. Assim, todos esses fatores me fazem concluir com alguma certeza: um filhote não vai trazer à tona o "instinto maternal" da sua gata idosa e provavelmente vai deixá-la louca.

Se você já apresentou um filhote para seu gato mais velho e a relação não está dando certo — ou se tal apresentação é iminente —, veja o Capítulo 14.

E quanto a dois filhotes com um gato mais velho?

É um cenário melhor, porque pelo menos os filhotes vão se distrair um com o outro, o que ajuda bastante seu desenvolvimento social. Embora

Os relacionamentos gato/animal **187**

essa situação seja menos problemática para o gato idoso, ainda não é o cenário ideal para ele.

Devo adotar um macho ou uma fêmea? Um adulto ou um filhote?

Não acredito em juntar pares simplesmente baseado no fato de que é um macho de 6 anos, por exemplo. Na minha experiência, esses tipos de parâmetros de idade e sexo são simplesmente amplos demais e limitam sua habilidade de criar uma conexão com um gato que não caiba nessas especificações ao chegar no abrigo. Além disso, pelo menos em relação ao sexo, o fato é que a maioria dos gatos é castrado muito jovem hoje em dia, portanto o efeito dos hormônios sexuais é irrelevante. Em vez disso, acredito firmemente que é melhor considerar aspectos mais amplos da personalidade e de compatibilidade, que discutiremos mais à frente.

Tenho um gato que é FIV+. Posso adotar um gato que não é FIV+?

Ainda bem que estamos em um momento mais esclarecido sobre o FIV (vírus da imunodeficiência felina, ou Feline Immunodeficiency Virus, em inglês). No mundo dos abrigos, estamos em grande parte abandonando a ideia ultrapassada de que gatos com FIV devam ser mantidos separados de gatos não infectados, tanto nos abrigos quanto em famílias.

Gatos com FIV positivo e negativo podem viver juntos sem problema algum, a não ser que o gato com FIV+ seja muito agressivo. É aí que o limite é traçado, porque uma mordida profunda é a forma mais comum de transmissão do vírus entre gatos. Toques casuais e divisão de pratos de comida e caixas de areia não são um problema.

Tenho um gato sem garras. Posso adotar um gato que não tenha passado por isso?

Você não precisa sentir pena do seu gato que teve as unhas arrancadas, no que se trata de autodefesa. Na minha experiência, como a primeira linha de defesa não está mais disponível, esses animais usam os dentes duas vezes mais rápido do que os outros, então o que outros gatos fariam com as unhas, seu gato sem garras fará com os dentes, em caso de briga.

Além disso, a maioria dos gatos que tiveram suas garras arrancadas não passaram por isso nas quatro patas. Em uma briga, o dano mais grave é feito não com as patas dianteiras, mas com as traseiras. É delas que vem a maior força e os coices que podem eviscerar, não só arranhar.

Dito tudo isso, brigas devem estar no final da sua lista de principais preocupações durante o processo de escolher um companheiro para o seu gato. Em vez de pensar se ele tem ou não tem garras, pense assim: se você mantiver as unhas do seu gato aparadas, o gato sem garras não vai precisar se preocupar. E, mais importante, NUNCA arranque as unhas de nenhum animal.

Devo levar em conta se o gato é ou não o alfa ao escolher outro para adotar?

Embora ainda estejamos tentando entender melhor as complexas relações entre gatos, acredito que as ideias de alfa, dominância e hierarquia na verdade são ruins para a nossa percepção de relações felinas.

Muitos insistem em forçar essa mentalidade de matilha nos gatos. Porém, considerando o que sabemos sobre os felinos, temos que tirar conclusões empáticas e bem informadas. Como mencionei no Capítulo 5, essa história de "gato alfa" não é algo que recomendo que você leve em consideração na hora de adotar um animal.

ESCOLHENDO AQUELE GATO NOVO

Certo, agora você está pronto para escolher um novo gato, além do que já tem em casa. Com alguns dos "mitos e lendas" fora do caminho, quem eu recomendo que você adote?

Na minha opinião, o principal critério a levar em conta para juntar gatos são níveis de energia semelhantes. Até o passado do animal deve ser menos relevante para sua decisão. Eu diria que a primeira coisa a fazer antes mesmo de visitar o abrigo é pensar sobre o tipo de personalidade que melhor complementaria a do seu gato.

Por exemplo, se ele tem 5 anos e é como Dênis, o Pimentinha, sempre fazendo bagunça e querendo brincar, seria melhor não adotar um Sr. Wilson, que é mais inflexível e sedentário. Um Gato Invisível também não seria uma boa escolha. Em vez disso, é melhor tentar uma combinação que tenha a mesma energia brincalhona. Se você visitar um abrigo em que os gatos ficam juntos, observe os que se aproximam da porta primeiro. É um bom ponto de partida.

Não estou dizendo que há algo errado em usar esse momento como oportunidade para expandir a zona de conforto do seu gato (e, consequentemente, seus horizontes). Mesmo assim, se você tem um gato tímido, é melhor não juntá-lo a um Dênis, o Pimentinha, porque vai deixá-lo irritado tentando brincar o tempo todo. Porém, encontrar um gato que não seja tão pimentinha, mas ainda socialmente ativo, pode servir como uma "ponte social" e ajudar seu gato a evoluir.

Em geral, deve-se tentar complementar, e não levar uma cópia para casa. No fim das contas, as técnicas de combinação e apresentação — de que falaremos daqui a pouco — são a chave de todo o processo.

MANTENDO SUAS PREFERÊNCIAS
PESSOAIS SOB CONTROLE

Na minha experiência, raramente a combinação entre gatos acontece num vácuo; em geral, o fator das "expectativas humanas" acaba entrando em campo. O que muitas vezes acontece durante essa jornada de adoção é que, em vez de permanecer presente durante o processo, concentrando-se no que vai ser melhor para todos, você decide: "Quero um gato preto de pelo longo." Ou talvez você tenha perdido um gato que amava muito e ainda esteja lidando com o luto, então procura outro animal que se pareça com ele ou aja da mesma maneira. Quando você visita o abrigo, é tudo que consegue ver, mesmo que aquele gato não combine em nada com o gato que você tem em casa — que, no fim das contas, é quem deveria ser o foco da sua pesquisa.

Também é necessário lidar com as expectativas. Muitos clientes consideravam uma derrota os gatos não dormirem juntos e agirem como melhores amigos. Na verdade, pelo menos no início, o objetivo é que eles simplesmente se tolerem. No momento, nenhum dos gatos que tenho em casa dormem juntos, e isso inclui irmãos de ninhada. E tudo bem!

O clima é de paz, e para alguém que lida com conflitos felinos o tempo todo, isso é mais que suficiente. O importante é ajustar suas expectativas de como será a relação.

QUANDO UM GATO ESCOLHE VOCÊ: O FATOR DESTINO

Às vezes os melhores encontros acontecem quando você não está tentando encontrar ninguém.

Talvez seja um momento em que você definitivamente não quer trazer mais um gato para a família, mas ele aparece na sua porta. O gato por acaso surge na hora certa, no lugar certo, as nuvens se abrem e você percebe que, por mais que não queira lidar com a responsabilidade, com o trabalho e a potencial confusão de trazer mais um animal para casa, esse gato de alguma forma parece destinado a entrar na sua vida. Aceite. É bom estar aberto para a possibilidade de algo assim acontecer. Nem sempre é uma transição fácil, mas no fim, é incrível.

Reclamação do pai de gatos: Adoção de filhotes

Se você tiver a opção de levar para casa um ou dois filhotes, pela felicidade deles, leve os dois. Ter um amigo felino é melhor para eles e para você, e, por mais estranho que pareça, garanto que você terá menos trabalho!

O mundo social dos felinos tem como base a família. Os estudos da Dra. Sharon Crowell-Davis sobre colônias de gatos ferais demonstraram que suas vidas sociais são muito mais complexas do que acreditávamos. A suposição de que gatos são antissociais fez com que os cientistas abandonassem estudos de interação entre os gatos por anos, e nos levou a segregar filhotes de outros gatos como padrão de adoção. As pessoas chegam aos abrigos dizendo: "Quero adotar um gatinho", e ninguém sequer sugere a possibilidade de adotar dois filhotes juntos.

A Dra. Crowell-Davis sugere ainda que remover filhotes da ninhada muitas vezes impede que eles aprendam a ser adultos socialmente competentes. Gatinhos aprendem através do contato com seus irmãos: como caçar, brincar e interagir com outros gatos.

Não estou dizendo que, se as circunstâncias fizeram com que você acabasse com um único filhote no colo, seu gato vai se tornar socialmente inepto; já conheci muitos "filhos únicos" que se desenvolveram muito bem. O que quero dizer, porém, é que se você puder adotar mais de um filhote, deveria levar para casa pelo menos dois... E se o abrigo fosse meu, bem, você não teria outra escolha.

CHEGANDO EM CASA: UM PASSO A PASSO DA APRESENTAÇÃO ENTRE GATOS

Acho que a antiga sabedoria popular de apresentar gatos deixando que eles "se resolvam" não só é uma receita para o desastre, como também alimenta a crença de que gatos são criaturas solitárias e que não devemos interferir. Às vezes funciona? Claro, mas é uma roleta russa; quando não funciona, você faz seu gato entrar em um pânico territorial desnecessário.

O que significa que o Gato Essencial vai considerar aquilo uma invasão. O que significa guerra.

Você verá nesse passo a passo que o melhor é ir devagar. Não só isso vai diminuir os riscos, evitando uma falta de confiança a longo prazo entre os gatos, como também vai dar a possibilidade de que eles se tornem amigos!

Esta é uma receita comprovada de como fazer uma integração bem-sucedida; já vi funcionar centenas de vezes. Siga cada passo desse processo à risca. É o que lhe dará a melhor chance de uma integração pacífica.

Passo um: Preparação proativa

Antes de levar um gato novo para casa, existem algumas medidas fundamentais que serão de grande ajuda durante o processo de adaptação:

A. **Chega de alimentação livre:** Como sugerido no Capítulo 3, certifique-se de ter acostumado seu gato a se alimentar no esquema de refeições, em vez de deixar a ração disponível constantemente. Como você já deve saber a essa altura, esse conceito é fundamental para a minha estratégia, e ainda mais importante durante o processo de apresentação, como discutiremos em um momento.

B. **Gatificação proativa:** É neste momento que vamos personalizar e integrar algumas ideias fundamentais sobre a gatificação do Capítulo 8.

- **"À prova de crianças":** O uso dessa expressão vai te ajudar a compreender imediatamente o que quero dizer com "gatificação proativa". Antes de ter um bebê, você provavelmente já terá pensado alguns meses à frente, sobre o desenvolvimento de suas habilidades motoras e em soluções para quando ele já se movimenta mais e pode acabar se machucando. Inicialmente, seu novo gato ficará em um local separado, mas nunca é cedo demais para deixar sua casa à prova de gato. Com uma diferença: medidas preventivas para um único gato se concentram mais em colocar trancas nos armários, tampas nas tomadas etc. É claro que essas coisas devem ser feitas de qualquer maneira, mas, para o processo de integração, medidas como bloquear as cavernas devem ser prioridade. Se você já tentou separar uma briga de gatos debaixo da cama, sabe por que isso é tão importante! Volte ao Capítulo 8 e revise algumas ideias de gatificação para deixar sua casa à prova de gato quando seu novo amigo chegar.

- **Diversidade territorial:** Os gatos compreendem seu território como sendo do chão ao teto, em 360 graus. Se você tiver escolha, tente fazer com que sua casa tenha espaços verticais a explorar antes de trazer um novo gato. Ao diversificar seu ambiente, os gatos poderão entrar em contato a uma distância segura, com cada animal descobrindo seu Lugar de Confiança. Por isso, quando estiver gatificando sua casa para o novo residente, certifique-se de estar construindo uma estrutura territorial com ênfase similar em diferentes pontos no eixo vertical. Você não sabe como esse novo gato será, mas precisa lhe dar a oportunidade de descobrir seu Lugar de Confiança em algum lugar, de modo que você possa melhorar o território conforme forem se conhecendo melhor.

- **Planejamento urbano em ação:** Falando no Lugar de Confiança (e de estrutura territorial), o momento das apresentações é perfeito para ter certeza de que você maximizou o fluxo de trânsito na sua casa, reduzindo a chance de conflitos e engarrafamentos. Uma autoestrada felina ao redor do espaço social mais crucial, em geral o quarto ou a sala, é fundamental, porque múltiplas pistas, com diferentes pontos de acesso, oferecem espaço vertical para movimentação. Túneis e casulos no chão, bem como caixas de areia localizadas de modo a evitar zonas de emboscada e pontos mortos, vão te ajudar a melhorar o tráfego no plano horizontal. Não se esqueça de condomínios de gato em lugares estratégicos, perto de janelas e com vários níveis! Planejamento urbano maximiza o potencial de descobertas, de divisão de tempo e de espaço necessária para gatos se conhecerem, e torna todo o período de transição o menos competitivo possível.

Dicionário do pai de gatos: xadrez de gato

Xadrez de gato é uma estratégia felina para lidar com o ambiente. Gatos procuram pontos de vantagem de onde é possível reunir informações sobre o entorno. Por exemplo, cantos e pontos mortos são lugares importantes a serem identificados, para que possam tanto emboscar a presa quanto evitar serem emboscados.

Gatos estão sempre planejando três passos à frente: *o que meu oponente vai fazer e como vou reagir?* Basicamente, é a eterna questão de como caçar e matar sem ser caçado e morto. Tem tudo a ver com a reação de fugir ou lutar, habilidades igualmente aperfeiçoadas. É um jogo com consequências graves (possivelmente até vida ou morte).

Xadrez de gato pode acontecer em casas com mais de um felino. Em uma relação antagônica, entre um Napoleão e um Invisível, é quase um jogo de gato e rato, predador e presa. O gato agressor avalia seu campo de visão de certa parte do território, quase como um tabuleiro de xadrez, tentando dar xeque-mate na vítima em qualquer oportunidade. Grandes caçadores planejam a longo prazo, prevendo os movimentos da presa, avaliando perspectivas e rotas de fuga. No fim, deixam o local sem um arranhão e seguem em busca da próxima vítima.

Nosso trabalho é entrar no jogo, virar o mestre do xadrez, acima de todos os outros. A melhor forma de fazer isso é usar o mapa da gatice para determinar padrões e rotas. Depois disso, a gatificação é a ferramenta que vence o xadrez de gato, removendo obstáculos, criando pistas múltiplas e um território amplo o suficiente para que o xeque-mate seja quase impossível.

Passo dois: Acampamento base e a fase obrigatória de isolamento

Embora essa parte do processo possa parecer um pouco longa e exagerada demais, lembre-se: só existe uma oportunidade de causar uma boa primeira impressão, certo? Dito isso...

A. **Nada de olhar:** Um dos pontos mais importantes desse método de integração é que *o gato novo e o gato residente não devem fazer contato visual inicialmente*. Isso é inegociável. Ignorar essa parte do processo é um risco!

B. **Arrume o acampamento base:** Decida onde vai ser o acampamento base do novo gato. Pode ser um quarto, um escritório, ou até o banheiro, se não houver outra opção. Contanto que o cheiro dos humanos seja forte, isso vai ajudar o gato a estabelecer a sensação de lar ao misturar os cheiros. Veja o Capítulo 8 para se lembrar do acampamento base.

Agora vem aquele momento incrível e cheio de empolgação: é hora de trazer seu novo gato para casa! Certifique-se de que seu gato residente está temporariamente preso em outro cômodo, onde não vai ver você trazendo o novo gato para casa, e então siga direto para o acampamento base. Deixe o novo gato se acostumar com o ambiente da melhor forma possível e lembre-se de que tudo o que você puder levar do abrigo que tenha o cheiro dele — brinquedos, cobertor, uma caminha etc. — é um bônus valioso para um processo de adaptação confortável.

OS DETALHES PRÁTICOS

Agora que tudo está pronto para começar, vamos nos concentrar nas apresentações. Os passos três a sete podem ser realizados no ritmo que for necessário para o seu caso. Vamos nessa!

Os relacionamentos gato/animal

Passo três: O ritual de alimentação do "outro lado da porta"

No mundo felino dos sentidos altamente sensíveis, apresentar os gatos por um sentido de cada vez é a forma menos ameaçadora possível, começando com o famoso olfato. Esse ritual de alimentação, cujo objetivo é criar uma associação positiva entre o gato recém-chegado e o gato residente, evoluiu muito ao longo dos anos, mas funcionou para mim na maioria dos casos. O que ele envolve? É muito simples: na hora da refeição, coloque os potes de comida de lados opostos de uma porta fechada. Eles devem ficar a uma distância tal que os gatos vão se aproximar, comer e sair sem incidentes, porém perto o suficiente da porta para sentirem que há um gato do outro lado. A partir daí, é só ir aproximando as vasilhas aos poucos. Funciona assim:

> A. **Jantar separado:** Sirva dois potes — um para o novo gato, outro para o residente — a uma distância igual e razoável de cada lado da porta.
> - Quando escolher o cômodo em que vai usar essa técnica, é bom garantir que há bastante espaço disponível dos dois lados da porta, pois de início seus gatos talvez não se sintam confortáveis com menos de dois metros de distância. Em outras palavras, se você quiser usar a porta do porão, de forma que um dos gatos terá que comer na escada, essa provavelmente não será a melhor escolha. (Usar a porta do cômodo que serve como acampamento base em geral é a melhor opção.)

O encantador de gatos

- Em relação à "distância razoável", essa é basicamente a distância mínima a que cada gato precisa ficar da porta de modo a se aproximar do pote, comer e sair sem sentir necessidade de vigiar os arredores, correr e atacar a porta, sibilar ou fazer qualquer outra ação típica de gatos estressados. Essa distância, ao menos inicialmente, se torna o ponto ideal em que os gatos estão conscientes um do outro, mas não temerosos.

  Quando são apresentados através desse "aperto de mão a distância", seus gatos sentem o cheiro de comida cada vez que se encontram, e somente o cheiro de comida quando estão "apertando a mão" do outro gato. É disso que se trata construir associações positivas: outro gato = comida = bom.

  Veja dessa maneira: se vinte reais caíssem do céu toda vez que você visse um estranho e estivesse tentando avaliar essa pessoa, você provavelmente consideraria que isso é um sinal do universo para se aproximar dela. Da mesma forma, procuramos usar o apetite do gato para convencê-lo.

B. **Trabalhe com a linha de desafio:** Quando você identificar a distância "segura", esse ponto basicamente se transforma na linha de desafio do seu gato. Daí, cada refeição se torna um passo à frente — ao aproximar aos poucos os potes da porta, diminuindo a distância entre os animais, os gatos vão ficar cada vez mais confortáveis um com o outro enquanto se deliciam com suas refeições.

- Se você aproximou os pratos e percebeu que um ou os dois gatos ficam olhando para a porta, batendo o rabo ou parecendo irritados, provavelmente se adiantou demais, e é possível que seu gato acabe decidindo que o jantar não vale a dor de cabeça. Caso isso aconteça, retorne o pote ao lugar anterior e encontre novamente o ponto ideal. (Recomendo usar um pedaço de fita crepe para marcar esse ponto dos dois lados da porta. Definir visualmente a linha de desafio é uma ótima maneira de marcar o progresso do seu gato, e o seu.)

- O objetivo é chegar o mais perto possível da porta fechada, obtendo o mesmo resultado todas as vezes. Não mova a linha de desafio até o gato apresentar zero resistência; não pode haver qualquer tipo de estresse. Depois de duas ou três refeições sem problemas, é hora de aproximar os potes, mas sem exagerar. Caso contrário, alguém vai pirar e todo o trabalho vai por água abaixo. Vá devagar.
- Quando conseguir que os gatos comam todas as refeições a uma distância de 30 centímetros da porta, sem problemas, está na hora da próxima fase: permitir o contato visual.

CONCOMITANTE AO RITUAL de alimentação "do outro lado da porta", os seguintes protocolos olfativos e cheios de gatitude também devem ser seguidos:

Passo quatro: Troca de cheiros

Essa é outra maneira de fazer um gato sentir o cheiro do outro, da maneira menos ameaçadora possível. É tão simples quanto parece.

A. **Um "presente" para o residente:** Pegue um marcador de cheiro do acampamento base do gato recém-chegado — um cobertor, um brinquedo de pano (que pega o cheiro mais facilmente), ou uma caminha — e coloque o objeto perto do gato residente para inspeção. (Você também pode esfregar de leve uma meia limpa ou toalhinha no rosto do gato novo para pegar seu cheiro e usar isso como marcador, mas *só se ele não se importar que você faça isso.*)

B. **Um "presente" para o recém-chegado:** Pegue um marcador de cheiro do gato residente e coloque o objeto no acampamento base do recém-chegado. Nos dois casos, o importante é não forçar o gato a cheirar o item, mas deixá-lo explorar livremente. E não se preocupe, uma hora ele vai cheirar, e isso vai acelerar o processo de adaptação. Pense nesse procedimento como outra forma de aperto de mão a distância.

C. **Cercas:** Outro conceito da gatificação que pode ser usado para ajudar no processo de apresentação. Nesse caso, pegue um objeto mais significativo do acampamento base do gato novo (como um condomínio de gatos) e coloque-o na sala, perto da janela. Isso permite que seu gato residente marque esse objeto com seu cheiro também, estabelecendo uma cerca compartilhada e pacífica na casa.

Dica: Você pode ganhar pontos extras colocando um dos "presentes" nessa cerca compartilhada!

Passo cinco: Troca de locais

Quando seu gato novo passar a demonstrar maestria e mojo no acampamento base, é hora do próximo passo: a troca de locais. Como saber se o gato está à vontade no acampamento base? Ele vai parecer 100% confortável, observando pássaros na janela, sem se esconder embaixo das coisas nem se assustar quando a porta abrir. Há também os sinais mais óbvios:

Os relacionamentos gato/animal

ele fica sentado bem do lado da porta, tentando fugir assim que você abre, ou fica miando ou arranhando a porta quando ela está fechada.

A troca de locais permite que os gatos explorem o território um do outro sem nunca se verem. Essa também é uma oportunidade para que marcadores de cheiro essenciais, como condomínios de gato, caixas de areia, entre outros, absorvam os dois cheiros.

Faça a troca de locais em dias alternados para que ninguém se sinta preterido. Outro motivo para fazer a troca de locais é porque, se um dos gatos fica trancado o dia todo, sua energia pode se acumular, formando uma "bomba felina" em potencial. Esses são os passos da troca de locais:

1. Tire o recém-chegado do acampamento base, leve-o para o banheiro e feche a porta.
2. Permita que o gato residente entre no acampamento base do recém-chegado, depois feche a porta.
3. Permita que o recém-chegado explore o restante da casa.
4. Enxague e repita.

A partir daí, é só uma questão de deixar que os dois gatos aproveitem bem o tempo no ambiente um do outro. Não apresse esse processo.

Certifique-se de fazer as trocas em intervalos regulares, para que seu gato residente não precise ficar preso por longos períodos, nem o recém-chegado corra para encontrar um lugar na casa para dormir logo de cara.

Com sorte, esse processo vai permitir que seus gatos se conheçam bem antes mesmo de se olharem, o que vai acontecer a seguir.

Dica do pai de gatos

Quando estiver fazendo a troca de locais, não é preciso seguir regras muito rígidas sobre o momento e a frequência, mas é importante se manter consistente. É bom não fazer as trocas aleatoriamente nem deixar que nenhum dos gatos fique confortável demais em um mesmo espaço. Você pode fazer a troca uma vez por dia, em dias alternados, ou até duas ou três vezes por dia, se os gatos estiverem tranquilos com isso. Só não caia na rotina.

Passo seis: Acesso visual

Agora que os dois gatos estão bem acostumados com o cheiro um do outro, está na hora de deixar eles se verem. O trabalho que você fez até aqui resultou em um comportamento previsível dos dois gatos e um "cumprimento olfativo" cordial (ou pelo menos tolerante) a cada refeição. É um erro achar, porém, que as coisas vão se manter igualmente cordiais quando o elemento visual entrar em jogo. Em vez disso, comece do início e retorne a linha de desafio ao seu ponto inicial, até um lugar em que os gatos possam se ver e, ao mesmo tempo, comer com pouca ou nenhuma interferência. Agora repita todo o processo.

Primeiro, você precisa decidir o seguinte: vai simplesmente deixar a porta do acampamento base entreaberta, ou usar uma grade de segurança para portas?

Opção um: Muitas vezes não há problema em simplesmente entreabrir a porta. Você pode usar aquelas cunhas plásticas de cada lado (para garantir que ninguém vai conseguir deixar a porta escancarada), ou um gancho de porta que mantenha apenas uma fresta disponível. Deve haver somente espaço suficiente para que, se houver algum susto ou briga, nada de grave aconteça.

Opção dois: Na minha experiência, a melhor opção é apresentar os gatos usando uma grade de segurança ou uma porta de tela. Grades para animais funcionam melhor do que as para bebês, porque são mais altas e podem ser abertas, para que o humano possa passar sem ter que desmontar tudo.

Os relacionamentos gato/animal

Erguendo a cortina

Depois de decidir entre a grade de segurança ou a tela, pendure um lençol sobre a grade ou prenda-o na tela, cobrindo a porta. Isso lhe dará um controle maior sobre o nível de acesso visual, pois você poderá "erguer a cortina" gradualmente, com o tempo. A cortina permite que você comece com o mínimo de contato visual, e para muitos gatos essa camada a mais de segurança faz toda a diferença, aumentando a confiança que precisam para cruzar a linha de desafio.

O Processo "Telado"

Como vocês já viram no meu programa, prefiro colocar uma porta de tela na porta do acampamento base. Sei que parece um grande investimento, mas na verdade não é. O preço de uma porta de tela de qualidade e a mão de obra para instalá-la (desprendendo a sua porta das dobradiças e botando a porta de tela no lugar) são mínimos. E dá para colocá-la até em apartamentos alugados. Minha principal recomendação é tentar a porta de tela, porque ela permite o controle do acesso de um jeito único. Não tem portões para pular, nem peso de porta para tirar do caminho, e nenhuma preocupação quanto ao tamanho do buraco que vai ficar na base da porta.

Dicas do pai de gato

Seja qual for o método de sua escolha para iniciar o acesso visual, as seguintes dicas vão ajudar:

- Com alguns gatos, você terá que começar sem contato visual e depois levá-los ao campo de visão um do outro aos poucos. (A técnica da cortina funciona bem para isso.) Então, essa se torna a primeira linha de desafio a cruzar: ir de "sei que você está aí, mas não consigo te ver" para comer enquanto vê o outro.

- Às vezes pode ocorrer um desequilíbrio, quando um dos gatos devora a comida enquanto o outro dá umas beliscadinhas aqui e ali e vai embora. Você pode usar uma tigela com obstáculos ou um brinquedo interativo para desacelerar o lado apressado, e ao mesmo tempo evitar dar petiscos entre as refeições para o lado devagar e oferecer para ele o alimento Bingo! no jantar.
- Quando você só abre uma fresta na porta do acampamento base, mesmo se aumentar o ângulo para que os gatos se vejam bem, ainda há um certo clima de caçada, porque cada animal só tem vislumbres do outro. Com a porta de tela, não há dúvidas: toda a linguagem corporal fica visível.
- Já vi esse processo levar semanas, assim como já vi levar poucos dias. Seus gatos vão lhe dizer quando estiverem confortáveis. Saber como seu gato age quando está confortável e quando está nervoso é essencial para o progresso.

Quando chegar ao ponto em que você já retirou a cortina totalmente, permitindo contato visual completo enquanto os gatos comem relativamente perto um do outro (lembre-se, não é razoável esperar que dois gatos desconhecidos comam a menos de 15 centímetros de distância, mesmo com uma porta separando-os, mas chegue o mais perto que puder), então estará pronto para o próximo passo.

Passo sete: Comer, brincar, amar

Adoro hóquei. O esporte mudou muito desde a minha infância nos anos 1970. Para dizer o mínimo, hóquei era um esporte superperigoso na época, e não só por ser praticado em alta velocidade, em uma pista de gelo, com lâminas de metal nos pés, um taco de madeira em mãos e tentando sair do caminho de um projétil de borracha maciça que às vezes ultrapas-

Os relacionamentos gato/animal **205**

sava a velocidade de 160 km/h. Não. Na época, o verdadeiro perigo era que os jogadores não hesitavam em se espancar durante o jogo. É claro que brigas ainda fazem parte do esporte, mas antigamente, de certa forma, as brigas *eram* o jogo.

Com a perspectiva da violência inevitável assim que o apito soasse, sempre achei que a parte mais fascinante era o ritual do pré-jogo, quando os times ficavam patinando no gelo para se aquecer. Cada equipe ocupava uma metade do campo, com uma linha vermelha dividindo-os. Os jogadores patinavam em círculos, aquecendo as pernas e treinando tacadas com seu goleiro. De vez em quando, alguns olhavam para o outro lado do rinque, para os oponentes que também se aqueciam. Inimigos jurados, fazendo a mesma atividade, separados por uma simples linha. O que mantinha esses círculos se movendo incessantemente, enquanto aquela energia frenética e silenciosa, fervendo sob a superfície, enunciava que, a qualquer momento, um olhar atravessado poderia causar um embate direto? Aquela paz frágil se mantinha pelo próprio ritual; os jogadores sabiam que "era assim que sempre acontecia, e aquilo nunca resultou nem resultará em uma briga".

Essa era a imagem que eu tinha em mente quando criei o próximo passo do processo de apresentação, que batizei de **Comer, Brincar, Amar** (CBA). Filosoficamente, é uma extensão do exercício "do outro lado da porta". Antes, você só vinha criando uma associação positiva baseada em comida. Agora você vai mergulhar nessa ideia. Essas três coisas — comer, brincar e amar — representam as experiências mais valiosas que nós, humanos, damos aos gatos durante o dia. Durante o exercício, todas essas experiências são evitadas até que explodam em uma grande festa de felicidade. (Até onde for possível. Você não pode fazer uma greve de cafunés, é claro!) Estou falando sério. Esse ritual tem o potencial de ser uma festa todos os dias. O único porém é que ele acontece com um gato desconhecido no cômodo.

A essência do CBA é bastante simples. Você vai trazer o gato recém-chegado para o cômodo enquanto seu gato residente já está do outro lado do "rinque", totalmente imerso em uma atividade envolvente e divertida. Seu desafio é manter os dois "patinando" no próprio lado do campo pelo tempo que for possível, com petiscos, reforço positivo, brincadeiras e... bem... amor, sem que aquele olhar atravessado ou embate aconteça.

Simulação de incêndio

A primeira simulação de incêndio de que me lembro aconteceu em 1973. Eu tinha 6 anos, o que significa que meu irmão tinha 2 ou 3 anos. Morávamos em um apartamento em Nova York, o que deixava meu pai muito paranoico em relação a emergências, já que, de certa forma, você fica um pouco refém do próprio prédio. Então, como sair do prédio era o que nos manteria vivos, meu pai queria garantir que nós saberíamos os passos exatos a tomar para isso, e também as dramáticas consequências que aconteceriam caso não seguíssemos as ordens. Pode acreditar, ele nos deixava bem motivados.

É claro que ele tinha que ir ainda mais longe. É aí que entrava a simulação de incêndio. No meio da noite, meu pai de repente entrava no nosso quarto correndo, acendia as luzes e, enquanto batia em uma panela com uma colher de pau, gritava: "Fogo! Fogo! Fogo!"

Meu irmão e eu, depois de fazer xixi nas calças, entrávamos totalmente no modo simulação de incêndio. Nas primeiras vezes, a gente ainda ficava meio confuso e histérico, com dificuldade para lembrar o protocolo. Porém, depois de três ou quatro vezes, o barulho, as luzes piscando, os gritos, tudo passou a significar uma coisa só: *vá para o chão*. Nós dois nos deitávamos no chão, de barriga para baixo, e meu irmão subia nas minhas costas. Eu me arrastava até a porta do quarto e tocava a maçaneta para ver se estava quente. Se não, a gente continuava se arrastando, rente ao chão. Fazíamos a mesma coisa em todas as portas fechadas do apartamento até chegarmos na porta de entrada. Se a maçaneta também não estivesse quente, a gente saía, usando sempre as escadas, nunca o elevador. Então parávamos no saguão do prédio, a poucos passos de sair no meio da Broadway às três da manhã. Essa era a nossa simulação de incêndio.

Já faz quase 45 anos desde essa época, e ainda me lembro das simulações como se fosse ontem. A memória está nos músculos e ossos. Até hoje, se alguém entrasse no meu quarto batendo panela e gritando "fogo" no meio da noite, eu conseguiria sair de casa de forma segura. Depois talvez me desse conta do que estava acontecendo e ligaria para a polícia, para prenderem o maluco que entrou na minha casa, mas essa não é a questão. A questão é estar preparado de forma que a ansiedade fique fora do caminho enquanto você faz o que tem que fazer... aí está a essência da simulação de incêndio.

Esse é um ótimo conceito a ser aplicado em muitas funções de "paternidade felina", como dar remédios ou colocar seu gato na caixa de transporte (falaremos disso no Capítulo 12). Por enquanto, porém, como esse conceito se aplica às circunstâncias atuais? A "simulação de incêndio", em termos de lidar com uma casa com vários gatos, significa ter considerado cada possibilidade de forma tão completa que você conseguiria, metaforicamente, ir parar no meio da Broadway.

Uma parte essencial da jornada é cruzar a ponte que vai das técnicas de apresentação (ou reapresentação) para o momento em que equilibramos técnica com certo grau de confiança. Dito isso, a ponte não deve parecer que está prestes a cair o tempo todo. A checklist a seguir vai ajudar a manter os gatos em segurança durante o processo, mas igualmente importante, vai manter você no controle, o que é tão indispensável quanto os passos em si. Os gatos são animais muito sensíveis, e percebem o nível de energia mais intenso no cômodo. Se você ainda por cima estiver nervoso, achando que algo ruim pode acontecer a qualquer momento, essa pode ser a faísca que leva a um incêndio na ponte.

Por isso, é importante que você imagine e preveja a possibilidade de conflito. Assim, quando finalmente estiver *naquele* ponto — com os gatos no mesmo cômodo, sem barreiras —, vai saber o que fazer caso surja um confronto, e o alarme de incêndio soe.

A checklist de Comer, Brincar, Amar

1. **As cavernas e as saídas:** Quando perdemos o controle de exercícios como CBA, muitas vezes quem nos derrota é o próprio ambiente. Uma coisa posso afirmar por experiência própria: brigas começam com perseguições. E elas muitas vezes terminam em outro cômodo, em um armário, ou debaixo da cama ou de outro móvel onde você nunca imaginaria que caberia um gato, quanto mais dois. Você pode controlar o caos controlando o espaço, e isso significa bloquear as cavernas e fechar as saídas. Se sua sessão de CBA acontece na sala, cabe a você fechar as saídas — ou seja, trancar portas e erguer as grades para que o campo disponível tenha sido decidido somente por você. Defina ainda melhor esse espaço bloqueando as cavernas. A única maneira de ter certeza de que você não vai ter que enfiar a mão num furacão de garras e dentes é garantir a impossibilidade de uma briga debaixo do sofá ou da cama!

2. **Mantenha bloqueadores de visão ao alcance:** um **bloqueador de visão** é algo que, A) não permite que os gatos enxerguem o que há do outro lado, B) é sólido o suficiente para que eles não consigam atravessar, e C) é alto o bastante para que você não tenha que se abaixar e colocar sua mão entre os dois gatos caso uma briga exploda. Caixas de papelão altas e desdobradas sempre funcionaram bem para mim, ou você pode tentar uma placa de espuma grossa. Não use um lençol ou algo molenga; eles simplesmente vão atravessá-lo.

   Quando perceber os primeiros sinais de agressividade — em geral é o momento em que eles param de se mexer e começam a se encarar —, é *game over*: bloqueador de visão na hora. Caso não consiga controlar os gatos com brinquedos ou petiscos, afaste-os. Use o bloqueador de visão para levar um deles para outro cômodo. Novamente, seu objetivo é terminar a interação de forma positiva, ou, pelo menos, não negativa.

3. **Remoção é a última opção:** Caso aconteça um problema sério, que você não consiga evitar nem com o bloqueador de visão, ou se, apesar das suas tentativas, surgir uma briga, um cobertor pode se mostrar um bom amigo. Jogue o cobertor por cima de um dos gatos, pegue-o e retire do cômodo. Outra ferramenta a se ter à mão é uma lata de refrigerante cheia de moedas, com uma fita adesiva no bocal. Assim, você não precisa gritar, o que associaria sua voz a uma situação ruim, e o chacoalhar da lata pode ajudar a distrair os animais. O ponto em comum entre essas ferramentas? Elas ajudam você a evitar sua primeira resposta instintiva de pânico, que seria gritar e enfiar as mãos no liquidificador de dentes. Isso nunca vai acabar bem para você.

4. **Sempre esteja pronto para a simulação de incêndio:** Bloqueadores de visão, latas de moeda e cobertores devem estar em lugares onde, não importa a sua posição no cômodo, estarão ao seu alcance imediato ao mesmo tempo em que você permite que o processo de apresentação dos gatos flua naturalmente. Em outras palavras, a última coisa que você deve fazer é ficar rodeando os dois gatos — é preciso ter a confiança de se afastar e ficar tranquilo, sem adicionar pânico a uma situação já estressante. É por isso que precisamos pensar em todas as possibilidades e incorporar as ferramentas de maneira proativa. Pergunte a si mesmo: se eles começarem a brigar, onde é mais provável que isso aconteça e onde você acha que isso vai acabar? Marque essas áreas com bloqueadores de visão, latas e cobertores. Ao mesmo tempo, você precisa ser capaz de entrar em ação caso o procedimento vá para o buraco. O importante é que essa possível intervenção contenha os passos que você já planejou tantas vezes, o que significa que sua resposta será controlada, apropriada à situação, e não baseada em emoção.

Outra dica: Definitivamente, quando um não quer, dois não brigam, e isso é especialmente verdade para as simulações de incêndio na apresentação de dois gatos. Seu parceiro não só deve estar na mesma página, como também no mesmo parágrafo, na mesma frase.

SEU OBJETIVO AQUI é criar uma imersão ainda maior na experiência de associações positivas em que estamos trabalhando nessa seção. Nesse caso, não há barreiras entre os animais, por isso a metáfora do aquecimento antes da partida de hóquei, e seu objetivo final é fazer os dois gatos comerem no mesmo cômodo. O sucesso aqui é a última fronteira antes da integração total.

Aqui vai um passo a passo do processo para chegar lá:

A. **Conheça seus jogadores:** Saiba com quem você está lidando.
   - Que tipo de jogadores são seu gato residente e o recém-chegado? Ford modelo T? Carro esporte? (Veja o Capítulo 7 para mais informações.)
   - Eles tendem a ser motivados mais por comida ou por atenção?
   - Qual é o prazer número um na sua lista de "Bingo!"? O que garantiria que esse gato permaneceria engajado, em vez de só gostar de alguma coisa? Seria sua comida ou petisco favoritos? Um brinquedo especial, ou algo como escovação ou carinho? Lembre-se de que esses petiscos/atividades devem ser algo que vá mantê-lo ativo e motivado, mesmo com outro gato em seu espaço.

B. **Trabalhe o seu Bingo!:** Você pode ter certeza absoluta de qual é o brinquedo ou petisco favorito do seu gato, mas essas coisas só se tornarão "Bingo!" após um período de ausência. Ou seja, antes de começar as festividades de CBA, é preciso esconder as coisas favoritas do gato. Eu sei, vai ser difícil não dar suas comidas prediletas quando ele fizer aquela carinha de gato do Shrek ou aquele miado

Os relacionamentos gato/animal

de "Por que você me odeia?", mas não ceda! A satisfação atrasada transformará todas as coisas em uma festa!

C. **Crie um ritual em torno da sessão de brincadeiras ideal para cada gato:** Quando você souber as preferências de cada jogador, é importante fazer uma sessão bem-sucedida sem a presença do outro gato, para que você saiba como eles se comportam quando estão entretidos em comparação a quando há outra distração. Isso vai ajudar a avaliar e monitorar a sessão de Comer, Brincar, Amar quando eles estiverem juntos e, igualmente importante, vai ajudar a terminar a brincadeira de forma positiva. Da mesma maneira que a comida, precisamos encontrar o brinquedo "Bingo!" que vai dar a partida no motor de cada gato. Contudo, não se satisfaça com apenas um. Variar brinquedos é positivo para o Ritmo do Gato Essencial, porque imita a variedade de presas, mantendo a caçada sempre diferente. O ritual é importante porque você vai descobrir como os dois gostam de brincar e como agem quando estão cansados. Em vez de dar a oportunidade de se atacarem, você pode terminar a sessão enquanto eles ainda estiverem distraídos pelo brinquedo. Assim, você permanece sempre um passo à frente.

D. **A sessão Comer, Brincar, Amar:** Está pronto? Para se preparar, escolha um cômodo de uso comum onde fazer a sessão conjunta. Deve ser um cômodo amplo, com bastante espaço livre; um quarto mais apertado e cheio pode ter muitas distrações e oportunidades para eles se afastarem de você e partirem para cima do outro. A seguir, peça a ajuda de um amigo, parceiro, familiar etc. Como já falei, acredito que ter parceiros humanos sempre facilita esses passos iniciais, mas esse exercício especificamente você não vai conseguir fazer sozinho.

Importante: Lembre-se da analogia do hóquei. Queremos os dois gatos se movendo em grandes círculos opostos. O movimento é tão importante quanto a atenção nesse exercício, e ficar parado é nosso grande inimigo.

1. **Comece com um dos gatos:** Brinque com apenas um gato no cômodo, inicialmente. Certifique-se de deixá-lo entretido e sempre em movimento. Se quiser dar petiscos, faça uma trilha de migalhas; enquanto ele come o primeiro, coloque o próximo onde ele possa ver, para que se mova para o petisco seguinte assim que terminar o primeiro. O mesmo serve para brinquedos; você precisa estar no controle das ações do seu gato, e o restante seguirá. No momento em que os dois começarem a se encarar, nada é mais importante do que sua habilidade de *fazer seu gato olhar para onde você quiser.*

2. **Traga o segundo gato:** De forma casual, faça seu parceiro trazer o outro gato para o cômodo, já distraído. Num mundo ideal, você levaria o segundo gato com seu "Bingo!", seja comida ou brinquedo. Assim, você não começaria com aquela energia tensa de ele estar sendo carregado para o cômodo. O objetivo é injetar o bichano de mais gatitude, fazendo com que ele pense que está tomando as decisões por conta própria ali.

3. **Mantenha o ritmo:** O componente *mais* importante ao reunir os gatos é estabelecer e manter um ritmo de brincadeira assim que eles entrarem. É por isso que a ajuda do seu parceiro é necessária, porque cada um de vocês vai ficar estritamente focado em brincar com um dos gatos.

4. **Termine a sessão:** O encerramento pode ocorrer de duas maneiras: ou os gatos ou os humanos o farão. Nem preciso dizer que a última opção é sempre a melhor. Conhecer a linguagem corporal dos seus gatos lhe informa quando eles estão começando a ficar entediados, o que abre espaço para outras distrações. Dito isso, é impossível manter-se no controle o tempo todo. Aqui vão mais algumas dicas para evitar confusão:

   - No momento em que um dos gatos parar de se mover, observar o outro animal e não mudar o foco, é melhor parar.
   - O melhor fim possível de uma sessão de CBA é levar um dos gatos para fora do cômodo com a ajuda de um brinquedo. Como eu disse, sempre prefiro, pelo bem da gatitude, que os gatos tenham a sensação de estarem tomando as decisões. Se a decisão parecer que

Os relacionamentos gato/animal **213**

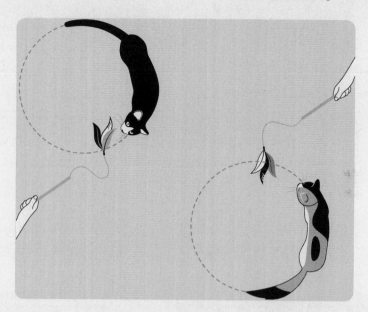

será agressiva, porém, e você precisar pegar um dos gatos no colo e levá-lo para outro cômodo antes disso, então que seja.

• Sempre tente terminar o exercício de forma positiva. Lembre-se de que você quer criar boas associações, e para isso os fins devem sempre ser positivos e consistentes. Siga sua intuição: mais uma brincadeira funcionará como um desafio final do dia, ou será que você já chegou no limite?

• Termine a sessão de CBA, não importa o resultado final, com um jantar. É provável que seus gatos estejam satisfeitos caso o dia tenha corrido bem, então talvez você precise atrasar um pouco a refeição, mas mantenha-se consistente. A essa altura, os gatos já esperam ter que comer de cada lado da porta, portanto, aproveite essa última chance de terminar o dia com uma nota de reforço positivo.

5. **Objetivo final para Comer, Brincar, Amar:** Quando você estiver seguro com o ritual de Comer, Brincar, Amar — quando a brincadeira acaba sem precisar ser cancelada prematuramente e o ritual se torna parte da rotina diária —, então pode retirar a barreira durante as refeições e terminar a sessão alimentando os gatos em lados opos-

tos do mesmo cômodo. Só não se esqueça daquela linha vermelha imaginária no centro, então comece a uma distância razoável, assim como você fez quando começou a alimentá-los do outro lado da porta. No fim das contas, o meio mais fácil, que conheço, de conseguir uma trégua é a refeição.

Dicas do pai de gatos para Comer, Brincar, Amar

Dê uma variada: Use os princípios de troca de locais quando fizer o exercício de Comer, Brincar, Amar. Se você fizer a mesma coisa todos os dias, com um gato entrando no suposto território do outro, você estará inadvertidamente definindo uma dinâmica de posse/invasão. Varie as coisas: um dia, traga o recém-chegado para o cômodo em que o residente está brincando; no outro, faça com que o residente entre no cômodo do recém-chegado.

Diminua as encaradas: Ao repetir esse exercício várias vezes, você perceberá como melhor redirecionar a atenção dos seus gatos se eles começarem a se encarar. Distração não resolvida pode levar à tão temida encarada. Saber *quando* o gato vai se distrair significa que você tem uma oportunidade de reter o controle, redirecionar a atenção deles ou simplesmente decidir terminar o exercício. Basicamente, compreender de verdade a linguagem corporal dos seus gatos mantém você um passo à frente no jogo. Lembre-se: a responsabilidade de conduzir esses exercícios sem que surjam brigas é sua.

Pequenos passos para o sucesso: No início desse processo, aceite que o sucesso virá em pequenos incrementos. Se as coisas foram difíceis desde as apresentações, simplesmente manter os dois gatos no mesmo território sem brigar por apenas um minuto já é uma vitória. Embora isso possa parecer bobo no início, anote exatamente quanto tempo a sessão durou. No dia seguinte, quando ela durar cinco, dez, quinze segundos a mais, isso também significa que o dia foi um sucesso. Às vezes a vitória é questão de alguns segundos.

Não sofra pelos entraves, só dê um passo para trás

Sempre existe a possibilidade de que, apesar dos nossos melhores planos e intenções, uma briga aconteça. Não considere isso o fim do seu trabalho; é só o fim do dia. E isso não significa que você fez tudo errado. Às vezes, você só está trabalhando contra o que esses gatos foram condicionados a fazer quando estão perto um do outro. Pode ser que os gatos só estejam num dia ruim, ou alguma coisa estressante tenha acontecido na casa que atrapalhou os ritmos esperados. De novo, é importante lembrar que brigas vão acontecer em qualquer relacionamento. Nós usamos palavras; eles usam as unhas. Para o seu bem-estar, lembre-se de que não é uma discussão que define um relacionamento, mas sim o que acontece depois dela.

Então, o que fazer se isso acontecer? Dê um passo atrás. Por exemplo, se sua primeira tentativa de Comer, Brincar, Amar acabou antes mesmo de começar, explodindo em confusão assim que os gatos se viram, retorne ao último ponto de sucesso recorrente previsível. Digamos que a última vez em que você conseguiu dar três refeições seguidas sem sequer um olhar atravessado foi: em lados opostos da porta, com acesso visual total, a um metro de separação. É para esse ponto que você deve retornar. Se isso for demais (ou seja, se um dos gatos evitar a comida, rosnar ou sibilar, dê mais um passo para trás no processo. Logo você vai encontrar uma linha de desafio aceitável de onde será possível recomeçar.

QUINZE SEGUNDOS DE PAZ

Mesmo nos casos mais difíceis, se você conseguir quinze segundos de paz e continuar assim, logo alcançará o sucesso. Como falei sobre a linha de desafio, apresentar gatos é como o início de uma montanha-russa. Tenha fé, pois chegará o momento em que, de repente, bum! O carrinho entra na descida da montanha-russa e ganha velocidade, o ritmo da casa se ajusta e tudo fica bem.

Perguntas frequentes

E se eu tiver mais de dois gatos?

Se você tiver mais de dois gatos, recomendo que comece a construir os relacionamentos um par de cada vez. Comece com a dupla "mais fácil", se possível, para que eles possam criar uma ponte social para as outras relações. Faça todos os exercícios com diferentes combinações de indivíduos, certificando-se de não sobrecarregar o recém-chegado com muitos gatos de uma vez.

Os gatos precisam de caixas de areia individuais?

É um sinal de disputa territorial iminente quando um gato usa a caixa de areia do outro para fazer xixi ou cocô? Não existe essa história de uma caixa de areia ser só de um gato. O ideal é que você siga a regra do n+1 para a quantidade de caixas, mas cada uma delas é uma cerca comunitária, que deve ter o cheiro de todos os gatos da casa. No mundo social felino, o conceito de propriedade não existe. Um gato não toma posse de um objeto (e nem deveria) em detrimento de outro animal. Todos devem usar essas cercas em algum momento, se assim desejarem.

Já tive muitos clientes ao longo dos anos que, por diferentes motivos, se apegaram à ideia de que cada gato deveria ter a sua própria caixa de areia, e que os gatos consideravam uma grande transgressão social quando um animal usava a caixa do outro. Isso não só é uma projeção humana, como manter essa suposta ordem social muitas vezes acaba sendo pior. Não há como dizer para um gato não usar uma caixa em vez de outra. Se você o impedir de usar *qualquer* caixa de areia, simplesmente vai acabar confundindo-o, de forma que ele vai acabar entendendo que deve rejeitar *todas* as caixas. Ou seja: deixe os gatos decidirem que caixas querem usar.

E se eu tiver dois gatos que simplesmente não se dão bem, apesar de todos os meus esforços em seguir seus conselhos de apresentação?

É complicado. Por quanto tempo insistir em tentar e fazer dar certo quando os gatos deixam claro que não querem? Saber quando as coisas não vão funcionar é uma decisão muito pessoal, então para mim é difícil dizer o que fazer de forma geral.

O que posso dizer é que, durante todo o processo, você precisa manter expectativas realistas, pois, no fim das contas, não é possível obrigar os gatos a se darem bem. Além disso, há sempre uma chance de má interpretação por parte dos humanos. Já vi isso acontecer inúmeras vezes — os gatos estarem *se dando bem*, mas não da forma que você gostaria. Talvez você quisesse que eles dormissem juntos ou agissem como irmãos de ninhada, mas em muitos casos, se dar bem para os gatos simplesmente significa tolerar um ao outro. Para mim, contanto que haja um cessar-fogo, uma trégua na qual eles declarem "Tudo bem dividirmos o mesmo espaço", está ótimo. Isso significa que há espaço para diálogo e construção de um relacionamento duradouro, que, como todos os relacionamentos, vai crescer e mudar. Dito isso, dê uma olhada no Capítulo 14 para diversas ideias de ouro para solucionar problemas de agressão felinos.

MANUTENÇÃO DA GATITUDE

Agora que o período de apresentação passou, aqui vão algumas dicas para manter o clima harmonioso entre os seus gatos nos anos que virão:

Mantenha a riqueza de recursos: Um dos denominadores comuns que vejo em relacionamentos bem-sucedidos entre gatos é que continua havendo uma abundância de recursos disponíveis para todos os gatos residentes. Você tem recursos de sobra? Como está a situação do relógio de sol? Existe espaço vertical para todos? Está mantendo potes de comida separados e seguindo a fórmula de n+1 para as caixas de areia?

Mantenha todos cansados e felizes: Gatos que brincam juntos ficam juntos... em relativa harmonia. Porém, não podemos presumir que "brincar juntos" significa que seus gatos vão brincar um com o outro como se fossem filhotes todos os dias. É aí que entra seu comprometimento com o CAMC. Mantendo suas estratégias de "brincar = caçar" (como discutido no Capítulo 7), ajudamos os gatos a gastar a energia acumulada que poderia levar a problemas entre eles.

Vai expandir a família com um cão ou uma criança?: Da mesma forma que há maneiras ideais para apresentar gatos a outros gatos, também há procedimentos ideais para apresentar gatos a cães e a crianças. Fique ligado.

CÃES E GATOS

Se você for como eu, recebeu a maior parte da sua educação sobre animais na infância por meio de desenhos animados. Admito — quando tinha 7 ou 8 anos, simplesmente sabia que cães e gatos tinham nascido para se odiar. Também tinha certeza de que cachorros detestavam coelhos espertinhos, gatos não suportavam canários, e coiotes, papa-léguas. Bem, coiotes odiavam todo mundo, basicamente, mas isso é por causa de um complexo de superioridade... Ops, me distraí.

A questão é, não importa o que aprendemos quando crianças; qualquer um que se identifique como "bipetual" e tenha cães e gatos em casa pode atestar que a vida real não é um clichê. As duas espécies podem se dar muito bem. Nem sempre haverá um gato esperando em um canto para acertar o cachorro com uma frigideira, ou um cachorro querendo perse-

Os relacionamentos gato/animal

guir um gato até ser enforcado pela coleira. A vida não é como os desenhos, pelo menos não durante a maior parte do tempo (embora coiotes possam ser bem metidos mesmo).

Se você levar um cachorro para casa, e seu gato nunca nem tiver visto um cão antes, é pedir muito do seu gato para aguentar o estresse de entrar em contato com um novo ser. Todo novo ser é um predador em potencial na mente do Gato Essencial, então faz parte do seu instinto ser cauteloso. Nessa sessão, vamos nos concentrar em superar essa cautela da mesma forma que descrevi para conhecer novos gatos — usando associações positivas. Porém, não importa o que digamos para que seu gato saiba que o novo ser é amigo, não inimigo, é preciso trabalhar os lados da coleira.

CONHECENDO O MUNDO CÃO

Aqui vão algumas coisas a considerar se você estiver pensando em levar um cão para a casa de um gato.

Pesquise: Eu nem deveria precisar dizer que é importante pesquisar se você quer adotar um cachorro em uma casa onde já vive um gato. Socializar com outros animais no início da vida é bom para cães e gatos, portanto o ideal é procurar um cachorro que tenha morado bem com gatos antes. Obviamente, evite adotar cachorros que tiveram experiências ruins com felinos. A maior parte dos abrigos faz sua pesquisa ao avaliar cachorros para adoção. O impulso de caçar, previamente mencionado, é um fator importante. Da mesma forma, se o abrigo recebeu informação de que o cachorro tinha a tendência de proteger os recursos em seu lar anterior, isso também é um sinal de alerta. Um cachorro assustado talvez seja um problema, pois o pânico pode levar à agressão mal direcionada.

Indivíduos, não raças: No mundo da adoção animal, sempre houve uma discussão persistente sobre evitar certas raças de cães quando se trata de uma adoção para morar com gatos. Embora seja verdade que certas raças têm um instinto de caça mais forte, por exemplo, acredito

O encantador de gatos

que é um desserviço a uma possível combinação julgar um livro pela capa, ou um cão pela raça. Como sempre, cada animal é de um jeito.

Combinação de personalidades: O ideal é que você combine personalidades compatíveis, da mesma forma como faria com outro gato. Idade, raça e nível de energia devem ser parte dos seus critérios de escolha, e muitos abrigos fazem testes para verificar como os cães respondem a gatos. No fim das contas, porém, a informação mais importante de que você precisa virá quando o cachorro estiver no ambiente da sua casa. É isso que vai lhe dizer como as coisas vão se desenrolar e o que você terá que fazer para trabalhar o lado canino do relacionamento.

Adestramento: No mundo ideal, seja o cachorro na equação o residente ou o recém-chegado, ele deveria ser bem treinado e obedecer a comandos de voz. Para implementar os exercícios que vou recomendar a seguir, esse adestramento é uma segurança inigualável para os procedimentos.

É claro que não vivemos num mundo ideal. Embora seja cada vez mais comum adestrar cães enquanto ainda estão nos abrigos, eles continuam sendo um ponto de interrogação quando chegam à sua casa pela primeira vez. Da mesma forma, um cachorro que vive com você há anos provavelmente tem um pouco mais de liberdade do que o normal, mas esse pouco pode significar muito quando um gato entra em sua vida.

Não ser adestrado, porém, não é um crime; só demonstra uma necessidade não respondida. De forma alguma estou dizendo para você não adotar um cachorro pelo qual se apaixonou por causa disso. Porém, você vai precisar trabalhar mais.

Com uma ajudinha dos amigos...

Apresentar um gato para o seu cachorro é uma maneira infalível de encontrar algumas falhas no treinamento dele. Esse não é um momento para se estar sozinho. Se seu cachorro não consegue se manter sentado ou permanecer calmo quando um gato passa por perto, então 1) os dois foram apresentados cedo demais, e 2) está na hora de chamar a cavalaria e encontrar um bom adestrador, que tenha bom histórico com métodos de reforço positivo. A boa notícia é que é muito provável que exista um adestrador qualificado na sua área. E com todo o estresse com que você está lidando, trazendo um novo membro da família para casa e criando novas relações, essa ajuda será bem-vinda mesmo!

Se possível, recomendo chamar um adestrador qualificado para algumas sessões domiciliares. Fazer o treinador ir à sua casa permite que ele possa ter um ponto de vista sobre o comportamento do cão que de

outra forma seria impossível, e isso significa que você terá ferramentas personalizadas para o seu cachorro nessa situação nova e específica.

Independentemente da sua escolha de adestramento, particular ou com uma turma, contratar um profissional evita muita frustração para você durante as primeiras semanas de apresentações. Com adestramento, gatificação consistente, gerenciamento e supervisão — e uma ajudinha dos amigos —, não há motivo para a maior parte dos cães e gatos não viver em harmonia.

"COMO ARROZ E FEIJÃO": O PASSO A PASSO DO PROCESSO DE APRESENTAÇÃO DE CÃES E GATOS

Uma apresentação entre cães e gatos pode acontecer de duas maneiras: ou o cachorro chega na casa em que o gato vive, ou vice-versa. Cada cenário de apresentação se desdobrará de maneira semelhante ao nosso processo entre dois gatos; você vai usar os mesmos sete passos, inclusive. Ao revisar a sessão sobre gatos, lembre-se de que naquela situação as instruções devem ser seguidas ao pé da letra; quando se trata de cachorros e gatos, é mais uma questão de seguir o espírito da coisa, e não necessariamente cada passo religiosamente. Quaisquer distinções sutis em abordagem serão observadas em cada etapa.

Vamos começar com alguns detalhes mais voltados aos cães no primeiro passo:

Passo um: Preparação proativa — estilo gato/cão

A. Somente refeições programadas

Se você deixa a comida disponível o tempo todo para o seu cão ou gato residente, lembre-se: *refeições programadas são suas amigas*. É importante notar que você não está só tentando convencer o gato de que o cão é uma boa adição, mas também se certificando de que o cão crie uma associação positiva com o seu gato. Chega de alimentação livre.

Os aspectos da gatificação em uma casa compartilhada entre cães e gatos são muito específicos e, por diversos motivos, um pouco diferentes do que entre gatos:

B. Gatifique as áreas sociais

Lembre-se de que a essência da gatitude vem da posse confiante do território. Portanto, antes de trazer um novo cão para casa, certifique-se de que seu espaço esteja totalmente gatificado para a vida com um cachorro. *O mais importante a considerar é o uso adequado do mundo vertical.* Seu gato, se ameaçado, precisa de uma casa acima do chão, um espaço que seja fora do alcance de um cachorro.

Não há ocasião melhor para introduzir o conceito da autoestrada felina. Ela é outra maneira de dizer que deve-se gatificar o espaço de modo que um gato possa contornar os principais cômodos sociais, como a sala de estar, sem tocar o chão, se assim ele desejar. Volte ao Capítulo 8 para mais informações sobre esse conceito.

Os relacionamentos gato/animal

Nosso mantra de cães e gatos

Os gatos são os donos do céu no mundo de cães e gatos.

Isso significa que os gatos podem decidir compartilhar ou abrir mão do controle do chão, até certo ponto, mas essa é uma troca aceitável. Não esqueça: na visão de um gato, o mundo vai do chão ao teto. O que importa para eles é a extensão de território vertical que podem acessar. Os cães, por outro lado, são basicamente terrestres. É nesse aspecto que os gatos têm uma vantagem, no que se trata da utilização geral do espaço.

A melhor maneira para um gato conhecer qualquer novo membro da família — seja humano, gato ou cachorro — é poder se distanciar deles, para se sentir confortável e tentar compreender aquele corpo completamente estranho, digamos assim. Isso é especialmente verdade quando se trata de cachorros: como eles se movem? Quais são os sons que fazem? De onde vem esse cheiro? Por que eles se interessam por X, Y e Z? Gatos querem poder avaliar o que acontece em torno deles, e gatificar o espaço permite que façam isso em segurança.

Os condomínios de gato não só são uma ótima maneira para fornecer esse posto de observação aos gatos, como também podem atuar como rampas de acesso para a autoestrada felina. Eles são uma ótima maneira de evitar pontos mortos — ou seja, se as coisas ficarem ruins e o cachorro perseguir o gato, ele ao menos tem o mundo vertical para escapar do chão. E novamente, não há nada como um condomínio de gato ao lado de uma janela. Enquanto seu gato assiste à nova criatura na casa, também pode fazer uma pausa e assistir um pouco de TV de gato.

C. **Gatifique as áreas de caixa de areia**

Isso é importante, porque a maioria dos cachorros é atraída por caixas de areia como se fossem um bufê. O cocô dos gatos tem muita proteína e é um ótimo lanche, na cabeça dos cães. Por mais nojento que isso possa parecer para um ser humano, é ainda pior para o gato, e o motivo é: a caixa de areia precisa ser um lugar seguro — um lugar sagrado — para o gato. Se ele estiver na caixa de areia, e um focinho gigante aparecer, aguardando sem paciência o que o gato vai fazer, a caixa de areia perde sua santidade. Isso significa que seu gato vai começar a procurar um lugar mais seguro para fazer xixi e cocô.

Então, o que você pode fazer?

1. **Não deixe as caixas cobertas,** para que seu gato tenha rotas de fuga disponíveis. Ele entra, tem uma visão de 360 graus e pode sair.

2. **Evite pontos mortos.** Quem odeia muito minha primeira sugestão pode tentar compensar a caixa descoberta colocando-a em um lugar fora de vista. De qualquer forma, isso pode acabar criando outro problema. Digamos que você colocou a caixa de areia em um canto do banheiro, atrás do vaso. Da perspectiva da gatificação, você criou um ponto morto — uma zona de emboscada. Se o cão seguir seu gato para dentro do banheiro, bloqueando as saídas dele, então o gato simplesmente vai parar de usar aquela caixa de areia e começar a preferir uma área onde haja uma visão segura e total do terreno em torno. A conclusão aqui, como sempre, é que o melhor é deixar suas preferências estéticas para trás e dar preferência às necessidades do nosso Gato Essencial, que não vai a lugar algum sem ter diferentes rotas de fuga.

3. **Mantenha caixas de areia em cômodos que os cachorros não acessam.** Em geral, sou a favor de manter as caixas em locais socialmente relevantes, mas no mundo compartilhado por cães e gatos, você talvez tenha que fazer algumas concessões. Uma das opções que uso é colocar um portão de segurança no cômodo onde a caixa de areia fica. Você pode erguer o portão em torno de vinte centímetros (um pouco menos, se seu cachorro for de porte pequeno) para que o gato possa passar por baixo ou por cima dele, e para que nós possamos ter certeza de que a caixa de areia estará livre de focinhos intrometidos (e de bebês, que acham que qualquer caixa de areia é brinquedo).

Não podemos culpar o cachorro por ir atrás de um lanchinho cheio de proteína (nem o bebê, por querer construir um castelo de areia enfeitado de cocôs). O que podemos fazer é tentar cortar o problema pela raiz, porque ninguém quer receber uma lambida de um cãozinho que acabou de sair da caixa de areia. Pode acreditar.

Passo dois: Acampamento base e a primeira travessia da fronteira

É sempre crucial saber quais serão seus primeiros passos quando chegar em casa com o novo membro da família, seja um gato ou um cão. Ter um plano concreto lhe dá uma sensação imediata de controle, sem mencionar a tranquilidade. Esse passo contém dois componentes principais:

A. **Acampamento base:** Embora ter um acampamento base seja menos crítico ao trazer um cão para o território do gato (visto que ele já está estabelecido ali), o processo ainda é importante; o acampamento base se torna uma "zona segura", algo como um quarto do pânico, um lugar onde o gato pode se refugiar quando se sentir um pouco nervoso sobre o novo companheiro. Também é um local com vista privilegiada para o território, cercado de cheiros familiares e objetos reconfortantes. Obviamente, o ideal é que o acampamento base seja um lugar de entrada proibida ou inacessível para o cão.

Dito isso, já que não estamos relegando o gato ao acampamento base, ele deve ser capaz de explorar o mundo que o cachorro novo está ocupando no seu próprio ritmo, não no nosso, em especial nesse início do processo. Novamente, contanto que o cão esteja na coleira, o gato deve se sentir livre para explorar, pois fazê-lo se sentir um convidado no próprio território seria um golpe duro para a gatitude.

Ao levar um gato para uma casa com cachorro, o procedimento segue exatamente como descrevemos na seção de apresentação entre gatos; o recém-chegado vai começar exclusivamente em seu acampamento base.

B1. **A primeira travessia da fronteira — cachorro na casa do gato:** A coleira é essencial.

Ao levar um cachorro para uma casa com gatos pela primeira vez... repita comigo:

Mantenha. A coleira. O tempo. Todo.

A realidade é que você ainda não conhece muito bem o novo membro da família, e apesar de todo o cuidado tomado antes da adoção (por parte do abrigo ou da ONG de proteção animal também, provavelmente), você ainda não tem ideia de que reação o cachorro terá na primeira vez que vir um gato, ou na primeira vez que o gato cheirar os brinquedos do cachorro, a comida e até mesmo a água. Então, depois que seu gato e seu cachorro estiverem no mesmo espaço físico, eu continuaria mantendo o cachorro na coleira por um tempinho, até você se sentir seguro, e enquanto essa ponte de confiança ainda estiver em construção.

A coleira lhe dá um grau de controle confiável e consistente sobre o novo membro da família. Pelo menos na minha casa, o cachorro só fica sem coleira quando ganha nossa total confiança. Nós nem precisamos necessariamente ficar segurando a guia o tempo todo, em especial conforme os dias se passam e o processo de apresentação corre bem. Se o cachorro ainda estiver com a coleira e se assustar ou tiver uma reação inesperada, podemos pisar na guia rapidamente e recuperar o controle. Adestrar totalmente seu cão para obedecer comandos de voz é um processo; o direito de passear livre pela casa precisa ser conquistado.

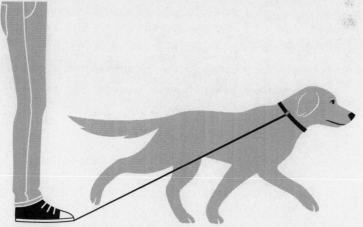

B2: **A primeira travessia da fronteira — gato na casa do cachorro:** Vá diretamente para o acampamento base.

Quando você levar um gato para *qualquer* casa nova — não importa se é uma casa com ou sem cachorros, com ou sem gatos, com seis gatos, quatro cachorros, uma tartaruga e um periquito na janela —, o *acampamento base deve ser instalado, e seu novo gato deve ser colocado diretamente lá.*

O encantador de gatos

Não importa a tentação de fazer diferente, não deixe o gato sair da caixa de transporte no meio da sala. As verdades universais da gatificação e da construção da gatitude vêm da construção gradual de um território onde o gato possa sentir completa autonomia, e é realmente isso que elas são: universais.

OS DETALHES PRÁTICOS

Quando você chegar a este ponto do processo, reveja os passos três a sete na seção entre gatos (páginas 197-206). Embora as técnicas e intenções sejam as mesmas, há uma diferença importante. Quando se trata de gatos conhecendo outros gatos, prosseguimos em um ritmo bem devagar porque precisamos convencer esses dois animais, que dependem da santidade dos seus territórios, de que aquele novo ser no seu espaço não é uma ameaça, e pode até ser uma boa adição. No caso de um encontro entre cães e gatos, essas duas espécies têm necessidades muito diferentes, e o objetivo do jogo é fazer com que o cão fique menos loucamente curioso (ou menos assustado) e o gato fique mais aberto (ou menos assustado). Entre outras coisas, isso significa que esses passos são um pouco mais fluidos, e podem se desenrolar no ritmo que você perceber ser necessário para sua situação específica. A seguir temos algumas observações, sobre cada passo, específicas para cães e gatos. Avante!

Passo três: O ritual de alimentação "do outro lado da porta"

Como descrito na seção entre gatos, você ainda vai seguir o ritual de alimentar cão e gato com uma porta fechada entre eles, e tentar aproximar os potes de ração aos poucos. Mais uma vez, o objetivo é dessensibilizá-los lentamente: se todas as vezes em que a comida for servida, o gato sentir o cheiro do cachorro — e se, na verdade, as únicas vezes em que ele sentir o cheiro do cachorro forem quando houver comida —, é provável que o gato acredite que o cachorro é uma boa novidade.

É claro que você precisa manter algumas coisas em mente que tornam esse passo diferente quando se trata de cães: quando estão animados, com medo, agitados, entre outros, cachorros *latem*. Latidos repentinos vão dei-

Os relacionamentos gato/animal **229**

xar os pelos dos gatos de pé de susto e atrapalhar um bocado a história das associações positivas. Ao fazer a avaliação inicial para esse passo, seja mais cauteloso que o necessário e comece com uma linha de desafio bem distante, para que você possa lidar com os estágios iniciais de alegria do cachorro. Além disso, os cães em geral são bem menos hesitantes em chegar perto de algo (ou alguém) que atiça sua curiosidade. Gatos, novamente, em sua maioria, são bem mais cuidadosos durante uma aproximação. Outro motivo para manter a coleira no seu cachorro durante esse processo, mesmo no ritual inicial: um cão correndo para a porta é uma boa maneira de avisar ao gato de que aquela porta não é muito segura.

Passo quatro: Troca de cheiros

Este permanece um protocolo útil para os dois lados. Uma coisa que une cães e gatos é seu olfato superior — eles são capazes de obter muita informação a partir desse sentido durante novas situações. Assim como na apresentação entre gatos, você deve deixar o gato residente cheirar e usar brinquedos e camas do cachorro e vice-versa antes de quaisquer apresentações visuais.

Passo cinco: Troca de locais

Ao apresentar dois gatos, a troca de locais assegura que os participantes tenham segurança territorial a cada passo dessa jornada e nunca se sintam em perigo de perder a posse de seu território. Com a troca de locais entre cães e gatos, para o cachorro ela serve mais para satisfazer curiosidade e permitir uma exploração total do que para se certificar de que não há perigo, digamos assim.

Dica: Um ótimo momento para permitir que o gato explore o território do cachorro é enquanto você sai para passear com o cão.

O encantador de gatos

Passo seis: Acesso visual

Com esse passo, você vai adicionar ao estímulo olfativo, que já estabeleceu, um portão de segurança ou porta de tela durante o ritual de alimentação. Muitas das estratégias de acesso visual discutidas quanto aos gatos se aplica aqui: a porta entreaberta, o portão de segurança ou a tela, junto com a ideia de uma revelação gradual com um cobertor.

Só você pode saber qual é o momento certo para isso.

Caso você tente um pouco de exposição visual e o cachorro comece a farejar com muito ímpeto, ou dê indicações de empolgação/ansiedade como ficar tenso ou choramingar — ou o gato fique assustado (você já deve saber como é isso agora!) —, simplesmente volte um passo e tente de novo depois de algumas sessões. É a repetição com resultados previsíveis que vai convencer a todos de que podem confiar no novo "outro". E você saberá que está progredindo quando o cachorro latir e o gato não se assustar, ou se o gato vir ou cheirar o cachorro e não começar a sibilar, com as orelhas para trás, se sentindo ameaçado.

Passo sete: Comer, Brincar, Amar (CBA) — estilo cães e gatos

Acredito que CBA seja tão importante ao apresentar cães e gatos quanto entre gatos, porém, como você já percebeu com os passos anteriores, por motivos diferentes. O principal objetivo desse passo quando se trata exclusivamente de gatos é *dividir o território com sucesso* e ter a experiência do Bingo! puro somente na presença do outro gato, repetidas vezes, até que essa associação positiva seja fixada. Novamente, o objetivo é plantar a semente da gatitude compartilhada. No caso de cães e gatos, o objetivo é um pouco diferente porque as espécies também o são. Nesse caso, o objetivo permanece o mesmo para o gato, mas com o bônus de um workshop sobre cachorros. Ao assistir ao cachorro brincar, pedir carinho, responder ao carinho, ficar animado, comer e pedir comida, o gato pode aprender aquele idioma estrangeiro a uma distância física segura.

Você pode estar se perguntando: "Esse aprendizado não pode acontecer naturalmente, enquanto estamos vivendo?" Ou seja, enquanto a família estiver passando o tempo junta, com o cachorro preso pela coleira e guia, e o gato explorando livremente, aprendendo a linguagem canina no seu ritmo? Sim, o aprendizado pode e vai acontecer dessa maneira com o tempo. Mas se seu gato já é um Invisível, deixar que ele explore esse novo e potencialmente assustador cenário no seu próprio ritmo talvez signifique que isso não vai acontecer tão cedo. Com o exercício de CBA, você transforma esse aprendizado e exposição em um ritual imposto, ajudando o gato a superar a linha de desafio inicial mais rápido do que ele faria naturalmente.

Como o nível de energia dos animais também vai estar mais alto durante esse ritual, você também conseguirá tirar informações importantes que podem prevenir efeitos bastante negativos mais à frente. Por exemplo, se o cachorro estiver observando o gato brincar e de repente seu instinto predatório disparar, essa é uma informação importante, e uma forte indicação de que é hora de trazer um adestrador para evitar o que pode acabar se tornando um problema muito perigoso.

Também não vamos esquecer de que, igualmente, os gatos podem representar perigo aos cães. Um dos pontos positivos do CBA é que você determina a distância, o nível de empolgação e o ritmo dessa parte da apresentação/educação. Digamos que o cão, brincando no máximo da animação, faz com que seu gato entre no modo lutar-ou-fugir, ou pelo menos com que sua ansiedade chegue ao ponto em que um incidente de agressão mal direcionado ou de superestímulo possa acontecer. A briga que talvez se desenrole daí não só seria perigosa fisicamente, como atrapalharia a relação de confiança que você está tentando construir. O cachorro vai passar a se sentir inseguro perto do gato. Lembre-se: embora gatos sejam animais defensivos e não ofensivos por natureza, se eles se sentirem ameaçados são capazes de lutar muito bem pela própria sobrevivência. É por isso que, na equação de lutar-ou-fugir, lutar vem primeiro.

"CACHORROS SÃO LEGAIS"

Como já falei antes, o mundo de construir associações positivas não está completo até que promessas feitas sejam cumpridas (especialmente quando o alarme de lutar-ou-fugir de um gato lhe disser para não fazer o que você quer). Vamos imaginar a situação como se o gato fosse seu filho humano que não quer dormir com as luzes apagadas porque está convencido de que há um monstro embaixo da cama. Você pode acalmá-lo verificando embaixo da cama toda noite, dizendo com confiança que não há perigo, e dando boa-noite. As chances de conseguir apagar as luzes permanecem pequenas. Se você conseguir convencê-lo a olhar embaixo da cama com você, elogiando-o quando essa linha de desafio for cruzada a cada noite, vai aumentar a confiança da criança para que ela possa participar da decisão de desligar as luzes. Dito isso, seja gato ou criança, toda essa construção de confiança ainda depende de uma única coisa: o monstro nunca pode aparecer.

Voltando para nosso gato: no dia em que aquele ser estranho canino entra na vida dele, é como se você lhe entregasse um recado dizendo: "Querido gato. Cachorros são legais. Com amor, Humano." O que quero dizer é: desse momento em diante, e durante todas as técnicas de apresentação, o monstro nunca pode sair de debaixo da cama. Todas as associações positivas vão embora pela janela se o cachorro perseguir o gato, emboscando-o embaixo da cama ou em cima da geladeira. É claro que não é um revés insuperável, mas o processo se trata de construir confiança, e o melhor é não ter que reconstruir.

MUITAS VEZES, QUANDO pessoas que se identificam como "malucas dos gatos" se aproximam de mim, elas demonstram surpresa (e às vezes desaprovação) por aquele "maluco dos gatos da TV" postar tantas fotos de cachorro na internet. Nessa hora, sempre demonstro surpresa que a divisão entre "malucos dos gatos" contra "malucos dos cachorros" ainda exista. Gosto de usar a palavra "bipetual" como uma maneira engraçadinha de declarar meu amor por ambos, e levanto essa bandeira com orgulho diariamente, porque quero que todos experimentem esse amor.

Sim, cães e gatos são Yin e Yang — eles trazem energias muito diferentes e ao mesmo tempo complementares à vida e à casa de uma pessoa. Com sorte, esta seção lhe deu não só as ferramentas, mas também o conhecimento para entrar na vida bipetual, que, quando implementados, podem criar amizades duradouras... e não um mundo dominado por frigideiras de desenho animado.

11

Os relacionamentos gato/ humano

Apresentações, comunicação e o seu papel na gatitude

A ESTA ALTURA, espero já ter deixado claro, especialmente quando mergulhamos no Capítulo 6 e na caixa de ferramentas da gatitude, que sua vida com seus gatos não é uma relação de posse, e sim um relacionamento. Esse princípio básico também é a regra primária da gatitude. Agora vamos mergulhar no que significa ter esse relacionamento em diferentes estágios da experiência humana, e como o status desse relacionamento pode aumentar seu desejo de tornar a vida a melhor possível para todos os envolvidos.

GATOS E CRIANÇAS: CRIANDO A PRÓXIMA GERAÇÃO DE APAIXONADOS POR GATOS

Nos meus quase dez anos trabalhando no abrigo de animais, passei por quase todas as funções possíveis — o que, muito tempo depois, percebo ter sido uma grande dádiva. Tive que lidar com as terríveis responsabilidades ligadas à crise da superpopulação de animais, mas ao mesmo tempo pude desenvolver uma visão ampla que me ajuda a mapear um novo curso em direção a um futuro mais humano.

Um dos meus trabalhos nessa época foi de diretor de assistência à comunidade. Embora eu admitisse não ter muito conhecimento em relação a crianças, me agradava muito a ideia de poder criar nelas o amor e a empatia para com os animais, em uma fase tão crucial do seu desenvolvimento.

Uma das partes mais difíceis da vida nas trincheiras de qualquer movimento é... bem, estar nas trincheiras; na maior parte do tempo não dá para *saber* se o trabalho tem qualquer valor. No entanto, sabemos que ele nos faz bem e que alimenta nossa alma.

Atualmente, não há nada que me emocione mais do que ver crianças crescendo na companhia de animais, crianças que conheci em eventos beneficentes ou em meu trabalho no abrigo. Cada vez mais, essas crianças "entendem". Elas realmente amam seus companheiros animais e, ao mesmo tempo, exigem o mesmo das pessoas ao redor. Essa empatia radical vinda de mentes tão jovens muitas vezes me leva às lágrimas, juro! Sei, sem sombra de dúvida, que aquela criança será mais um soldado no crescente exército da compaixão.

Esse é um dos motivos pelos quais essa seção é tão importante para mim. Todas as crianças deveriam crescer com animais em suas vidas para aprender sobre empatia e compaixão (sem contar que é tão incrível, e legal e divertido!). Crianças devem fazer parte da criação de gatos, não só como testemunhas, mas como guardiãs. Elas são a próxima geração de apaixonados por gatos, e o motivo pelo qual não teremos animais sendo sacrificados em abrigos no futuro. Se você quer ter certeza de que seu filho vai crescer consciente do mundo ao redor, preenchido pelo desejo de ajudar os outros, traga um animal para a vida dele.

A outra razão pela qual essa seção é importante para mim é a seguinte: muitas vezes, percebo que quando um casal está esperando um bebê — em especial se é seu primeiro filho —, o gato acaba indo para um abrigo. Os guardiões muitas vezes dizem adeus antes mesmo de o bebê nascer, e infelizmente essa decisão vem de mitos antiquados e errôneos, que abordarei neste capítulo.

Também vamos falar sobre formas de se preparar, na vida real, para trazer um bebê para a casa do seu gato, ou um gato para a casa dos seus

Os relacionamentos gato/humano

filhos; o que pode ser feito em termos de gatificação para garantir uma vida melhor para crianças e animais; e, claro, como preparar o terreno para que seu filho se torne um membro do time da gatitude daqui a vinte anos.

GATOS E BEBÊS: DETONANDO MITOS

Se você está esperando um bebê e tem um gato, já deve ter ouvido algumas dicas de amigos, familiares, e até do seu médico dizendo para se preparar para a possibilidade de ter que "se livrar" do gato. Essas sugestões muitas vezes são baseadas em mitos sobre segurança a que nos apegamos quando se trata de gatos e bebês. Vamos começar a detonar alguns deles.

 Mito 1: O gato vai sufocar o bebê

As pessoas ainda acreditam no mito de que gatos de alguma forma vão "roubar o ar do bebê", seja por ficarem com ciúmes, ou por se sentirem atraídos pelo "hálito de leite".

Histórico: Esse mito provavelmente se originou de um incidente no final do século XVIII, quando a morte de um bebê foi atribuída a um gato. O atestado dizia: "Aparentemente, segundo o relato do legista, a criança morreu em consequência de o gato roubar seu ar, ocasionando uma estrangulação."

Verdade: Infelizmente, esse bebê deve ter sofrido de algo mais comum, como síndrome da morte súbita infantil, ou um ataque de asma, não de um gato ladrão de ar.

Você sabia? Como mencionado na Seção 1, alegações irracionais não eram incomuns nessa época. Como as pessoas associavam gatos a bruxas, eles eram injustamente acusados de muitas coisas ruins que aconteciam.

 Mito 2: Gatos vão dar alergia no bebê

Pais à espera de um bebê se perguntam: meu filho vai ser alérgico a gatos por ter sido exposto quando era bebê?

Verdade: Embora alguns recém-nascidos possam realmente ser alérgicos, as pesquisas mais recentes sugerem que crescer com animais na verdade ajuda as crianças a evitar alergias. No entanto, para as crianças que acabarem sendo alérgicas de verdade, existem muitas maneiras de lidar com a questão, desde filtragem de ar a tratamentos contra alergia, entre outros. Como esse cenário está mudando rapidamente (e para melhor), o importante é permanecer atento.

Você sabia? Um estudo mostrou que exposição a diferentes animais (gatos ou cachorros) durante o primeiro ano de vida de uma criança pode reduzir o risco de resposta a múltiplos alérgenos quando ela chega aos 6 ou 7 anos. Um estudo com crianças de áreas urbanas (onde há maior risco de doenças respiratórias) descobriu que exposição a pelos de gato antes do primeiro ano de vida estava associada a menos alergias quando as crianças eram reavaliadas aos 3 anos de idade.

😺 Mito 3: Meu gato vai passar toxoplasmose para mim ou para o bebê

Por conta da conexão entre toxoplasmose e gatos — e informações incorretas sobre a transmissão da doença —, muitos pais preocupados acham que é arriscado demais ter um gato em casa junto com uma grávida ou um recém-nascido.

Histórico: Toxoplasmose, e o perigo que ela representa para fetos, sempre parece causar ondas de pânico em casais esperando um bebê. Alguns anos atrás, esse pânico chegou ao auge quando um cientista alegou ter descoberto evidência de ligações entre a toxoplasmose e diferentes transtornos mentais. Desde então, dois grandes estudos acompanhando pessoas desde o nascimento até a vida adulta descobriram que não há efeito da doença ou de crescer com gatos na saúde mental humana.

Verdade: Qual é a conexão com gatos? Tipicamente, um gato come um rato infectado, e o parasita *Toxoplasmosis gondii* coloca ovos no seu sistema digestório, o que espalha a doença para outros animais conforme eles entram em contato com o cocô do gato.

O *T. gondii* é um parasita comum. Acredita-se que mais de 60 milhões de humanos só nos Estados Unidos sejam infectados, mas para a maioria desses com um sistema imune saudável, ninguém nunca fica sabendo. Para mulheres grávidas (ou pessoas com sistemas imunes vulneráveis), a toxoplasmose pode ser uma ameaça séria, e como pode ser transmitida através da placenta da mãe para o feto, prevenção é essencial.

Você sabia? A toxoplasmose é tão fácil de prevenir, que os centros de prevenção de doenças *nem mesmo consideram ter gatos como fator de risco.* As maneiras mais comuns de contrair a doença? Comer carne malpassada ou vegetais mal lavados.

O que fazer: Mesmo com esse fator de risco mínimo, aqui vão algumas dicas de prevenção:

- Leva entre um e cinco dias para os ovos se tornarem contagiosos depois de serem expelidos pelo gato. Se você limpar a areia todos os dias, não precisa se preocupar.
- Gatos só eliminam ovos do *T. gondii* por alguns dias na vida inteira; acontece uma vez e acabou, reduzindo os riscos.
- Para maior precaução, mulheres grávidas não devem limpar a areia dos gatos, ou então fazê-lo diariamente usando luvas descartáveis.
- Gatos que só ficam dentro de casa raramente são expostos à toxoplasmose, porque é improvável que comam roedores infectados. Mais um motivo para não deixar seu gato passear por aí!

Mito 4: Meu gato vai ficar com ciúmes e fazer xixi nas coisas do bebê

Quando um gato faz xixi no quarto ou nas coisas do bebê, nós, humanos, muitas vezes presumimos que é devido a ciúmes do novo membro da família e de toda a atenção direcionada à criança. Pior, muitos esperam esse comportamento como parte da "natureza ciumenta" dos gatos, o que infelizmente tende a levar a decisões ruins para tentar evitar isso.

Histórico: Esse é um caso clássico de projeção, baseado em como irmãos humanos às vezes respondem à chegada de um recém-nascido.

Então, quando nós observamos esse tipo de comportamento em um gato, presumimos que é porque "o gato está com ciúmes".

Verdade: Em quase todos os casos que acompanhei em que o gato fez xixi nos objetos de um bebê, era um problema territorial. É normal que os pais, ao se preparar para a chegada do filho, arrumem o quarto do bebê (ou uma área do bebê), com novos objetos e móveis. Essas novidades muitas vezes são consideradas "proibidas" para o gato, uma decisão que só serve para causar problemas. Primeiro, reduz o território do gato em dois níveis: no volume total e no que compete ao cheiro, que desaparece do cômodo de onde ele foi banido. E a gota d'água é quando o bebê chega e toda a rotina do gato muda, pois tudo passa a girar em torno do quarto em que o gato não pode mais entrar. A reação, é claro, é um exemplo clássico do Napoleão — marcar áreas-chave no quarto do bebê como uma forma altamente insegura de declarar sua posse de lugares que lhe foram tirados.

O que fazer: Existem muitas estratégias proativas que você pode usar antes do nascimento do bebê para minimizar ou evitar esse tipo de comportamento. A maioria gira em torno de uma atitude mais inclusiva do gato nas áreas do recém-nascido, permitindo que ele se acostume antecipadamente aos novos sons, cheiros e objetos que aparecem no seu território. Vamos discutir isso mais a fundo adiante neste capítulo, em "Preparando seu gato para o bebê".

Mito 5: Meu gato vai machucar o bebê

Muitos pais se preocupam que seu gato vá atacar aleatoriamente o bebê.

Verdade: Gatos não atacam "aleatoriamente", sem motivo, e, em geral, não atacam de forma ofensiva; não vão dar o primeiro golpe, por exemplo, e atacar um alvo do outro lado do cômodo por acharem que em algum momento ele pode ser uma ameaça. Lembre-se: uma das coisas que ajudou os gatos a sobreviver como espécie por tantos milhares de anos é que, sendo ao mesmo tempo presa e predador, eles sabem muito bem como não começar uma briga.

Dito isso:

- Gatos podem atacar de forma defensiva quando encurralados, se

Os relacionamentos gato/humano **239**

sentirem que sua segurança está ameaçada, ou em reação a um gesto brusco (como um puxão no rabo).

- Gatos também podem "responder" de maneira predatória ou brinca-lhona quando sua necessidade por brincadeiras que queimam a energia (CAMC) não foi realizada e algo desperta seu instinto de caçador. Nesse caso, dedinhos se mexendo debaixo de um cobertor podem ser alegremente usados como alvo, assim como seus tornozelos quando você atravessa a sala.

O que fazer: Algumas estratégias podem evitar esse tipo de mal-entendido entre gatos e crianças. Vamos falar com mais detalhes dessas sugestões nessa seção, mas, por enquanto, seguem algumas dicas essenciais:

1. Uma das primeiras coisas que seu filho deve aprender é empatia, respeito e como lidar apropriadamente com seu irmão felino. Vamos falar disso mais adiante nesta seção. Até ser grande o suficiente para aprender essas lições, a criança *sempre deve estar sob supervisão quando perto do gato*.
2. Certifique-se de que seu gato tenha formas adequadas de gastar energia. A última coisa que você quer é que seu Gato Essencial esteja no nível 10, o balão de energia prestes a estourar, quando estiver brincando com o bebê, que, no momento, se mexe como uma presa. Nesse caso, apresente uma vítima mais apropriada: um brinquedo interativo!
3. Tente planejar as interações entre gato e bebê nos momentos em que ambos estejam sonolentos ou tranquilos. Isso tem tudo a ver com os três Rs da sua casa, com saber quando os níveis de energia estarão favoráveis para que o resultado seja positivo para todos.

UM PLANO PARA UM MELHOR AMIGO

Nossa oportunidade de criar associações positivas entre as crianças e os gatos começa antes mesmo que eles se conheçam — ou seja, antes que seu bebê nasça! Cada estágio de criação de humanos e animais apresenta não só oportunidades de crescimento e vínculos, mas também alguns obstáculos em potencial que precisam ser evitados. Nessa seção, vamos mapear um caminho pelo mundo de gatos e crianças; ele começa com limites seguros, segue com o plantio de sementes de valores básicos — amor, compaixão e empatia — e culmina em um relacionamento diário mutualmente respeitoso e benéfico.

ANTES DO PRIMEIRO PASSO: TRAZENDO UM BEBÊ PARA A CASA DO GATO

Apresentar um gato a um bebê é, de certa forma, similar à maneira como apresentamos gatos a outros familiares peludos. Existem passos sequenciais que permitem que seu gato se acostume à nova realidade de um irmão humano se juntando à família, antes mesmo que isso aconteça. E não se preocupe: sei que você já tem muita coisa para fazer. Mas saiba que tudo o que você puder fazer antecipadamente vai ajudar adiante, no processo de transição.

Passo um: Torne o quarto do bebê um mini acampamento base

Sei que esse é provavelmente o último item na sua lista de prioridades para o quartinho da criança, mas você não imagina quantos problemas pode evitar ao também considerar as necessidades do seu filho felino. Uma das melhores maneiras de iniciar a gatice nesse cômodo é começar a pensar nele (ou na "área do bebê") como um mini acampamento base.

A. **Marcadores de cheiro:** Reúna marcadores de cheiro que você possa colocar no quarto do bebê para que o gato possa começar a misturar seu cheiro com o do recém-chegado (e o seu). Isso não significa colocar uma cama de gato no berço do bebê, mas uma caminha ou condomínio de gato perto do berço pode ajudar bastante na gatitude.

B. **Refeições no quarto do bebê** Pare de alimentar seu gato livremente

Os relacionamentos gato/humano **241**

(se ainda não parou) e comece a dar as refeições no quarto do recém-
-nascido, seu novo e aconchegante acampamento base!

C. **Autoestrada felina:** Considere criar uma autoestrada felina completa no quarto do bebê. Quando ele nascer, seu gato vai poder explorar o mundo vertical, observar o berço lá de cima e pensar: "Hum, todo esse alvoroço é por causa disso? É isso que está fazendo esse barulho estranho? Então é daí que vem esse cheiro... Interessante..." Toda essa observação e aprendizado de uma nova linguagem será feita a uma distância segura.

Devo proibir o gato de entrar no berço?

Algumas pessoas podem pensar que há uma linha tênue entre tentar manter o gato fora do berço e mandar uma mensagem subliminar de que gatos e bebês não devem se misturar. Mas não é verdade! Eu encorajo socializar os dois (até no berço). A socialização é uma coisa boa, que permite momentos inesquecíveis de construção de relacionamento. Considerando o panorama geral, esses momentos de socialização só têm a acrescentar, desde que sejam supervisionados.

Dito isso, se você construir uma autoestrada felina e tiver outros espaços elevados para seu gato aproveitar, o berço acaba se tornando o lugar *menos* interessante no quarto para ele, o que é ótimo. É claro que não vamos conseguir eliminar o berço como destino felino — é um lugar fofinho, similar a um casulo e, considerando os cobertores e o bebê, quentinho para dormir —, mas se nossa gatificação estiver nos trinques, ele não será o *único*. Da mesma forma, se você não tiver brinquedos ou espaço vertical que seu gato possa reivindicar no quarto do bebê, ele certamente, e não sem razão, vai pensar que o berço é uma cama nova que você comprou para ele.

No fim das contas, é você quem precisa decidir com o que se sente confortável, e é decisão sua a forma como quer criar seu filho e seu gato. Se decidir dizer "não" para o gato no berço, lembre do que falei sobre a importância territorial do quarto do bebê, e certifique-se de dar ao gato um "sim" em outro lugar!

Passo dois: Dessensibilize seu gato aos sons e cheiros do bebê

Agora que você recebeu seu gato no quarto do neném, está na hora de apresentá-lo aos sons e cheiros que fazem parte do pacote bebê. Vamos usar um processo famoso, conhecido como *dessensibilização* — em geral

Os relacionamentos gato/humano **243**

usado em terapia humana para ajudar pessoas com fobias. Funciona com nossos amigos animais também.

A dessensibilização ajuda o animal a se tornar menos sensível a algo potencialmente desagradável (como o choro de um bebê) através de exposição repetida em um "nível seguro", que vai aumentando gradativamente em intensidade. A técnica bônus se chama *contracondicionamento*, quando mudamos a resposta emocional do gato de potencialmente negativa para positiva ao combinar aquele estímulo desagradável a coisas que ele gosta, como petiscos ou brincadeiras. Vamos colocar isso em ação.

Sons: Por mais estranho que pareça, existem muitas gravações de bebês gritando, chorando, balbuciando ou rindo na internet. É uma ótima ideia acostumar seu gato a alguns desses sons antes da chegada do bebê. Aqui vai um fato interessante: independentemente da espécie, a maior parte dos chamados de perigo entre mamíferos têm sons semelhantes, o que significa que aquele choro de bebê pode despertar um alarme no seu gato. Em outras palavras, dessensibilizá-lo a esses sons é um clássico cenário de "melhor prevenir do que remediar"!

- Primeiro, use uma versão de Comer, Brincar, Amar para encontrar a linha de desafio do seu gato. Para fazer isso, reproduza a gravação baixinho enquanto ele come sua refeição ou petiscos Bingo!. Ou, se seu gato for mais motivado por brincadeiras, pegue seu brinquedo favorito. Certifique-se de que seu gato está entretido a ponto de o som não ser uma distração.

- A cada sessão de CBA, aumente ligeiramente o volume, prestando atenção ao momento quando a atividade principal começa a ser atrapalhada pela distração, ansiedade ou medo. Em que momento as orelhas do gato começam a se mexer, o pelo das costas começa a tremer ou ele começa a demonstrar qualquer tipo de tensão, inclusive olhando em volta do cômodo? O gato se afasta totalmente da atividade, decidindo que o risco a que ele está se expondo não vale a pena?

- Essa linha tênue entre conforto e desafio — neste caso, o volume que começa a deixar o gato desconfortável — é a linha de desafio do seu gato. Uma vez que você a identifique, pode dessensibilizar seu gato,

O encantador de gatos

diminuindo o volume e depois lentamente tentando aumentá-lo de novo até ele não se importar mais. Então, você poderá recomeçar a atividade com um volume mais alto.

Cheiros: Grávidas normalmente conhecem outras grávidas e mães no puerpério. Se você puder levar para casa cobertores ou roupinhas cheirando a algum bebê, mesmo que não seja exatamente o mesmo cheiro do seu bebê, pode apresentar aquele aroma tão específico para seu gato. Deixe que seu gato explore as roupas no ritmo dele. Você pode deixar petiscos por perto, mas nunca o force a se aproximar. Algumas pessoas defendem que você deve esfregar os cobertores no gato para acostumá-lo ao cheiro, mas não se engane: não sou uma delas!

Não há como garantir que quando você apresentar seus gatos ao bebê eles vão adorar, mas se o gato tiver a chance de *avaliar* aquela coisa esquisita antes de ter que interagir com ela, é provável que seja, bem, menos esquisito.

Passo três: Os três Rs, antes e depois

Queremos começar a construir juntos os três Rs (Rotinas, Rituais e Ritmo) em torno do par gato-bebê antes mesmo de a criança nascer. Nesse caso, você vai fazer uma sessão de CAMC (Capítulo 7) com seu gato normalmente. Contudo, o ponto importante é: *conclua a sessão levando o gato para o quarto do bebê para a refeição*. Isso vai reforçar associações positivas com esse "novo" espaço, e também vai ajudar a desenvolver um fluxo contínuo do território familiar do restante da casa para o território novo ou reformado do quarto do bebê. Isso também vai ajudar a definir uma nova Rotina, além de novos Ritual e Ritmo das refeições na casa quando o bebê nascer.

Por que é importante estabelecer isso antes do nascimento? Dormir será raro, e as pressões de cuidar de um recém-nascido são imensas. Se você não construir esses três Rs antecipadamente, vai acabar em uma bola de neve na qual já vi muitos pais bem-intencionados acabarem se envolvendo. Começa com a exaustão, que leva a menos integração e mais separação. Seu gato, claro, responde de forma negativa a essa separação.

Os relacionamentos gato/humano **245**

Se você restringir o acesso àquele território, o gato vai ficar inseguro sobre isso; se deixar que ele entre sem a preparação correta, ele pode fazer xixi nas coisas ou sibilar para o bebê. Aí você acaba prendendo-o ainda mais, e ele responde fazendo xixi em ainda mais lugares. Sem querer, você pode acabar destruindo o vínculo entre você e seu gato. Mas é possível evitar isso.

Construir os três Rs tem um ponto principal, assim como quando apresentamos um novo animal à casa: a hora da comida! Dessa forma, recomendo que alimente seu gato no quarto do bebê enquanto estiver alimentando a criança. Isso lhe dará a preciosa oportunidade de ser o máximo inclusivo possível; ao construir rituais ao redor do bebê, permita que o gato faça parte deles. Não há hora melhor para alimentar seu gato do que enquanto você está na cadeira de balanço cuidando do bebê.

Trazendo um gato para a casa da criança

Se você já tem filhos e está pensando em adotar um gato (ou dois), existem alguns passos que você pode dar para se certificar de que essa será uma relação bem-sucedida. Você vai perceber que esse processo tende a ser um pouco mais simples do que trazer um bebê a um lar em que o gato já está estabelecido, pois não será necessário abalar a posse de território do gato.

Escolhendo seu gato

A energia certa: Quando estiver no abrigo, lar temporário ou ONG, tente combinar as energias, como faria se estivesse buscando um novo companheiro felino para um gato residente. Se as crianças forem pequenas e/ou ativas e bagunceiras — ou se você recebe muitas visitas de outras crianças —, procure um Gato Mojito: talvez um adolescente ou jovem pronto para muita diversão. Ele será uma ótima combinação para uma casa ativa.

Histórico com crianças: Um gato que tenha um histórico positivo também é ideal, para ter certeza de que ele não vai ficar sobrecarregado com a confusão de uma casa cheia de crianças correndo para lá e para cá.

Adultos ou filhotes: Um gato mais velho pode ser mais apropriado para uma casa mais tranquila, ou que tenha adolescentes que sejam mais sossegados. Embora nós sejamos atraídos por filhotes, por serem tão fofos, lembre-se de que eles são frágeis e precisam de muita supervisão, tanto para sua segurança quanto para a de crianças pequenas.

Preparando-se para seu novo gato

Arrume o acampamento base do recém-chegado: Vocês podem planejar em família que cômodo será usado, que tipo de marcadores de cheiro querem comprar, que decoração usar etc.

Gatificação básica: Como mencionei previamente, seu novo gato logo vai avaliar o novo lar verticalmente. Certifique-se de que existem alguns lugares altos para ele usar, especialmente se houver crianças ativas na casa, de quem o animal pode querer se afastar um pouco!

Apresentações iniciais: Depois de levar o gato para casa e deixá-lo no acampamento base, permita que ele se acostume com o novo espaço antes de *qualquer* apresentação. Então, mais tarde, quando começar a apresentá-lo aos membros da família, faça isso com supervisão, e um de cada vez. Se houver várias crianças tentando chamar a atenção do gato e animadas com seu novo irmãozinho animal ao mesmo tempo, com certeza o recém-chegado vai se assustar, para dizer o mínimo. Nunca é cedo demais para exercer sua autoridade e ajudar a ditar o tom e ritmo dessas relações.

O PRÓXIMO PASSO DEPOIS DO PRIMEIRO: GATOS E BEBÊS (CODINOME: BEBEZILLAS)

Um elemento fascinante da comunicação felina é a linguagem expressa através do reconhecimento e respeito espacial. É por isso que passei tanto tempo no elemento de fluxo de tráfego quando falamos de gatificação (Capítulo 8). Particularmente no mundo horizontal compartilhado (o chão), vemos a dinâmica da divisão de posse territorial — um gato que circula pelos cantos tem menos poder do que o que atravessa as avenidas centrais, ou dois gatos dividindo valiosos marcadores de cheiro como camas que marcam o movimento do sol pela casa. Isso tudo me lembra que cada posição é um movimento em potencial no xadrez de gato; muitos desses movimentos são sutis, não compreendidos completamente por nós, mas quando os gatos se cruzam, no mais delicado dos balés, percebemos sem sombra de dúvida que tudo isso está escrito no DNA do Gato Essencial.

E aí o Bebezilla entra na sala como se fosse o centro de Tóquio e transforma o balé em uma rodinha punk.

Em média, bebês dão os primeiros passos entre 9 e 11 meses de idade, e quando chegam aos 15 meses já estão andando e tocando o terror. Na paisagem cuidadosamente coreografada do planejamento urbano felino, não existe força mais destrutiva do que o Bebezilla. Por quê? Não só por causa dos seus movimentos imprevisíveis, nem pelo fato de que ele ignora todos os sinais de trânsito, atravessando alegremente o meio da sala, encurralando Gatos Invisíveis sem aviso e não dando a mínima para as sensibilidades dos Gatos Napoleão. Não, a verdadeira ameaça é a total falta de autoconsciência. Bebezillas não sabem aonde querem ir, de verdade. Não desenvolveram a habilidade espacial para seguir para a esquerda ou direita em linha quase reta, ou a habilidade de comunicação para se afastar quando assustam seus irmãos de quatro patas. Eles não seguem as regras do xadrez de gato. Você conhece aquela expressão do seu gato, a de "Meu Deus do céu, o que é isso?", quando percebe que não tem como fugir. O Bebezilla está se aproximando, e o alarme do fugir-ou-lutar soa imediatamente.

Se você ainda não investiu na gatificação, agora é a hora. Você deve medir a altura até onde seu filho alcança e construir sua autoestrada felina acima desse limite. Seus gatos precisam saber que têm lugares no território vertical onde estarão seguros.

Como mencionado na parte de mitos detonados neste capítulo, gatos não atacam naturalmente; porém, podem atacar *defensivamente* quando suas rotas de fuga não estão disponíveis, o que significa que o único motivo para eles "atacarem" o Bebezilla é se acharem que o Bebezilla vai atacá-los! Não espere até essa situação potencialmente explosiva acontecer; se você se dedicar a gatificar sua casa de forma proativa, antes de o bebê nascer — ou antes de trazer um gato para uma casa com pequenos —, vai ficar muito mais tranquilo... assim como os gatos.

Seu objetivo final quando se trata dessa faixa etária é ter territórios dentro do território que pertençam ao gato e lhe deem um espaço à prova de crianças, ao mesmo tempo dando à criança um espaço à prova de gato.

Colocando o "super" em visitas supervisionadas

Uma boa gatificação vai manter qualquer encontro não intencional entre crianças e gatos em um nível mínimo, e, como discutimos, dará ao seu gato uma rota de fuga, se necessário. Mas e quanto a momentos planejados para que seu filho brinque com o gato e vice-versa? Três coisas:

1. Enquanto seu filho tiver entre 1 e 3 anos, é indispensável que todas as interações "oficiais" entre criança e gato sejam supervisionadas. Sem exceção, por favor!

2. É melhor planejar essas interações supervisionadas em momentos de "baixa energia" na casa, quando o gato e a criança estiverem bem tranquilos. Isso pode acontecer depois de uma

sessão de brincadeiras com o seu gato, quando sua energia já tiver sido gasta, e/ou perto da hora de dormir da criança.

3. Tudo que as crianças dessa idade querem fazer é encostar nas coisas. No entanto, lembre-se de que suas habilidades motoras ainda não estão totalmente desenvolvidas, nem a noção do que pode ou não machucar um animal. Supervisão também significa permitir que a criança faça carinho no gato usando a sua mão como guia, para que você possa impedir agarrões ou puxões e, em geral, evitar arranhões e sibilos em resposta.

ESCLARECENDO A CAIXA DE AREIA

No segundo em que seu filho aprende a andar e se afastar sem você perceber, você provavelmente vai se preocupar com a possibilidade de ele ir parar dentro da caixa de areia. Ela é um ponto central para os melhores e piores cenários da apresentação gato/criança, simplesmente porque é um destino atraente para os dois jogadores. Para os gatos, é claro, ela é o epicentro de atividade e identidade; para o Bebezilla, é um parquinho. Cuidado com uma clássica conduta antigatitude aqui, que é pensar: "Definitivamente não quero que meu bebê acabe na caixa de areia..." e de repente todas as caixas são exiladas, acabando na garagem, na lavanderia ou no porão, onde a criança não vai poder alcançá-las. Isso, é claro, viola um dos meus mandamentos mais sagrados sobre caixas de areia e gatificação; você acaba diminuindo a gatitude da equação para tentar evitar algo que *talvez* aconteça.

Outro exemplo dessa diminuição da gatitude é pegar as caixas de areia e disfarçá-las, tampá-las ou girá-las para a parede em uma tentativa de evitar que seu filho se interesse.

Dica: Um biombo decorativo pode criar uma barreira para a caixa, ou pode-se usar uma caixa com laterais altas e uma entrada pequena. Se você optar por evitar esse encontro, fazendo mudanças baseadas em estética, em vez de pensar no que funciona tanto para a criança quanto para o gato, não esqueça: *aqui se faz, aqui se paga.*

Por outro lado: se seu bebê está morrendo de vontade de brincar na caixa de areia, lhe dê outras coisas para brincar. Sejam humanos ou animais, a estratégia do não/sim funciona com todo mundo. Você não quer remover o componente mais importante do território do seu gato por causa de uma possibilidade remota.

Dica do pai de gatos

Você pode usar um portão de segurança, erguido a alguns centímetros do chão, para ao menos não esconder a caixa de areia. Assim, o gato pode passar por cima ou por baixo do portão, e o bebê não. Também existem alguns portões de segurança com passagem para animais, que funcionam muito bem e não causam dor de cabeça a ninguém.

Uma concessão que pode ser feita do lado felino desse impasse de gatificação é o seguinte: se o bebê passa mais tempo brincando na sala, talvez a caixa de areia possa ficar no quarto ou no banheiro — cômodos em que ele não vai ficar sozinho e sem supervisão. Porém, impasses são oportunidades ótimas para colocar sua imaginação para funcionar; por exemplo, embora você talvez pense que essa seria uma ideia absurda, tirar a caixa de areia do chão normalmente não é problema para os gatos (se eles tiverem essa agilidade). Caso não seja um incômodo, lembre-se de que isso vai manter seu gato cheio de gatitude e seu filho fora da areia.

A conclusão de tudo isso é que não tenho uma regra absoluta para esse problema em potencial, porque estamos no mundo do meio-termo entre gato e criança. O que funcionar está ótimo, desde que você tente seguir as regras da gatificação e evite que seus filhos vejam a caixa de areia como um parquinho.

Pelo bem dos gatos, tudo que peço é que você não desista e não torne as caixas de areia totalmente desagradáveis de usar, ou as coloque todas na garagem... ou no lixo.

O LEMBRETE DOS TRÊS RS

A esta altura, sua família já vai ter entrado em um certo ritmo de altos e baixos ciclos de energia, baseado nas características das atividades da sua casa. Como discutimos no Capítulo 7, você deve estabelecer Rituais e Rotinas chave com seus filhos e gatos e baseá-los nos pontos altos de energia da sua família. Isso cria seu Ritmo doméstico único.

No início deste capítulo, descrevemos a Rotina e o Ritual de alimentar o gato enquanto você alimenta o bebê no quarto, criando um Ritmo específico dentro da casa. Mas, conforme seu bebê cresce, seus três Rs vão evoluir, e você vai encontrar outras maneiras de entrelaçar as diferentes Rotinas e Rituais para que o Ritmo da sua família permaneça em sincronia. Isso vai fazer todas as suas "horas" — hora de comer, de brincar, de dormir — fluírem como uma sinfonia de Beethoven.

Uma última palavra sobre esse assunto: para criar belas músicas, você precisa estar disposto a tomar decisões difíceis. Seja com a tentação de fechar a porta do quarto do bebê ou evitar o acesso do gato à caixa de areia, gostaria de encorajar você a escolher a opção oposta. Descubra o que torna essa decisão arriscada, examine sua hesitação, ou até medo, e encare de frente!

A GATITUDE MADURA: O INÍCIO DA INFÂNCIA E A REDUÇÃO DA DISTÂNCIA FELINA

Muito do papel parental nos primeiros anos da relação entre crianças e gatos pode ser descrito como um meio-termo entre diplomata e juiz. Tentamos proteger ambas as partes de ações ou reações descuidadas da outra, e ao mesmo tempo nutrir respeito e consideração mútuos entre elas. Quando a criança cresce e se torna capaz de seguir melhor suas indicações, aí podemos começar a ensinar os "Pode" e "Não pode" fundamentais para construir a gatitude e um relacionamento duradouro entre esses dois melhores amigos.

ANIMAIS TAMBÉM TÊM SENTIMENTOS

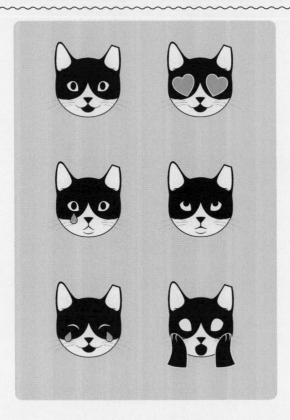

Empatia e respeito são duas das virtudes mais valiosas da gatitude que as crianças podem aprender. Por volta dos 3 ou 4 anos, elas começam a usar palavras para descrever suas emoções. Já são capazes de responder a perguntas como: "Qual é a sensação de quando você está com medo ou feliz?" Essa também é a idade em que as crianças começam a entender as emoções dos outros e a compreender que outros indivíduos têm seus próprios sentimentos e pensamentos (uma habilidade conhecida como teoria da mente).

Quanto mais seu filho se considerar igual ao seu gato, melhor ele vai conseguir identificar as emoções dele. Não vai dar para se aprofundar muito por enquanto, mas você pode ajudá-lo a criar paralelos. Por exemplo, você pode perguntar "Como você se sente quando coisas assustadoras acontecem?" e, seja qual for a resposta, completar: "E você acha que a

Os relacionamentos gato/humano **253**

Fluffy também se sente assim quando coisas assustadoras acontecem?" É claro que discutir sentimentos positivos também funciona. Por exemplo: "Como você se sente quando a gente vai ao parquinho?" E então, independentemente da resposta: "Você acha que a Fluffy se sente assim quando a gente brinca com *ela*?"

A partir daí, você pode usar o mesmo tipo de diálogo para falar sobre conforto, amor e dor física. Essas perguntas, e a forma como você vai guiar as respostas do seu filho, criam raízes para a empatia e são a base de relações profundas com animais no futuro.

O PAI DE GATOS DIZ: PODE

Ensine Interação Compassiva

- Primeiro, use um bichinho de pelúcia para demonstrar como lidar com um gato. Explique que não podemos puxar o rabo ou as orelhas, e que o carinho deve ser *devagar*. Se seu filho for bruto com o bicho de pelúcia, peça que ele imagine que é o *seu* gato, e pergunte como ele se sentiria se alguém mexesse com ele dessa maneira.
- A seguir, ensine seu filho a como deixar o gato fazer carinho nele, e onde a maioria dos gatos mais gosta de receber carinho, o que em geral é em torno das bochechas (para mais informações sobre isso, leia sobre a técnica Michelangelo na página 263).
- Você já deve saber que tipo de carinho seu gato mais gosta, mas com crianças pequenas é melhor apostar no certo e fazer carinho com um dedo ou com a mão aberta. Essa também é uma boa hora para ensinar que a maioria dos gatos não gosta muito de carinhos da cabeça ao rabo repetidas vezes (o que não necessariamente é verdade para todos os gatos, mas evitar esse tipo de carinho ajuda a evitar o excesso de estímulo. Melhor prevenir!).

Lembre-se: Não podemos culpar uma criança pequena por querer apertar um gato, assim como não podemos culpar um gato por querer escapar. Mas muitos gatos só recebem uma chance antes de se darem mal, portanto você deve supervisionar, dar instruções e bons exemplos para ajudar seu filho a ser gentil com o bichano.

Ensine às crianças a sempre falar baixinho e com amor com os gatinhos Nada de gritar ou falar alto com o gato ou perto do gato.

Ensine a forma correta de falar sobre os gatos — eles não são "coisas". Acredito que esse "pode" seja um dos mais importantes, porque é uma questão mais geral em relação a todos os animais, e ajuda a cimentar o que esperamos ser a geração mais empática e compassiva da história. Exagero? Nem um pouco! Internalizar o conceito de que um animal não é uma coisa como uma mala ou uma bola, e sim um ser vivo, com emoções e personalidade, vai nos ajudar a virar o jogo contra o abandono de animais de estimação, maus-tratos e sacrifícios desnecessários. Além disso, vai ajudar o seu gato a ser tratado da forma como descrevo aqui, com empatia e compreensão. Então, sempre se refira ao seu gato pelo nome ou pelo pronome do sexo correto, e encoraje seu filho a fazer o mesmo.

O PAI DE GATOS DIZ: NÃO PODE

Ser agressivo, nunca: : Nada de bater, dar tapas ou fazer carinho "ao contrário" (contra a direção do pelo).

Desrespeitar o "espaço pessoal": Não atrapalhe os gatos quando estão comendo, dormindo, usando a caixa de areia, aconchegando-se em seu casulo ou aproveitando o espaço vertical.

Usar as mãos como brinquedos: Nunca é cedo demais para ensinar isso. Incontáveis gatos vão parar em abrigos pensando que mãos são brinquedos, e isso acaba sendo um dificultador para suas adoções. Seja consistente e sempre use brinquedos para brincar. As mãos devem ser usadas para segurar a outra ponta do brinquedo interativo, o que é bem mais divertido do que ficar com as mãos todas arranhadas, não é?

Ensinando às crianças o básico sobre linguagem corporal e vocalização felinas

Como tenho realçado, desenvolver a empatia nas crianças (como você fez ao se tornar a caixa de ferramentas da gatitude) é um processo mais orgânico do que simplesmente lhes dar uma lista do que podem e do que não podem fazer. Ao questioná-las sobre como se sentiriam e como responderiam a certas situações, a conversa sobre como lidar com gatos e quando deixá-los em paz se torna mais fácil. Por exemplo, se o gato está batendo o rabo, ou seus olhos estão arregalados e as orelhas para trás, esses são sinais de que ele não está se sentindo especialmente sociável no momento. Um rosnado, um miado gemido e, é claro, sibilos e arranhões (não importa se como sinal de medo ou agitação) são avisos!

Para mais informações, procure seu veterinário.

MAIS IDEIAS PARA CRIANÇAS AUMENTAREM A GATITUDE

Se você quer que seus filhos se envolvam de forma mais proativa na vida do seu gato, isso é ótimo! Aqui vão algumas ideias:

Ações que crianças podem fazer com ou para gatos:

- Peça para seu filho ajudar a alimentar o gato, para construir associações positivas entre eles.
- Seu filho pode cuidar do jardim do gato; vocês podem plantar ervas como salsa, sálvia ou erva-de-gato. Hoje em dia, é possível encontrar kits prontos muito fáceis de plantar.
- Crianças pequenas podem brincar com o gato usando brinquedos interativos quando desenvolverem a habilidade motora necessária, mas não antes disso — porque podem balançar o brinquedo rápido demais e assustar o gato, sem mencionar que muitas varas de pesca mais parecem armas medievais. Dito isso, com supervisão e orientação dos pais, essas brincadeiras são uma ótima maneira de distrair crianças e gatos, e podem ser uma incrível ferramenta educacional sobre a natureza do Gato Essencial.

AS CRIANÇAS PODEM AJUDAR A CUIDAR DO GATO?

Muitos pais querem ensinar seus filhos a serem responsáveis lhes dando tarefas relacionadas ao cuidado com o animal de estimação. É ótimo para as crianças compreenderem a responsabilidade de cuidar da vida de outro ser e o conceito de ser um guardião. Só temos que tomar cuidado para não pedir nada insensato e acabar frustrando todos os envolvidos.

O nível de responsabilidade de uma criança no cuidado com o animal de estimação depende dos pais. Você deve conversar com seu filho sobre as necessidades do gato. Ajude-o a entender que as necessidades dele e as necessidades do gato não são tão diferentes assim. Ser um bom amigo para seu animalzinho significa lhe dar uma caminha limpa e uma caixa de areia. Gatos precisam de comida, água, um lugar quentinho e seco para dormir e um médico para quando não estão se sentindo bem.

Será que uma criança de 6 anos deve limpar a caixa de areia? Isso depende da criança. No entanto, em geral, você pode pelo menos pedir que a criança ajude com a comida, a água e a limpeza da caixa.

Novamente, o cotidiano traz muitas oportunidades maravilhosas de criar empatia. Lembre a seu filho que essas responsabilidades não são uma simples tarefa, e sim uma maneira de mostrar ao seu gato o quanto vocês o amam. Afinal, é isso que um pai faz: demonstramos o quanto amamos nossos familiares ao cuidar deles, alimentá-los, manter seus quartos limpos etc.

MELHORES AMIGOS PARA SEMPRE:
SEU PAPEL NA GATITUDE

Um dos motivos pelos quais adorei contar para você sobre sua caixa de ferramentas da gatitude no Capítulo 6 é que, uma vez que o conceito se torna mais do que uma teoria, quando ele se torna parte de você, ele também se transforma em um presente para os outros. E não quero dizer só para os animais na sua vida; a caixa de ferramentas é um presente que será herdado pelos seus filhos.

Cultivar a própria caixa de ferramentas também faz com que seja mais simples reiterar um dos elementos fundamentais da gatitude total para os seus filhos: *você está em um relacionamento com o seu gato*. Portanto, você não vai apenas ensiná-los a lidar com animais, mas também a entender o conceito e a natureza de relacionamentos. Eles aprendem a ouvir com compaixão e a agir com os outros como se tudo dissesse respeito a suas próprias vidas, além de construir uma base sólida da ideia de que a qualidade de seus relacionamentos (com outros humanos e animais) vai depender amplamente de duas coisas: de como você se comunica com os outros e do quanto você é capaz de interpretar e responder ao que os outros lhe dizem.

No caso do nosso relacionamento com gatos, esse processo pode ser especialmente complexo, pois envolve comunicação verbal e não verbal — e não vamos esquecer que a linguagem que recebemos é estranha para nós. A comunicação verbal se trata (obviamente) das palavras que você usa para se comunicar com seu gato, e também das que usa para definir *internamente* os diferentes sinais que seu gato transmite de volta para você. Você pode ficar tentado a pensar: "Isso não importa, meu gato não entende o que digo, que dirá o que penso." Ahhh, mas eles *sabem*.

Comunicação não verbal tem mais a ver com o "clima" que você transmite — linguagem corporal, emoções, gestos —, e o que muitas vezes pensamos ser os "intangíveis inofensivos" que carregamos na presença de nossos amados gatos, sem achar que eles percebem. Ahhh, mas eles *percebem*.

No caso tanto da comunicação verbal quanto da não verbal, existe um diálogo constante entre você e o seu gato, o tempo todo, do qual não só ele está consciente, mas ao qual muitas vezes ele responde, inclusive. Por isso, o fator da gatitude total nesse relacionamento é responsabilidade nossa.

Na próxima seção, vou revelar algumas das ideias mais importantes que aprendi com o passar dos anos, que podemos absorver, e atitudes que podemos tomar, para ajudar a garantir uma relação duradoura e próspera com nossos familiares felinos.

LINGUAGEM CORPORAL E EMOÇÕES HUMANAS

Gatos usam as emoções humanas como combustível, e isso quase sempre é ilustrado, conscientemente ou não, pela linguagem corporal. Gatos vão espelhar sua energia, e se essa energia for frenética, vai bastar somente uma faísca para fazê-los explodir. Por exemplo, se você for medroso ou hesitante, ou ficar evitando-os ou se protegendo deles, os gatos vão entender que você não confia neles. Ou se você ficar supernervoso ao fazer carinho em um gato e afastar a mão de repente, ele pode interpretar esse movimento como o de uma presa fugindo, fazendo esse gesto simples e temeroso levar a um mal-entendido, talvez até a uma mordida ou arranhão.

Então, como você deve se aproximar de um gato que ainda não conhece ou que é um pouco arisco? Primeiro, deixe o medo de lado; quando os humanos estão confiantes, essa energia positiva se retroalimenta. Tudo se resume às energias, e você precisa estar com a mente calma e em quietude. Seja um embaixador inofensivo e traga uma mensagem de amizade, entrando no território felino com uma confiança silenciosa. Isso é especialmente verdade em casos de Gatos Invisíveis ou Napoleões, que estão sempre buscando uma desculpa para fugir ou atacar.

Outra forma de dizer isso é que, na maior parte do tempo, a melhor forma de se aproximar de um gato é simplesmente ignorá-lo. Principalmente com gatos medrosos. Saia de perto, se abaixe (não agachando ou ficando acima deles, é melhor só se sentar) e deixe que ele venha até você. Já percebeu que, em uma sala cheia de desconhecidos, o gato nunca se aproxima primeiro dos que se identificam como "malucos por gato"? Ele sempre vai para os alérgicos, os que "odeiam gatos" ou que "são mais de cachorro". Isso acontece porque, ao não quererem nada com o gato, essas pessoas permitem que ele se aproxime e as avalie, ao mesmo tempo fugindo das mãos e da atenção de quem está ocupado demais tentando convencer os outros de que "TODOS os gatos me AMAM!".

CUMPRIMENTOS DE GATO

Vamos dar uma olhada na sutil arte dos cumprimentos de gato, começando com um dos meus preferidos. Esse funciona toda vez que você conhecer um gato novo, e também é uma forma confiável de comunicar uma boa gatitude para seu próprio gato.

A piscada lenta (ou o "Eu te amo" felino)

A terapeuta comportamental Anitra Frazier, autora de *The Natural Cat*, descobriu, aperfeiçoou e escreveu sobre uma técnica que ela chamou de "eu te amo felino", só de observar os gatos nas janelas de Nova York. Ela percebeu que, quando se aproximava, se relaxasse o rosto e olhasse para os gatos, eles piscavam lentamente. Ela seguiu essa pista e começou a iniciar esse comportamento quando se aproximava. Os gatos, ou pelo menos a maioria deles, piscavam de volta. Usando essa descoberta com os seus clientes felinos, muitos dos quais eram traumatizados, ansiosos, agressivos ou simplesmente desconfiados e assustados, ela descobriu que a piscada era como uma Pedra de Roseta, uma forma de "infiltrar-se" na hieroglífica natureza da linguagem felina.

Então por que se chama "eu te amo"? Na minha opinião, é porque esse momento se baseia em demonstrar confiança através de vulnerabilidade. Lembre-se: gatos também são presas, e fechar os olhos lentamente para você não é algo que fariam naturalmente. Na natureza, o padrão é "dormir com um olho aberto", 24 horas por dia, sete dias por semana. Portanto, fechar os olhos para um "ser estranho", um agressor em potencial, é a maior demonstração de vulnerabilidade, confiança e, consequentemente — na linguagem do mundo predatório —, amor.

Nós, humanos, podemos reciprocar essa vulnerabilidade oferecendo uma demonstração semelhante de confiança. Quando dou a piscada lenta para um cliente felino, em especial um agressivo, o que estou dizendo é basicamente: "Você poderia arrancar meus olhos agora, mas eu confio que você não fará isso." Em geral, uso a piscada lenta como cumprimento inicial porque preciso demonstrar, logo de cara, que sou verdadeiramente vulnerável (os gatos sabem; você não pode mentir na sua linguagem corporal para um gato, tanto quanto não pode mentir verbalmente para um polígrafo). Essa demonstração de confiança é essencial. (Por outro lado, encarar os olhos de uma presa, como os gatos, pode despertar o impulso de lutar-ou-fugir, o que é a última coisa que você quer ao tentar criar confiança e fazer amigos.)

Quando for praticar a piscada lenta, certifique-se de que seu olhar está "suave" e só *olhe*, sem *encarar*. Existe uma sutil, porém muito importante diferença entre olhar e encarar. Vá se olhar no espelho e tente perceber a

O encantador de gatos

diferença. Você vai perceber que o olhar é leve e relaxado, não antagonístico, e vai levar à confiança da Piscada Lenta; uma encarada é desconfortável, intrusiva, hostil, e provavelmente vai levar a uma unhada na sua cara se estiver lidando com um gato desconhecido que já está se sentindo ameaçado. Concentre-se nos músculos da bochecha, do maxilar, até do pescoço e sobrancelhas. Antes de encontrá-lo, se estiver um pouco hesitante, tente fazer um exercício de relaxamento progressivo em que, por exemplo, você ergue as sobrancelhas por dez segundos, depois relaxa. Faça isso com todos os músculos dos ombros para cima e logo vai estar em um estado fisicamente neutro.

Agora, tente fazer isso com seu gato: Olhe para ele, relaxe os olhos, pisque, pense "eu te amo" ("eu" com os olhos abertos, "amo" com os olhos fechados, "você" com os olhos abertos). Espere por uma piscada ou, pelo menos, que seus bigodes fiquem neutros. Até mesmo uma Piscada Lenta parcial como resposta é um bom sinal. Se você não obtiver uma piscada como resposta, desvie o olhar ou olhe para baixo, e tente de novo.

Claro, alguns gatos simplesmente não piscam de volta; e para outros é uma questão de proximidade, talvez você precise dar uns passos atrás e tentar de novo. A questão é aprender uma nova linguagem (para o humano), então não leve para o lado pessoal caso não receba a resposta esperada. Vocês dois estarão, no mínimo, aprendendo lições muito valiosas um sobre outro, e esse "infiltrar-se" na Pedra de Roseta da linguagem felina vai perdurar entre vocês.

Aperto de mão em três passos

Muitos anos atrás, eu me vi em uma situação em que tive que basicamente intuir o que hoje chamo de aperto de mão em três passos. Estava trabalhando em um abrigo de animais e uma mulher tinha acabado de deixar um gato jovem que tinha sido atropelado. Ela não podia pagar pelo tratamento e, para ser sincero, não parecia ter a intenção de ficar com ele. Quando ela me entregou a caixa de transporte, eu sabia que ele estava sentindo dor e precisava ser levado a um veterinário com urgência.

Caso você não saiba aonde essa história termina, eu acabei adotando esse gato e, como contei no meu livro de memórias, *Cat Daddy*, ele basicamente salvou minha vida. Mas meu primeiro encontro com Benny me obrigou a pensar rápido em formas de comunicar àquele gato machucado e assustado que eu estava ali para ajudá-lo.

Gosto de pensar nessa situação como se fosse o embaixador de um país estrangeiro que foi isolado comercialmente. Os cidadãos estão desconfiados, e com razão. Era o caso de Benny. Ele não tinha motivos para confiar em mim, então tive que lhe dar motivos.

Enquanto ele estava avaliando sua situação (*Estou sentindo dor, preso em uma caixa, em um veículo em movimento...*), eu pensava no que poderia oferecer, uma oferta de paz, que fosse além de uma trégua, entre dois países para não se bombardearem até a morte. Eu precisava dizer: "Trago uma mensagem de amizade." Comecei com a piscada lenta, mas precisava de algo mais enfático.

Sabendo que o cheiro é um fator importante para gatos se conhecerem, tentei apresentar para Benny a haste dos meus óculos — algo que cheirava fortemente a mim, e só a mim, e que eu poderia mostrar a uma distância segura. Quando ele respondeu de forma positiva, esfregando a bochecha nos óculos, misturando seu cheiro ao meu, em seguida ofereci meu dedo para o espaço acima do nariz dele, o "terceiro olho" felino.

Bingo! Ele esfregou a bochecha no meu dedo e simplesmente *relaxou*. Foi naquele momento que percebi que essas três técnicas, combinadas, eram o equivalente a um aperto de mãos que aquece a relação entre dois países. Era um gesto diplomático que nos tornava aliados.

Então, vamos resumir. O aperto de mão em três passos consiste do seguinte:

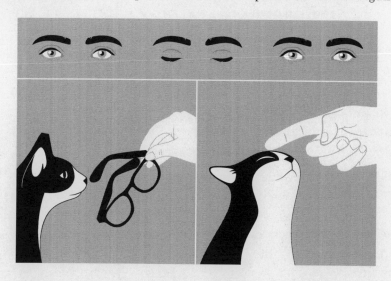

Passo 1 — A piscada lenta: Apresente-se de forma completamente não ameaçadora para o gato.

Passo 2 — A oferta de cheiro: Ofereça ao gato algo que tenha o seu cheiro. Gosto de usar a haste dos meus óculos ou uma caneta.

Passo 3 — O "aperto de mão" de um dedo só: Ofereça sua mão ao gato de forma relaxada. Estique um dedo e deixe o gato cheirar como ele fez com o objeto, então leve o dedo àquele ponto entre os olhos. Permita que ele se esfregue no seu dedo; o gato vai esticar a cabeça para que você possa esfregar gentilmente seu nariz e testa. (Vamos explorar essa técnica mais a fundo em um momento.)

Deixe seu gato no comando

Um estudo avaliou mais de seis mil interações entre humanos e seus gatos em 158 casas. As interações eram categorizadas por quem iniciava o contato. Quando os humanos iniciavam a interação, elas eram mais curtas. Quando permitia-se que os gatos iniciassem o contato com seu humano, as interações duravam mais tempo e eram mais positivas.

QUERIDINHO DO PROFESSOR: ALGUMAS INSTRUÇÕES

Fico dividido em oferecer tutoriais completos sobre carinho. O ato de fazer carinho em animais é, de certa forma, uma experiência muito individual — uma expressão da relação que você tem com um gato em especial. Ainda assim, lidar com essa experiência nos moldes do pensamento "caixa de ferramentas" permite que você descubra logo como, onde e por quanto tempo seu gato gosta de receber carinho. Nem sei quantas vezes já ofereci regras definitivas e universais como "Não encoste na barriga!" e acabei descobrindo que o gato em questão *adorava*.

Assim como o **Aperto de mão em três passos** e a **Piscada Lenta**, tenho algumas técnicas que utilizo quando quero fazer carinho em um gato que

Os relacionamentos gato/humano **263**

acabei de conhecer. Nunca presumo saber onde (ou se) um gato quer ser tocado. Aqui vão minhas instruções:

1. As melhores apresentações são feitas pedindo, não mandando. Quando um gato se aproxima de você, recebê-lo com uma passada de mão da cabeça ao rabo logo de cara é uma grosseria, e pedir demais. Em vez disso, uso a técnica **Michelangelo (ou Dedo no nariz)**. Uso essa técnica quando estou sentado e o gato se aproxima para me explorar, ou quando encontro um gato no mundo vertical enquanto estou de pé. Quando o gato se aproxima, relaxo a mão e, com a palma para baixo, estico o indicador — não rígido, como se estivesse apontando, mas relaxado, em uma curva suave. Isso apresenta a ponta do meu dedo de forma similar a como um gato apresentaria seu nariz a outro. Tocar narizes é um gesto universalmente simpático entre gatos, então tento repetir esse cumprimento.

2. Se eu receber o sinal verde com o Michelangelo ou se estiver fazendo carinho em um gato que já conheço, o começo da sessão sempre se dá deixando **o gato fazer carinho em você**: assim que o toque no nariz é bem recebido, estico o dedo, para dar um pouco mais de pressão ao toque. Se o gato está se sentindo afetuoso, ele vai empurrar a cabeça na direção do meu dedo. Daí, é só seguir para onde ele o guiar — para a testa, para as bochechas. É só fazer o que ele pede, que não tem erro. O segredo é escutar!

3. Os lugares que costumo presumir que posso tocar em todos os gatos são: bochechas, queixo e testa. Considero esses pontos como os **carinhos iniciais**. Ganhar confiança e receber uma resposta positiva nesses pontos vai me permitir saber se tocar o resto do corpo do gato é algo que será agradável para nós dois.

4. A próxima técnica que uso é a **limpeza assistida**. Essa entra em ação depois que já estabeleci um pouco de confiança inerente ao meu toque, depois de outros carinhos introdutórios. Sabendo que se lamber é não só uma necessidade, mas também uma forma de os gatos se sentirem mais confortáveis e tranquilos quando estão estressados ou ansiosos, uso meu dedo para simular essa sensação. Além de ser agradável, isso ajuda a fortalecer o laço entre nós. Co-

meço com uma extensão do dedo no nariz: passo o dedo do nariz para a lateral da boca e bochecha. Isso vai inevitavelmente pegar um pouco da saliva do gato em meu dedo, então continuo o movimento, tocando a ponte do nariz, passando por entre os olhos, pela testa até o pescoço. Muitas vezes, quando estendo o dedo durante o Michelangelo, o gato lambe meu dedo. Novamente, uso esse dedo para passar o próprio cheiro nas áreas que já têm muitas glândulas (bochechas, testa etc.). Claro, pode soar um pouco... esquisito? Mas tente e você verá por que faço isso.

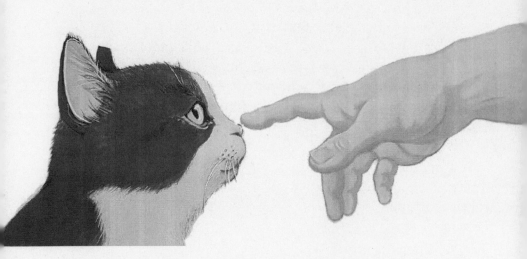

5. Outra técnica avançada de gatitude é a **hipno-orelha**: chamo de avançada porque, como na anterior, é preciso desenvolver um certo nível de confiança antes de tentar. Chamo de "hipno" porque, feita corretamente, essa técnica faz os gatos entrarem em um estupor quase zumbi. É simples: faça uma massagem circular na orelha do gato, com o polegar na parte de dentro e o indicador por fora da orelha. Os dois terços superiores das orelhas são as partes mais sensíveis. Cada gato vai preferir um lugar e um ritmo diferente, mas posso dizer que a pressão deve ser média, não leve demais para não fazer cócegas.

Os relacionamentos gato/humano 265

Seria um desserviço dizer que *todos* os gatos adoram ou odeiam certo tipo de carinho, então tente conhecer as preferências do seu gato. Assim, a sua única preocupação será com a tendência dele a excesso de estímulo.

Excesso de estímulo é uma forma de agressão que acontece quando o gato ultrapassa um limite de interação. O excesso de estímulo causado pelo carinho é o mais comum, embora barulho e dor, além de caos energético generalizado, também possam causar isso.

RECONHECENDO, PREVENINDO E LIDANDO COM O EXCESSO DE ESTÍMULO

A melhor maneira de descobrir se seu gato é suscetível a excesso de estímulos é através de uma espécie de "inventário do carinho". O ideal é manter a atenção máxima enquanto investiga a tolerância do seu gato, para que você não ultrapasse o limite do estímulo e acabe levando uma mordida ou arranhão. Aqui vão algumas sugestões para lidar com essa questão:

Reconhecendo os sintomas

Como gatos que sofrem com excesso de estímulo tendem a reagir a receitas específicas para isso, você terá que ser astuto e observador. Aqui estão alguns sinais clássicos. Em geral, esses comportamentos não serão típicos do seu gato.

- Pupilas dilatadas
- Pelos arrepiados
- Orelhas para trás
- Lambidas, esfregadelas ou outros gestos afetivos exagerados
- Rabo balançando — em geral isso significa que o balão energético está a ponto de explodir. Quando o rabo vai de um tremelique ocasional para um balançar ritmado, as coisas estão aumentando de intensidade. Se não for resolvido, esse comportamento vai acabar se aproximando do balançar de rabo de um cachorro alegre... só que não estamos lidando com cachorros, e eles não estão contentes! A essa al-

tura, logo antes do ataque, é como se seu gato estivesse gritando com você.

- Tremelique nas costas — é um tipo de tremor que corre pela parte posterior do corpo e que é, em parte, um espasmo, mas também uma forma de liberar energia. Você talvez já tenha visto seu gato andando pela casa, de repente parar, como se uma mosca tivesse pousado nas suas costas, e muito deliberadamente começar a se lamber. Esse gesto de limpeza também é uma forma de autorregulação. É um bom indicador de que o tanque de energia do seu gato está quase transbordando.

Evitando o "estouro"

Identifique o que alimenta a energia: Para alguns gatos, o carinho é algo que enche seus balões energéticos de uma forma que pode ser intolerável. O acúmulo de energia sem que se extravase os preenche com um tipo de estática... e aí... bang! O que pode ser gostoso por três ou trinta segundos de repente parece que vai fazer seu balão estourar. Aquele sibilo, a mordida, a fuga ou ímpeto de se lamber são tentativas desesperadas de esvaziar o balão. Pense nesses comportamentos como uma espécie de válvula de segurança. Cuidado! Para outros gatos, muita diversão pode ativar o excesso de estímulo, especialmente se você está fazendo carinho mais forte, com mais pressão ou mais rápido que o usual. Você pode notar o gato erguendo o rabo até sua mão de forma igualmente animada.

Faça um inventário: Perceba o que acontece quando você toca certas áreas do corpo do seu gato. Tente fazer carinho somente no rabo, depois no corpo inteiro, passando da cabeça ao rabo. Em seguida, encoste na barriga, segure as patas, passe a mão pela cabeça, bochecha e ombros. Perceba a diferença entre um, dois, três carinhos. Quantos carinhos de corpo inteiro você pode fazer antes que seu gato sinta excesso de estímulo? E, mais importante, quando seu gato chega a esse ponto, qual foi o movimento óbvio que causou isso, a gota d'água?

Às vezes é difícil pensar em parar de fazer carinho, porque seu gato está obviamente gostando, mas você pode acabar passando do limite. Se prestar atenção a essas mudanças, perceber os sinais e parar, a agressão — que tendemos a chamar de ataque — simplesmente não vai acontecer.

Gerenciando a energia

Tente regular a entrada e saída de energia diária do seu gato. Praticando o CAMC, ele deve ficar mais relaxado quando finalmente for descansar no seu colo. Se o balão energético esteve ativo durante o dia todo (ou seja, em um estado de inflação e deflação controlado por você ou pelo ambiente), então o nível de estímulo estará em 4 de 10, em média. É óbvio que levá-lo ao 6 e não ao 9 durante uma sessão de carinho vai evitar algumas consequências chatas. Sem querer ficar do lado dos gatos (bem, na verdade, é exatamente isso que estou fazendo), se o balão explodir isso é responsabilidade sua. Explosões relacionadas ao acúmulo excessivo de energia não justificam sua irritação, pois é você que deve aprender a prever e controlá-los.

Cantinho do gato nerd
Por que os gatos têm excesso de estímulo?

Um tema que discutimos bastante é como a natureza foi sábia com os dons de sobrevivência dados ao Gato Essencial. Um desses dons são os incrivelmente sensíveis receptores de toque espalhados pelo corpo dos felinos. Esses receptores detectam pressão, movimento do ar, temperatura e dor, e transmitem informações sobre o ambiente para o cérebro.

Existem dois tipos principais de receptores de toque: os de adaptação rápida e lenta. Os receptores de adaptação rápida respondem ao movimento de pele e pelo no momento em que isso acontece (além de registrar o toque prazeroso de imediato), mas os de adaptação lenta continuam disparando informação enquanto estiverem sendo estimulados, e são especialmente sensíveis ao carinho, sendo assim os principais responsáveis pela reação de "chega!". Alguns receptores de adaptação lenta são mais comuns na parte de baixo do corpo, onde a maioria dos gatos é mais sensível.

Sendo predador e presa, o Gato Essencial precisa ser sensível. Mas para seu alter ego, o gato doméstico, essa ferramenta de sobrevivência pode se tornar um incômodo. Nós exigimos que os gatos aturem uma quantidade grande de toques só porque gostamos de fazer carinho neles. Isso significa que seu gato não deve receber carinho? Claro que não! Com as informações desta sessão sobre como e por que gatos respondem ao nosso toque, você pode perceber que na maior parte das vezes a reação de "não encosta em mim!" é produto da fisiologia deles, não uma escolha. Ou seja: considere esse momento como um aprendizado, não como uma expressão de que "seu gato o odeia"!

PALAVRAS IMPORTAM

Até agora, falamos bastante sobre linguagem corporal e maneiras específicas como você pode cumprimentar ou interagir com seu gato fisicamente. Agora, vamos concentrar nossa atenção no que está acontecendo nas entrelinhas e além do campo físico. O que você fala sobre o seu gato, tanto na frente dele como pelas costas? Que palavras você usa para descrevê-lo e a suas ações?

As palavras que usamos são rótulos que moldam a forma como vemos o mundo. Elas também podem ser perigosas como armas. Quando usamos palavras como "ataque", "agressão", "aleatório", "malvado" ou "cruel", atribuímos intenção e/ou sentido profundo, por mais errôneos ou exagerados que possam ser, a comportamentos e ações.

Na minha experiência, em especial com gatos "problemáticos" em suas casas, eu diria que 90% do tempo lido pelo menos parcialmente com um problema de percepção, e da linguagem usada a partir dessa percepção. "Meu gato me *ataca cruelmente*" ou "Ele me dá mordidas *aleatórias*". Não estou dizendo que a descrição não seja verdadeira às vezes, mas na maior parte do tempo, é só exagero. O que para os meus clientes podem parecer só palavras, para mim estão envenenando a relação deles com seus gatos, e envenenando o gato. Esse tipo de expressão sugere que seu gato é um estranho, criando um muro entre vocês. Mas já ouvi isso tantas vezes, por problemas pequenos como uma mordidinha no tornozelo, mesmo em casos em que a pele nem é arranhada... e até sem que haja qualquer contato direto!

Mas o veneno não para aí. Quando você diz coisas como "ele me odeia" ou "ele é o demônio encarnado" sem pensar duas vezes, isso cria um rótulo que não pode ser desfeito. Se deu o nome para ele de "Gatinho Demo", "Gato do Inferno" ou "Satã", por favor, nos faça um favor — especialmente ao seu gato — e mude para um nome mais digno... ou pelo menos um que você daria a um filho humano. Seja qual for sua justificativa, não é motivo válido para um rótulo tão negativo. É uma forma desnecessária de desmerecê-lo que vai, em algum nível, atrapalhar sua relação.

Não esqueça: se você diz que ele ataca cruelmente, é isso que ele faz. Se você diz que ele é um desgraçado, é isso que ele é. Rótulos podem magoar, e o tom pode estragar tudo. Gatos não entendem a sua língua, mas certamente entendem o tom da sua voz. As palavras que usamos refletem e influenciam a forma como nos sentimos em relação a algo, mas também demonstram sentimentos e nuances — muitas vezes que magoam — aos nossos entes queridos, mesmo sem estarmos cientes disso. Essa ideia se aplica ainda mais ao seu gato. Então, se você quer manter seu lar sempre cheio de gatitude, deve permanecer atento às palavras que usa com o seu gato — tanto às ditas quanto às não ditas.

A ideia do cofre do xingamento do gatinho

Se você desenvolveu um hábito de falar mal do seu gato, aqui vai uma solução; crie um "cofrinho do xingamento do gato". Toda vez que você ou alguém se referir ao seu gato como "malvado", "demônio" ou "desgraçado", coloque um real dentro dele. Faça isso por algumas semanas e você logo vai perceber a maneira como fala do seu gato e o quanto isso significa.

Dica do pai de gatos: Ah, e o que fazer com o dinheiro? Compre um brinquedo novo para o seu gato, é claro!

PROJEÇÃO

Digamos que você teve um dia ruim. Acordou e imediatamente brigou com seu cônjuge. Levou uma multa por excesso de velocidade quando estava indo para o trabalho. Levou uma bronca do seu chefe e depois deixou cair o almoço todo no seu colo. Quando você finalmente chega em casa, exausto, humilhado e com molho de salada nas calças, a primeira coisa que vê é seu gato sentado, encarando você. De repente, seu diálogo interno dispara e você começa a reclamar: "O que foi? O que eu fiz? Qual é o seu problema? Eu coloco um teto sobre a sua cabeça e te dou amor e carinho e é assim que você retribui? Ah, vá se danar."

O problema é que você está tentando fazer uma avaliação objetiva do que seu gato está pensando a partir de uma mentalidade extremamente não objetiva. Chamamos isso de projeção. Na psicologia, usa-se esse termo para descrever a tendência que temos de pegar nossos sentimentos, inseguranças, impulsos ou raiva e atribuí-los aos outros. Na história acima, você estava projetando seus sentimentos negativos no seu gato, que de repente você acha que o odeia.

Gatos são especialmente suscetíveis à projeção humana, porque as pessoas muitas vezes acham que eles são "misteriosos". Por esse motivo, se tornam uma tela em branco onde nós rabiscamos nossos desvarios maníacos... por mais falsos que sejam. Essa tábula rasa felina se torna uma litania de vinganças e esquemas maquiavélicos em todos os supostos erros humanos. E a projeção nem sempre vem de um lugar de raiva ou frustração. Às vezes achamos que, porque nós queremos algo — como privacidade quando usamos o banheiro —, nossos gatos vão querer o mesmo. Novamente, não é verdade.

O resultado da projeção é que você acaba girando em torno desses mal-entendidos sobre a vida, a linguagem corporal e a gatitude. Se continuar nesse caminho, tudo que conseguirá será destruir desnecessariamente sua relação com o seu gato. Vamos evitar isso.

AO NOS APROXIMARMOS do fim desta seção, espero que o sistema de ferramentas da gatitude tenha respondido a maior parte das dúvidas ou desafios que você possa imaginar, das mais simples às mais complexas. À frente, você vai precisar de um sistema para manter a gatitude, para que possa resolver qualquer problema antes ou logo que eles aconteçam. Isso nos leva a...

INVESTIGAÇÃO FELINA

Parte do motivo pelo qual consigo entrar na casa de alguém e resolver seus problemas com gatos é porque não moro ali. Sou como um detetive; chego, imparcial e observador, e avalio o problema. Não estou envolvido na história, nem no drama, nas projeções e nas emoções da situação.

Por exemplo: seu gato começou a fazer xixi na bolsa da academia do seu novo namorado toda vez que ele dorme na sua casa. Você presume que seu gato quer dizer: "Eu. Odeio. Esse. Cara." Mas, para mim, o xixi do seu gato só quer dizer: "Estou ansioso sobre o meu território." Por mais impossível que pareça no momento, não há necessidade de levar para o lado pessoal ou criar todo um drama. Isso se chama viver na história. Em vez disso, vamos investigar os detalhes de como, por quê, onde, e quando, e tentar resolver o problema. Como diria Joe Friday em *Dragnet*: "Apenas os fatos, madame." Chamo isso de *investigação felina*.

A arte de observar de forma objetiva vai fazer com que você consiga viver com seu gato de forma bem-sucedida. Nós, humanos, não sabemos muito bem o que é ser um gato. Não dá nem para fingir que sim. Não estou dizendo que você precisa se afastar totalmente de um ser que ama e com quem se relaciona, mas, pelo bem deles, temos que tentar.

Essa é a principal regra da investigação felina: você avalia a situação pela situação real, não a versão exagerada dela. Se entrar em casa e vir uma poça de xixi, preciso que você compreenda aqui como urina — nada mais, nada além —, limpe, perdoe, e siga em frente. Isso vai permitir que você perceba, gerencie e diagnostique problemas muito mais rápido. Só se lembre de perdoar e seguir em frente. Remova as emoções da equação. *Perdoe e siga em frente.* É muito mais fácil fazer ligação direta em um carro desligado (não que eu tenha esse conhecimento).

Com essa regra compreendida, aqui vão mais algumas instruções para a sua investigação felina:

1. Simplesmente descreva ou escreva o que aconteceu objetivamente, como um repórter faria: "Eram quatro horas da manhã, eu acordei, ele estava sentado no meu peito, eu fiz isso, ele fez aquilo..."
2. Se o problema está relacionado a urina, sua melhor amiga será uma lanterna de luz negra. Você provavelmente já a viu em séries de investigação como *CSI*, como uma ferramenta indispensável para encontrar manchas de sangue em cenas de crime — não só para encontrar a posição, mas inclusive o formato da mancha. Essa ferramenta é tão útil para encontrar urina quanto é com sangue. Simplesmente espere até escurecer, feche o cômodo e vá com tudo. Em muitos casos, sinto dizer, você provavelmente vai encontrar mais manchas do que achou que existiam. Para sua investigação felina, perceba como é a mancha. Pequenas gotas podem indicar uma infecção urinária, e manchas que começam verticalmente na parede ou em móveis e escorrem para o chão indicam provavelmente uma marcação territorial (mais sobre isso na Seção 4).

   Considere também a cor da mancha. Quanto mais escura, mais recente. Se é mais clara, significa que você já tentou limpá-la ou que é mais antiga. O tempo desfaz as proteínas da urina, tornando-a mais clara. Infelizmente, como a urina de gato meio que é feita para marcar permanentemente uma superfície mesmo depois de ser completamente limpa, haverá uma mancha "branca" sob a luz negra (e só sob a luz negra, invisível ao olho nu), pois também desfez a cor da superfície.

3. Quando descrever o incidente, remova qualquer menção qualitativa. Se disser "ele me atacou cruelmente" quando, na verdade, ele deu uma mordidinha ou um pequeno arranhão em resposta a algo como excesso de estímulo, bem, esse não é um depoimento muito útil para a nossa investigação, não é mesmo? Já ouvi a palavra "ataque" ser usada para quando o guardião achava que um ataque ia acontecer. Esse nível de interpretação claramente não pertence à nossa investigação. Como falamos antes, gatos não agem por maldade (pelo menos não da forma antropomorfizada que imaginamos). E, como também já falamos, as palavras que usamos importam. Evite termos exagerados, sensacionalistas ou deterministas. Lembre-se: estamos só juntando os fatos, por enquanto.

4. Com todo o seu conhecimento do Gato Essencial, prepare uma lista de tudo que pode estar ameaçando a gatitude do seu bichano. A lista deve incluir as seguintes questões: O que aumentou a ansiedade do seu gato? O que está ameaçando a gatitude dele? Houve brigas? Você mudou a ração? A caixa de transporte está à vista? Você pegou as malas? Você recebeu visitas, ou gatos estranhos?

5. Prepare-se para ser paciente. Acredite no processo, porque tentar apressar as coisas normalmente é pior. Não há prazos nem agendas — não funciona assim. *Não importa o quanto você tente controlar o relógio, problemas felinos se desenrolam no tempo felino, não humano.*

Tente tirar informações dos comportamentos observados. Pense em termos de ansiedade e estresse, e registre comportamentos, procure padrões e escreva os detalhes. Nada é aleatório e nada é pessoal. Todos os comportamentos problemáticos vêm do medo, da ansiedade e da dor, ou de alguma combinação desses fatores.

Investigação felina superdeluxe: O mapa do antitesouro

A investigação felina é uma ótima oportunidade para usar o Mapa da Gatice que apresentei no Capítulo 8. O Mapa da Gatice agora se torna o mapa do antitesouro, em que os X marcam os pontos onde ocorreram comportamentos indesejados. Sejam problemas com urina, agressão ou qualquer outro, marque um X no ponto exato em que aquilo aconteceu. E quando digo exato, é o que quero dizer: em que lado do sofá, na frente ou atrás, no pé esquerdo ou direito... Para um bom detetive, as respostas moram nos detalhes.

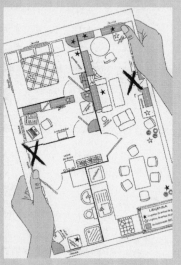

Além disso, faça a legenda do mapa: para cada incidente, atribua um número ao X (ou use um sistema de cores) e na lateral do mapa escreva os fatos. Data e hora, comportamentos observados antes ou depois, proximidade da hora de comer ou de outros picos de energia na sua casa. Usando as técnicas que apresentei nesta seção, observe e anote. Não deixe de observar objetivamente, anote tudo no seu mapa e investigue o caso. Se você eliminou a probabilidade de motivos médicos para o comportamento, posso garantir que, se anotar os Xs por um certo tempo, mantiver a objetividade e juntar informações, o mapa do antitesouro vai mostrar os padrões desse comportamento. Você verá que atitudes aleatórias nunca são tão aleatórias assim.

INVESTIGAÇÃO FELINA PREVENTIVA

Se eu começasse a gritar na TV dizendo que tenho dicas infalíveis e atalhos fáceis para você entender a linguagem corporal do seu gato — o andar, a posição da orelha, os padrões de sono ou a alimentação — e prevenir incidentes destrutivos e agressivos do seu gato... você talvez ficasse tentado a morder a isca. Afinal, a maior parte das pessoas vê os gatos como um conjunto de sintomas, uma equação matemática de quatro patas que tem uma solução universal. Infelizmente, não é o caso. Agora você sabe que, através da *arte* da objetividade e da *ciência* da observação, é possível começar a entender de verdade os motivos únicos que fazem seu gato agir como age.

Comentei um pouco antes que um bom detetive não se envolve na *história* em que entra. É crucial entender, porém, que a história só importa enquanto ela melhora sua habilidade de contar a *verdadeira história*. Nada, no contexto do seu caso, acontece em um vácuo. Ou seja, use o que você conhece da vida do seu gato como só você sabe — seu histórico de saúde, sua vida antes de ir morar com você (se você tiver a sorte de saber) e o histórico de traumas que ele superou e como. É possível aplicar essas informações ao presente momento da mesma forma que um detetive entrevistaria cada vítima, suspeito ou testemunha, e perceber quando alguém contando a história começa a suar ou bater o pé. Sua perspectiva única da vida do seu gato, com você e antes de você, lhe dá informações valiosas sobre seu comportamento atípico atual.

Por fim, o ponto em que você quer chegar — e muito do que vamos abordar nos capítulos finais — é o lado preventivo da investigação felina. Isso tem a ver com o que podemos fazer para evitar certos comportamentos ou ações antigatitude. A questão é que é muito mais fácil ter um maior senso de percepção do comportamento que o gato exibe *antes* de agir. Essa é uma ferramenta de compreensão essencial para se ter, porque às vezes a investigação felina não se trata de salvar seu tapete de manchas de xixi, mas de salvar a vida do seu gato.

UM PEDIDO DE AJUDA: SINAIS DE ALERTA PARA O PAI DE GATOS

O Gato Essencial está *sempre* em alerta – é essa a vida no meio da cadeia alimentar. Sempre há comida a ser caçada e sempre há a chance de virar comida. Por isso, a última coisa que gatos podem demonstrar é dor. Dor significa vulnerabilidade, e predadores conseguem sentir o cheiro do que percebem como fraqueza.

Seu gato mantém essa natureza estoica, assim como a maior parte das táticas de sobrevivência dos seus ancestrais. É por isso que precisamos nos manter atentos a mudanças comportamentais que podem significar desafios físicos no horizonte.

A lista de mudanças comportamentais que são sinais de alerta a seguir não é completa, mas já encontrei a maior parte desses comportamentos na minha carreira ou nos meus próprios gatos. Quando falamos de problemas com a caixa de areia, por exemplo, sempre digo que os gatos podem estar dando um sinal de alerta. O que quero dizer é que, enquanto estamos correndo por aí, criando teorias, avaliando ideias e chutando qual pode ser o problema, seu gato pode estar só dizendo: "AI!" Ou seja: se você perceber algo estranho, seja visual, comportamental ou só instintivamente, vá ao veterinário.

Morar em cima da geladeira ou debaixo da cama: esse é um sinal de que algo no ambiente é ameaçador. Como mencionei, o Gato Essencial, sentindo-se vulnerável devido a dor ou doença, também se esconderia.

Fazer xixi ou cocô fora da caixa de areia: Muitos problemas de saúde podem causar isso, como cistite, pedra nos rins, infecção urinária, doença renal, problemas digestivos, diabetes, entre outros. Duas pistas que normalmente indicam sintomas físicos: fazer as necessidades muito perto da caixa de areia, às vezes errando por centímetros, e pequenas quantidades de xixi espalhadas a uma distância de poucos passos.

Mastigar coisas que não são comida: Veja o Capítulo 17 para saber mais sobre *pica*, ou a ingestão de itens que não são comida.

Mudanças comportamentais, como agressão repentina: Se uma pessoa que faz parte da sua vida de repente mudasse totalmente de personalidade, você ficaria preocupado. Se seu gato começou a atacar de repente — seja humanos ou outros animais —, existe uma boa chance de que, assim como nós, ele esteja com menos paciência por estar lidando com algum tipo de dor ou desconforto.

Atividade noturna ou aumento de vocalizações: Hipertireoidismo é uma condição médica comum em gatos idosos que pode aumentar a atividade e vocalização. Gatos mais velhos com a visão ou audição piorada, ou nos primeiros estágios da demência, também podem miar e ficar desorientados quando as luzes se apagam.

Arranhar, coçar, morder ou lamber a si mesmo a ponto de perder pelos ou machucar a pele: Já discutimos o quão incrivelmente sensível é a pele dos gatos. Possíveis causas desses sintomas podem ser frustrantemente variadas: alergias (alimentares, respiratórias, ambientais), problemas de pele, infestação de pulgas ou até um aumento de estresse no lar que se manifesta no excesso de limpeza.

Excesso de sono: Você já sabe que gatos não dormem o tempo todo. Se seu gato se recolheu totalmente ou perdeu interesse em todas as coisas, pessoas e atividades que antes lhe interessavam, ele precisa de ajuda — assim como humanos precisariam.

12

Linha de Desafio para quem mesmo?

Cuidar de gatos e a linha humana de desafios

É QUASE UM CLICHÊ a esta altura resumir a relação com nossos companheiros animais chamando-os de melhores amigos. Para ser honesto, é difícil resumir esse relacionamento em palavras, simplesmente. Isso me lembra de uma das perguntas mais comuns que ouço sobre gatos: "Por que meu gato me traz presas meio comidas? É algum tipo de presente? Se sim, aliás, posso jogar fora?" É claro que, assim como com qualquer pergunta recorrente, existem muitas explicações e teorias sobre isso — mas essa não é a questão. Sempre fiquei fascinado com esse gesto porque o vejo como sendo distintamente, por mais frustrante que seja, dúbio.

Primeiro, sim, parece um "presente", quase como uma criança que lhe dá um retrato seu feito de macarrão e glitter feito na aula de artes do segundo ano. Por outro lado, com base no que sabemos sobre os gatos, também pode ser uma refeição. A mãe gata voltando para a ninhada com "alimentos testes" para encorajar seus bebês a abandonarem o leite e terem um gostinho do que deveriam estar fazendo sozinhos. Em outras palavras, esse simples gesto representa tanto relações criança-adulto quanto adulto-criança. Ou seja, relacionamentos são complicados, e cada participante pode ter mais de um papel. Mesmo dando a eles significados além dos rótulos — melhor amigo, guardião, pai —, o rótulo que você escolhe significa menos do que o

Linha de Desafio para quem mesmo?

esforço, o sacrifício e a vulnerabilidade demonstrados ao efetivamente agir como você se identifica.

A questão é a seguinte: nos exemplos que daremos neste capítulo, vai ficar óbvio que seus gatos nem sempre precisam de um melhor amigo; às vezes, eles precisam de pais. E você precisa aceitar o fato de que muitas vezes o pai não vai ser a pessoa mais popular na casa.

Passei muito tempo pedindo que você me acompanhasse pelas profundezas do coração, que corresse riscos pessoais para poder criar relacionamentos verdadeiros, que abandonasse o conceito de posse dos seus gatos e abraçasse os riscos e recompensas de ser pai de gatos. Então, aqui estamos, nas tais profundezas, enfrentando um problema: nós mesmos. Uma coisa é viver o *ideal* de ser pai de gatos, e outra é viver a *vida* cheia de gatitude de um pai de gatos. Neste capítulo, espero guiá-lo para onde as águas da gatitude são ainda mais profundas.

No Capítulo 9, falamos sobre nosso papel em ajudar os gatos a atravessarem Linhas de Desafio importantes, para que possam ter mais qualidade de vida, e comparamos a experiência a ajudar nossas crianças a atravessar linhas de desafio ao "obrigá-las" a fazer coisas (como ir à escola, mesmo que inicialmente tenham medo), tudo em nome do seu crescimento pessoal. Agora *é a vez de nós, humanos, cruzarmos algumas linhas de desafio*, em especial quando nossas apreensões pessoais se sobrepõem aos interesses dos nossos filhos felinos.

Além disso, é simplesmente o certo a se fazer. Talvez você nunca tenha conseguido fazer seu gato entrar na caixa de transporte, porque ele odeia demais. Mas e se você tivesse uma emergência real amanhã e precisasse tirá--lo de casa às pressas? Ou talvez a ideia de dar remédios para o seu gato seja motivo de tensão, por achar que ele ficaria estressado com você enfiando um comprimido pela sua garganta todo dia. Mas e se esse comprimido fosse a diferença entre saúde e doença, ou talvez até entre vida e morte, você teria que administrá-lo, não?

Em vez de evitar as coisas que os gatos não gostam e, por extensão, nós não gostamos, vamos encontrar formas de lidar com elas de qualquer maneira. Não estou falando só das técnicas utilizadas para essas atividades pavorosas. Também tem a ver com a sua forma de abordar essas atividades, de modo a não criar associações negativas tanto para você quanto para o gato. E se isso tudo parecer assustador, veja pelo lado bom: mesmo nas piores condições, existem formas de "diminuir o sofrimento e maximizar a gatitude".

AMANDO DEMAIS: DERROTANDO A OBESIDADE

Um dos desafios da obesidade felina é que nós contribuímos para ela. Muitas pessoas crescem em lares onde "comida significa amor", portanto, é compreensível que passemos esse sentimento adiante. É doloroso impedir nossos companheiros animais de aproveitar as montanhas de petiscos nada saudáveis que eles tanto amam, então colocamos isso na nossa categoria de "desagradável". Mas se esse tipo de alimento é destrutivo para a saúde deles, cortar as quantidades excessivas é o que temos que fazer.

A obesidade em animais é uma crise que se compara à de obesidade humana, com dados recentes sugerindo um aumento semelhante de obesidade e diabetes tipo 2 em crianças, gatos e cachorros. Se esse fato já faz com que você reflita, considere o seguinte:

- No momento em que escrevo este livro, mais de 58% dos gatos está com sobrepeso, e em torno de 15% é considerado obeso. Isso significa, de acordo com a Associação de Prevenção contra Obesidade Animal, que "80 milhões de cães e gatos nos Estados Unidos sofrem maior risco de doenças relacionadas ao excesso de peso, como diabetes, osteoartrite, hipertensão e muitos cânceres".
- O número de cães e gatos obesos ou com sobrepeso mais que dobrou nos últimos vinte anos.
- A obesidade aumenta o desgaste das juntas em felinos, o que pode levar a dor, irritabilidade e rigidez. Já vi uma correlação direta e consistente entre obesidade e problemas comportamentais, como a não utilização da caixa de areia. Como carregar o peso extra é incômodo, e se abaixar, entrar e sair da caixa se torna desconfortável, esses gatos criam associações negativas com a caixa. Da mesma forma, a obesidade leva à redução de exercícios baseados na caça, porque é uma operação muito cansativa. Essa inatividade gera um ciclo vicioso de ganho de peso, a não ser que interrompamos esse padrão.

Linha de Desafio para quem mesmo?

- Gatos obesos têm dificuldade em se limpar, o que é desconfortável tanto para o gato quanto para os humanos.

Como vocês podem ver, meus amigos, a obesidade felina é uma epidemia geral, mas não precisa ser assim. Aqui estão algumas ideias para ajudar:

1) Pare com a alimentação livre e pare de alimentar seus gatos com comidas calóricas, em especial ração seca. Eles devem comer refeições em horários definidos, apropriados à sua dieta carnívora (o que significa ou alimentação crua ou, pelo menos, ração úmida sem grãos).
2) Use comedouros que obriguem o gato a comer lentamente, para que ele não devore a comida de uma só vez. Assim como humanos, gatos precisam de um tempo para registrar que estão satisfeitos, e isso só pode acontecer se comerem em uma velocidade razoável.
3) Não se esqueça do CAMC. Brincadeiras, junto com as dicas acima, vão ajudar seu gato a chegar ao peso ideal. Ele ficará mais feliz e, como estará mais saudável e viverá mais tempo, você ficará mais feliz também.

E se você está preocupado com a possibilidade de o gato ficar chateado com você ao tirar as porcarias do prato, pense no seguinte: um estudo recente acompanhou guardiões que deram início a uma dieta razoável para os seus gatos. Quase todos perderam peso, e a maioria dos gatos se tornou mais carinhoso, subindo no colo e ronronando mais. Então, se você acha que restringir a alimentação do seu gato vai estragar sua relação, saiba que a verdade é o oposto.

NÃO TEMA O VETERINÁRIO

Guardiões de gato em geral levam seus animais ao veterinário *metade das vezes que os guardiões de cães o fazem*. Isso não só acaba gerando mais custos, como também há inúmeras doenças que podem ser tratadas se descobertas no início: doenças renais, diabetes, problemas dentais, perda de visão,

O encantador de gatos

hipertireoidismo e problemas cardíacos. Todos são tratáveis ou controláveis, mas quanto antes você descobrir, mais fácil será. No mínimo, é preciso fazer um hemograma completo do seu gato adulto saudável uma vez ao ano.

Parece óbvio, não? Então, se você não está fazendo isso, o que o impede? Provavelmente, porque todo o processo de ida ao veterinário é um suplício — em todos os níveis — para você e seu gato. Já conheci um número inimaginável de gatos que nunca foram ao veterinário, e ponto. Nenhuma vez. E estou falando de gatos com dez anos de idade! Basicamente, é apenas quando chamo a atenção dos guardiões quanto a essa insensatez que esses gatos veem o interior de uma clínica veterinária pela primeira vez desde que foram castrados (outro exemplo de como a categoria de "desagradável" pode atingir outros níveis). Como podemos transformar essa experiência em algo agradável?

Primeiro, considere o destino: a clínica veterinária. Sabendo o que pode deixar seu gato estressado no ambiente, algumas clínicas podem ser piores que outras. Portanto, vá visitar algumas opções na sua vizinhança. O ambiente é calmo ou agitado? Qual é a proporção entre gatos e cães que tipicamente vão lá? Há entradas separadas para cães e gatos? Um bom teste a fazer é falar com a equipe sobre suas preocupações com a ansiedade do seu gato. Como os funcionários respondem? Eles parecem realmente se importar? Já tive o prazer de trabalhar com muitos veterinários que, sabendo que meu gato estava nervoso, me levaram rapidamente da sala de espera para a sala de exames, para evitar um excesso de estímulo. A questão é: você não precisa aceitar qualquer coisa. Existem muitas opções hoje em dia, portanto, faça seu trabalho.

Já falamos sobre o destino. A seguir, temos um dos elementos mais temidos na visita ao veterinário, o maior sofrimento da jornada: colocar seu gato na caixa de transporte.

AS CAIXAS DE TRANSPORTE E OS
GATOS PODEM SER MELHORES AMIGOS

Mais da metade dos gatos não fazem visitas anuais ao veterinário, e mais de um terço dos guardiões de gatos fica estressado só de *pensar* em levar o

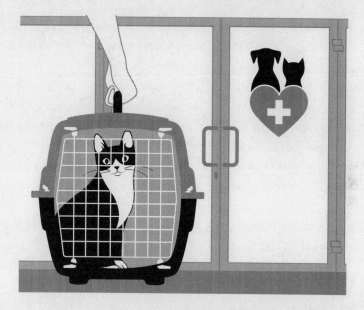

gato até lá. A principal razão pela qual seu gato não gosta da caixa de transporte é que todas as associações que tem com ela são negativas. Pense assim: e se, quando você era criança, houvesse dois carros na garagem. Um deles, um conversível vermelho, era usado no dia a dia, para levá-lo à escola, para a casa dos seus amigos, ao cinema etc., enquanto o outro, uma caminhonete amarela, era usado somente para idas ao dentista. Depois que isso acontecesse algumas vezes, você faria essa associação. Então, tudo que sua mãe tinha que fazer era pegar as chaves da caminhonete e BAM — seu coração disparava, você suava frio, uma sensação de terror o dominava. Para dizer o mínimo, você faria qualquer coisa para fugir do banco daquela maldita sentença de morte amarela. É assim que a maioria dos gatos vê a caixa de transporte. Então, o que fazer? Transformar a caminhonete em um conversível, é claro!

Primeiro, precisamos realizar a transformação da caixa de transporte de um lugar de medo em um destino, um acampamento base portátil.

1. Comece desmontando a caixa de transporte. Parte do que vai ajudar a desfazer as associações negativas é deixar de parecer uma caminhonete amarela. Use a parte de baixo como ponto de partida e transforme a caixa em um casulo. Deixe bem confortável, com um cobertor que tenha o cheiro do seu gato e o seu.

2. Use petiscos para tornar esse casulo mais confortável. Dê um petisco sempre que seu gato demonstrar qualquer curiosidade sobre a caixa, mesmo que seja só uma cheirada. Lembra dos petiscos Bingo!? Essa é a hora. Enquanto estiver treinando seu gato para gostar do novo cantinho, pegue os Bingos!, mas só quando ele estiver perto da caixa. Melhor, incentive seu gato a fazer as refeições na caixa de transporte. Vai levar algumas tentativas, aproximando a tigela pouco a pouco do seu novo lugar favorito, então tenha paciência e force essa linha de desafio todo dia!

3. Quando você conseguir prever com alguma certeza que seu gato vai usar a caixa não só para comer, mas para deitar, mesmo que por períodos curtos, é hora de começar a reconstrução. Primeiro a tampa — use as mesmas técnicas para manter as associações positivas. Depois a porta. Então, feche a porta por alguns instantes. Muitos gatos ficam nervosos simplesmente com o barulho do fecho. Nesse caso, comece com o fecho aberto e gradualmente dessensibilize seu gato. Se chegar ao ponto de conseguir alimentá-lo com a porta fechada, você terá transformado sua caminhonete amarela em um conversível vermelho!

4. Novamente, mantendo-se consistente com as técnicas de associação que funcionaram até agora, pegue a caixa de transporte com a porta fechada (e, é claro, o gato dentro!). Nem precisa ir até o carro nesse primeiro momento. Feche a porta e vá para o lado de fora por trinta segundos. Volte, abra a caixa, coloque alguns petiscos dentro e deixe seu gato tentar entender o que diabos acabou de acontecer. Dica: algo ótimo!

5. O próximo passo será um passeio curto de carro, só pelo quarteirão. "Enxague e repita." Certifique-se de que toda viagem, curta ou longa, seja uma experiência positiva ou mais desafiadora, e termine com petiscos Bingo!

O que estamos fazendo? Mostrando ao gato que estar na caixa de transporte não significa que algo horrível vai acontecer. Entrar no carro não necessariamente significa levar uma vacina ou ficar em uma sala cheia de cães e gatos barulhentos. A caixa de transporte não é a inimiga. E se seu gato entra na caixa cinquenta vezes e em uma delas vai para o veterinário, não é nada de mais.

ASPIRAÇÃO A MARY POPPINS

Seja discutindo tópicos sobre como levar seu gato ao veterinário, colocá-lo em uma caixa de transporte, dar-lhe medicação, cortar suas unhas, deixá-lo sozinho ao sair para o trabalho, oferecer refeições em vez de alimentação livre etc., tudo isso gira em torno do mesmo sentimento: culpa. Essa culpa é originada na inconcebível ideia de que NÓS somos a razão do sofrimento dos nossos gatos, que nós estamos lhes causando dor (ainda que momentânea).

Mesmo que evitar essas "coisas desagradáveis" mais cedo ou mais tarde acabe aumentando o sofrimento dos nossos gatos, subconscientemente nós varremos isso para debaixo do tapete. A linha de desafio que se forma nesse momento é a sua. A culpa paralisante que acompanha essas tarefas se torna a linha que você precisa atravessar se quiser se tornar um pai de gato o mais cheio de gatitude possível. (Olha, não estou julgando você! Acredite, se estou levantando essa bola, é porque já tive que atravessar essa linha também.)

Como atravessamos nossa linha de desafio e, ao mesmo tempo, fazemos nossos gatos aceitarem que cortemos suas unhas, que os levemos ao veterinário, e todas as outras coisas desagradáveis? Como Mary Poppins diria, "um pouco de açúcar nos ajuda a o remédio tomar".

Por que a referência a Mary Poppins? Ela representa tanto uma personalidade reconfortante quanto uma babá competente. Ela sabe tudo sobre como fazer o que é necessário, mas ao mesmo tempo se preocupa com a forma como o faz. É um excelente modelo para todo pai de gato.

"Um pouco de açúcar..."

A culpa que sentimos permeia tanto o tom da nossa voz quanto as palavras que escolhemos quando temos que fazer essas diferentes atividades. Como acabamos de discutir no último capítulo, as palavras importam; na verdade, tudo importa, do tom à fisiologia. Se você tratar isso como um bicho de sete cabeças, vai se *tornar* um bicho de sete cabeças. Se estiver no meio de uma dessas atividades desconfortáveis — como lhe dar um comprimido, por exemplo — e seu monólogo interno for "meu gato está odiando isso, estou fazendo ele sofrer, sou um péssimo pai", provavelmente vai manifestar um tom, uma energia de ansiedade que seu gato vai captar. Você vai andando na ponta dos pés até seu gato, não deixando que ele veja a caixa de remédio ou o cortador de unhas, cada músculo, dos ombros ao maxilar, tenso, enquanto você diz: "Tudo bem, bebê, não é nada de mais..."

É aqui que a Mary Poppins entra. "Um pouco de açúcar" é a ideia de abandonarmos a tensão e conscientemente levarmos *doçura* a uma situação estressante. Fazer as coisas de forma agradável. É assim que diminuímos a tristeza.

"... nos ajuda a o remédio tomar"

Não sei qual é o grande botão vermelho dentro de você que o leva à sua linha de desafio. Mostramos vários métodos para lidar com desafios diferentes, como levar seu gato ao veterinário, por exemplo. Mas quando se trata da tarefa que faz você, especificamente, entrar em pânico, é algo bem individual. É cortar as unhas? Dar remédio? Simplesmente sair de casa por dez horas? Trocar a comida? Seja o que for, seu objetivo é alcançar uma verdadeira sensação de tranquilidade ao estabelecer um contexto cotidiano para a tarefa. É aqui que o elemento de "babá competente" entra em jogo. Isso tudo tem a ver com ser mais competente e confiante em relação à mecânica da tarefa em questão, em particular daquela que você desenvolveu uma resistência.

Como fazer isso:

1. Defina seus momentos de linha de desafio.
2. Procure métodos para transformar esses momentos em tarefas passo a passo. Seu trabalho, é claro, inclui pesquisas na internet. Mas não se esqueça de usar o conhecimento e a experiência dos profissionais do mundo animal próximos a você. Seu veterinário, auxiliar, *pet*

sitter ou tosador de animais pode demonstrar ou dar informações valiosas sobre qualquer que seja sua dificuldade.

3. Existem muitos métodos: encontre o que funciona para você. Por exemplo, existe uma quantidade incontável de cortadores de unha para animais no mercado. Eu, por outro lado, uso cortadores de unha convencionais (para humanos), porque, como sei manuseá-los, minha ansiedade ao pegá-los é reduzida.

4. Use o conceito de "simulação de incêndio" que apresentei no Capítulo 10. Se, antes mesmo de se aproximar do seu gato, você já repassou o processo mil vezes na sua cabeça, pensando em como reagir se as coisas derem errado, não existem muitas surpresas possíveis na hora. Você vai se sentir mais livre do estresse.

5. Pare um momento antes de se aproximar do seu gato e se concentre. Repasse sua simulação de incêndio, respire fundo algumas vezes, faça um relaxamento corporal rápido para se livrar de pontos de estresse e vá em frente.

Quando você combina esses dois atributos de Poppins — o *que* fazer e *como* fazê-lo —, transforma o que já foi uma atividade necessária, porém temível, em mais uma interação cheia de gatitude com o seu gato, outro momento comum da vida, dessa vez ao som do seu novo mantra: "Um pouco de açúcar nos ajuda a o remédio tomar." Depois disso, você pode passar pelo seu gato, se abaixar como se fosse só fazer um carinho rápido, e lhe dar um comprimido. Um zás de mágica.

Ele nem vai perceber o que aconteceu.

Dar petiscos ou não?

Outro componente muito individual desse processo é a recompensa. Você pode oferecer um petisco Bingo! depois de um remédio? Claro que sim, e isso faz parte do seu "treinamento de incêndio". O que for necessário para deixá-lo confortável com o processo é válido. Quantas vezes eu, pessoalmente, já fiz isso? Nenhuma. Para essas tarefas pequenas, a parte da recompensa no procedimento era algo que me deixava mais estressado, porque aumentava a importância do evento. Na minha experiência, quanto mais eu treinava os passos que delineei acima, mais meu treinamento de incêndio se tornava automático, e menos eu queria transformar aquilo em uma ação que valia uma recompensa.

Na minha opinião, existe uma conexão entre a tensão do "Está tudo bem, bebê, não é nada de mais..." antes da ação e o resultado posterior de fazer uma festa para o gato por ter suportado aquela situação. Quanto maior a recompensa depois da ação, mais você retrata aquilo como uma grande operação. Uma operação simples e comum exige recompensas simples e comuns.

Dito isso, essa é a *sua* linha de desafio, o que significa que é o seu processo. A chave para descobrir uma estratégia sua é a reflexão e o preparo. O que quer que funcione para você e para o seu gato, funciona para mim também.

Gatitude para a vida inteira: Um pouco de açúcar para filhotes

Se você tem um filhote, todas essas atividades "desagradáveis" que precisamos fazer com nossos gatos são oportunidades. Crie agora uma dinâmica que pode durar a vida inteira, agora, porque se eles precisam de um comprimido hoje, certamente vão precisar de algum comprimido no futuro. Se você o embrulhar, prendê-lo pelo cangote ou sentar em cima dele, vai acabar criando um efeito bumerangue; toda vez que tiver que dar um comprimido para o seu gato, ele vai resistir mais. Assim, a melhor maneira de lidar com isso é encontrar uma forma de permanecer centrado. Quando as pessoas fazem algo que acham que os gatos não gostam, elas tendem a exagerar ou a simplesmente deixar de fazer. De qualquer forma, você não estará ajudando ninguém assim.

MANTENDO GATOS DENTRO DE CASA

Se existe um tópico que causa brigas (e com isso quero dizer entre humanos), é se os gatos devem ou não sair de casa. O debate gira em torno do conceito de qualidade versus quantidade — a ideia de que a vida dos gatos teria melhor qualidade de gatitude se eles pudessem explorar seu território original, e que gatos amam andar na rua e que seria contra sua natureza restringir seus movimentos. Ao mesmo tempo, se eles saem livremente, isso acarreta muitos riscos e pode encurtar suas vidas.

Para ser justo, os dois lados da discussão têm bons argumentos. Os gatos se sentem genuinamente mais "felizes" quando têm acesso à natureza? Acredito que sim. Existem oportunidades de resolução de problemas e de praticar o CAMC do Gato Essencial que são difíceis de replicar dentro de casa? Novamente, sim. Alguns gatos precisam sair, e ao negar isso estamos piorando a vida deles. Por outro lado, as pessoas assumem que as ameaças fora de nossas casas são muitas e podem ser fatais. Entre a transmissão de doenças como FIV, que vêm das inevitáveis brigas com gatos da vizinhança, e os suspeitos de sempre — os carros, as pessoas e os predadores, tanto terrestres quanto aéreos —, a vida do lado de fora é dura.

Qual é minha posição nesse debate? Acredito que gatos devem ser mantidos dentro de casa. Não acho que deveríamos entrar na discussão sobre quantidade versus qualidade de vida. Podemos substituir a suposta perda de qualidade de vida nos envolvendo mais na vida dos nossos gatos. Meu modelo de criação determina que quero que meus filhos animais vivam o máximo que puderem. Eles gostam de passear? Sem dúvida. Mas eu adorava andar de metrô por Nova York quando era adolescente, e não deixava de ter hora para chegar em casa.

Dito isso... É uma escolha pessoal se você vai permitir ou não que seu gato saia de casa. Porém, se decidir deixar, pelo menos considere algumas mudanças na vida de vocês que daria ao gato acesso ao lado de fora e ao mesmo tempo o manteria em segurança:

Gátio: Isso pode mudar sua vida. Um "gátio" é um espaço que você pode criar para o seu gato (e, claro, para você também) fechando ou telando seu pátio ou área externa. Nesse local você pode oferecer diferentes espaços verticais, objetos de madeira para arranhar, variedades de grama e até erva-de-gato plantadas para eles... Seu gato pode até praticar umas caçadas, quando insetos e animais pequenos entrarem.

Treinamento de coleira: Aproveitar a natureza com uma coleira não é exclusividade dos cães. Se seu gato demonstra que quer muito, *muito*, passear por aí (e não só você acha que ele deveria fazer isso), pode ser treinado para usar coleira, e vocês podem passar um tempo juntos diariamente caminhando pela vizinhança.

Caixas de janela: Às vezes seu estilo de vida, seja por falta de tempo ou por viver em apartamento, não permite que você leve seu gato para o lado de fora, ou você percebeu que ele não se importava tanto com passear a ponto de se acostumar com a coleira. Ou talvez você tenha até tentado, mas acabou que ele não curtiu tanto a ideia de andar por aí. Existem kits que se encaixam na sua janela como caixas de ar-condicionado que permitem que seus gatos aproveitem a vista sem sair de casa. A caixa de janela pode se tornar um ótimo lugar para assistir à TV de gato.

Cerca no quintal: Existem muitas empresas que oferecem diferentes versões do método clássico de cercar o quintal. É possível aumentar a altura da cerca já existente ou instalar uma tela. Seja como for, seus gatos não vão sair e, igualmente importante, ninguém vai entrar.

Ainda quer deixar seus gatos saírem? Pelo menos certifique-se de ter todas as medidas de segurança em ordem, por via das dúvidas. Considere o quadro a seguir:

Deixar os gatos saírem de forma responsável

- Certifique-se de que seus gatos têm microchips e coleira com identificação.
- Certifique-se de que as vacinas estão em dia.

- Somente deixe seu gato sair quando você estiver em casa. Assim, se ele precisar de você, poderá encontrá-lo.
- Após o pôr do sol, coloque o gato para dentro.
- Interrompa a alimentação livre. Tenha horários para as refeições, de modo que seus gatos voltem para casa em certos horários, fazendo com que você ainda tenha algum controle sobre onde vão e quando saem.
- Tire muitas fotos incríveis dos seus gatos, em cores, em preto e branco, de todos os ângulos. Se eles se perderem, você vai precisar de fotos atualizadas para os cartazes de "Procura-se".
- Fique atento às maneiras como seu gato pode afetar outros gatos. Se seus vizinhos têm um Napoleão que não sai de casa, e seu gato resolve fazer cocô no quintal deles, isso pode enlouquecer o gato inseguro, fazendo-o inundar a casa de xixi. Assim, se você quiser ser um bom vizinho, passeie com seu gato na coleira ou mantenha-o em casa.

A ÚLTIMA PARADA: DIZENDO ADEUS COM AMOR E GRAÇA

Alguns anos atrás, eu estava dando uma palestra em Milwaukee, no Pabst Theater, um lugar realmente mágico. Nunca esquecerei aquela noite, por vários motivos. A casa estava cheia, e o clima era, em falta de palavra melhor, de êxtase. Muitos artistas conseguem enumerar alguns momentos de sua vida em que sentiram uma conexão tão intensa com o público que a divisão entre eles pareceu se desfazer. Para mim, esse momento ocorreu naquela noite em Milwaukee. Criar laços em torno de nosso amor pelos gatos, celebrar essa relação juntos, transformou aquela palestra de duas horas em uma reunião de família de 1.200 pessoas.

No alto da troca de experiências entre a plateia e o palco, dei início à parte de perguntas e respostas que tradicionalmente faço no fim do show.

O encantador de gatos

Havia um microfone no meio do salão, iluminado por um único holofote. Uma fila logo se formou que ia dali até a entrada do teatro. Depois de responder algumas perguntas (a maioria sobre xixi e cocô, claro!), vi que ali no palco estava uma menininha de uns 10 anos, tão pequena que o pedestal do microfone a escondia de visa. Claramente ela era tímida, e sentia-se desconfortável por ficar de pé na frente de tantas pessoas. Lembro-me de pensar que, fosse qual fosse sua pergunta, devia ser muito importante, porque toda sua linguagem corporal dizia que ela preferiria estar em qualquer lugar que não na frente do microfone e sob o holofote, observando-me da outra ponta do palco.

Também lembro que a resposta anterior tinha sido divertida, deixando o teatro ainda rindo do papo que tive com a pessoa que fizera a pergunta. Mas, quando a menina parou no microfone, senti um silêncio dominar o ambiente, como se uma brisa suave tivesse roubado as palavras da boca de todos e as soprado para a neve que caía na East Wells Street.

Ela remexeu os pés e começou a falar, mas suas palavras eram indecifráveis. Pedi para que falasse mais alto. Foi aí que ela disse: "Jackson, tenho uma gatinha. Eu a conheço desde que nasci, ela tem 15 anos, é minha melhor amiga, e não está nada bem. Sei que ela está infeliz e meio assustada. Quando é a hora certa de deixar ela ir?"

Então, o lugar ficou *realmente* em silêncio. A coragem daquela menininha me surpreendeu. Isso é que é ter o coração no lugar. Era tão importante para ela saber como ajudar sua amiga (e a si mesma) no momento mais difícil da sua vida que ela se forçou a ficar naquela fila para perguntar a mim, um estranho, na frente de 1.200 outros estranhos. Sua generosidade inata para com sua amiga me fez querer chorar. Eu me segurei — ela precisava de uma presença forte, e eu tinha que ajudá-la. Pelos dez minutos seguintes, era como se estivéssemos sozinhos, e lhe ofereci o que ela precisava: a verdade.

VOCÊ SABIA QUE esse momento ia chegar, não é? Para todos nós que dividimos nossa vida com os animais, sabemos o que é estar no lugar daquela

Linha de Desafio para quem mesmo? **293**

menina, sozinhos num vácuo, lançando essa questão para o universo: "Quando é a hora?"

Quando é a hora de dizer adeus ao nosso companheiro animal?

Essa questão é central para o nosso lado do acordo que fizemos pelo amor incondicional que os animais nos dão. Temos a habilidade de mostrar misericórdia em um momento em que eles talvez estejam clamando por isso. Temos que lembrar que o espírito da eutanásia é talvez melhor definido pela sua tradução literal do grego: uma boa morte.

Para ser totalmente honesto, minha visão sobre o assunto é, como a de todo mundo, baseada nas minhas experiências pessoais. Trabalhei em um abrigo de animais por quase dez anos. Mantenho-me conectado às questões do bem-estar animal o máximo possível, portanto, o conceito e a experiência da eutanásia fazem parte do meu processo.

No meu abrigo, nós praticávamos a eutanásia como um serviço aos guardiões. Alguns escolhiam não estar presentes, mas a maioria fazia o que encorajávamos fortemente: estar ao lado do seu amigo até o fim. Nos meus anos lá, tive que enfrentar essa linha de desafio humana mais vezes do que gosto de lembrar. Não acho que preciso entrar em detalhes, exceto para dizer que meu trabalho — confortar um animal no fim da sua vida, assim como auxiliar em sua passagem — muitas vezes deixava um gosto amargo na boca. Guardiões que amavam tanto seus animais e tinham tanto medo de perdê-los que se viam paralisados e incapazes de ver seus amigos sofrendo diante deles. Muitas vezes, o mais difícil de todos os desafios, se não fosse enfrentado, fazia com que o guardião mantivesse seu companheiro vivo por tempo demais, o que resultava na impossibilidade de estar presente nos últimos momentos. Mas o resultado era sempre o mesmo: um estranho tinha que demonstrar a misericórdia e ser a presença amorosa que o guardião não conseguiu ser.

A ironia dessa situação se repetindo tantas vezes solidificou a forma como lidei com aquela noite em Milwaukee e me deu a certeza de como responder à menina corajosa ao microfone:

Nunca no pior dia dele.

É uma linha tênue e uma frase pesada, sem dúvida, mas me serviu bem em muitos anos de amar e perder companheiros animais e aconselhar muitas pessoas no processo. Não é para ser dissecada ao sentido literal; é uma forma de se manter centrado e ao mesmo tempo tão completamente presente, que você consegue tomar, com clareza, uma das decisões mais difíceis da sua vida.

Tenho essa frase em mente para me fazer retornar ao momento, como o estalar de um elástico em torno do pulso:

SNAP— Isso não é sobre mim.

SNAP— Não é sobre a minha dor ou o meu sofrimento.

SNAP— Não é sobre como vou sobreviver aos dias e semanas após perder meu melhor amigo.

É sobre eles.

Uma das coisas que tornam essa decisão final tão difícil não é necessariamente o quanto ela é conclusiva — mas porque o conceito de "pior dia" é mais subjetivo do que parece. Para mim, não tem a ver só com seu estado físico deteriorante, com o colapso do corpo deles. Além disso, é o diálogo essencial que é sempre tão difícil de acontecer, desejos que querem ser ouvidos, contanto que você esteja disponível para ouvi-los. Isso significa que seu gato vai "dizer" quando chegar a hora? Na minha experiência, sim. Talvez não soe como você esperaria. Assim como qualquer relacionamento próximo, vocês desenvolveram uma linguagem juntos. Em momentos como esse, porém, a comunicação pode ser muito sutil, e os gestos, quase imperceptíveis.

Novamente, tudo se resume a estar presente. E você só pode estar presente quando sua mente, suas necessidades e seus medos estão todos em segundo plano.

Parte do meu processo pessoal se baseia na minha crença de que somos todos transitórios, somos todos espíritos fazendo paradas em formas físicas. O processo de deixar um animal partir é, de certa forma, uma maneira de guiá-lo para a forma seguinte. Quando penso em "Nunca no pior dia dele", também me refiro à transição deles para a próxima parada. Quero que a última memória deles desta rodada seja de amor e de luz, e não de dor e sofrimento. Também acredito que, a não ser que eles sintam um pouco de distanciamento emocional de nossa parte quando se conectam a nosso vínculo sagrado, nossos animais sentem como se não tivessem "permissão" de fazer essa passagem. Se sentirem que você ainda está preso, eles podem se segurar aqui por mais tempo do que será bom para eles. Sim, isso significa que o choro vai acontecer em outro espaço, assim como qualquer outra demonstração que não seja o melhor para eles naquele momento.

Não estou dizendo que não exista espaço para a ciência e a medicina, que não devemos lutar para ajudar a salvar suas vidas. Dito isso, não há médico, amigo ou familiar que conheça a vida interior física e emocional do seu animal como você. Muitas vezes é uma decisão solitária. Você deve protegê-lo do medo e do sofrimento. Foi esse o acordo que você fez com aquele animal no dia em que se tornou seu guardião, e em troca ele lhe deu todo o seu amor. Esse amor tem um preço, e é esse.

Obviamente, não há resposta exata ao que é um dos cenários mais complexos e destruidores que vivenciamos com nossos companheiros felinos. Mas lembre-se de que tudo o que construímos juntos ao longo deste livro é uma caixa de ferramentas, um recipiente em forma de coração para todas as ferramentas contidas aqui. Use essas ferramentas para se conectar ao seu eu mais empático, e você será guiado para além das tortuosas e difíceis conversas (ou discussões) internas sobre se é cedo ou tarde demais. Você será guiado para aquele momento de conexão final, de paz e de luz.

SEI QUE ESSE é um assunto difícil de tratar, mas parte do que estamos fazendo aqui é parar para examinar e questionar tudo o que achávamos que sabíamos sobre nossos companheiros animais. Nessa seção, observamos os nossos próprios limites de desafio e corajosamente demos os passos necessários para transcendê-los. Agora que respiramos fundo, reafirmamos nosso relacionamento e confirmamos a estabilidade da nossa caixa de ferramentas e das ferramentas que moram dentro de nós, estamos verdadeiramente prontos para usar tudo o que sabemos para resolver os problemas felinos mais comuns.

296 O encantador de gatos

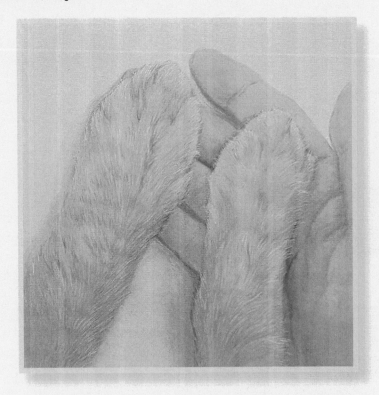

Seção QUATRO

O livro de receitas da gatitude:
soluções do pai de gatos para
problemas de grandes proporções

13

Quando seu gato está arranhando demais

RECEITA DO PAI DE GATOS NÚMERO 1:

A GATITUDE MESTRA DA ARRANHAÇÃO

O problema:

A lateral do seu sofá se tornou uma obra de arte felina de tecido destruído; um lado do colchão caríssimo parece que foi arrastado por uma estrada de paralelepípedos a 150 km/h; os pés da sua mesinha de centro favorita estão parecendo palitos de dente de dinossauro... e isso é de enlouquecer! Resumindo, seu gato arranha tudo na casa, exceto o arranhador tão bonito que você comprou, ainda intacto no canto da sala de estar.

A realidade:

Você não tem como acabar com esses impulsos. Como discutimos na Seção 2, arranhar é uma atividade inata aos gatos, algo *necessário* para eles. Além disso, você quer que eles arranhem — não só por ser uma necessidade física, mas porque é uma escolha cheia de gatitude da parte dele. Arranhar é um exercício de marcação de território que ex-

O encantador de gatos

pressa autoconfiança. Marcações de território não confiantes seriam fazer xixi no canto do sofá, em vez de arranhá-lo. Você pode, porém, remodelar e redigir esses impulsos para que sejam mais aceitáveis para você e sua família.

Soluções do pai de gatos:
Problemas com arranhação em geral se resolvem com o uso da ferramenta Não/Sim, apresentada no Capítulo 9. Nesse caso, vamos dizer "não" para arranhar os móveis, e "sim" para arranhar o tipo *certo* de arranhador. Este é o processo que recomendo:

1. **Faça seu trabalho de detetive e observe o estilo da arranhação:** Primeiro, precisamos nos certificar de que o arranhador combina com o estilo de arranhar do seu gato. Preferência de superfície costuma ser pelo menos uma das razões pela qual gatos se recusam a usar o arranhador que você já tem, e pode explicar por que o sofá lhes serve melhor. Então, digamos que é o sofá que está sendo atacado.
   - Observe a robustez do sofá. Quando seu gato se estica, depois faz força para baixo, alongando os músculos do peitoral, arrancando as unhas antigas e fazendo todos esses movimentos que são exercícios naturais para ele, o sofá nem se mexe. Portanto, a robustez deve ser a principal razão pela qual seus gatos preferem o sofá ao arranhador.
   - Avalie a textura do sofá e do tecido que o forra. É muito diferente da textura do arranhador existente? Ou, se você está planejando comprar um novo arranhador, leve em conta a textura do sofá para escolher uma réplica aceitável.

2. **Reprima a arranhação:** Como o princípio básico da ferramenta Não/Sim é que é preciso dizer "não" antes de dizer "sim", não tem problema em dizer ao seu gato que você não quer que ele arranhe o sofá. Uma das coisas que amo nessa técnica é que não é você que dirá "não", e sim o próprio ambiente, ao tornar os locais desagradáveis para arranhar. Você pode usar fita dupla-face na superfície, o que irá desencorajar o gato a arranhar o móvel, assim como papel-

-alumínio, protetores de piso de plástico, ou mantas de seda para móveis, que funcionam igualmente bem como dissuasivos *temporários*. Acho que um dos principais motivos pelos quais as pessoas resistem a essas sugestões é por acreditarem que isso terá que ser o resultado final, e não só parte do processo. O "não" é uma ferramenta de aprendizado; a ideia é que seja algo temporário, contanto que o "sim" seja igualmente forte. Quando você tiver estabelecido um padrão aceitável de "sim" no arranhador, pode *lentamente* remover o "não".

3. **Considere o local onde fica o arranhador:** Traga o "sim" (arranhador) para perto do "não" (móvel que está sendo arranhado). Sem dúvida será próximo de onde você, humano, passa a maior parte do tempo. É por isso que o sofá e a cama são os alvos mais populares da arranhação — porque seu cheiro é muito forte neles. Arranhar é uma maneira de misturar o cheiro dos gatos ao seu; é uma forma de marcar, de maneira visual e olfativa, que o móvel em questão pertence a vocês dois igualmente.

4. **Traga um arranhador apropriado:** Agora entra o "sim" — o arranhador de verdade. Como mencionei, o tipo e estilo de arranhador devem ser coerentes com o objeto e a forma como seu gato já vem arranhando. Então vamos começar com o nosso exemplo do sofá:

   - Você vai precisar de um arranhador que seja alto o suficiente, e com uma base ampla o suficiente, para acomodar a maneira como seu gato arranha o sofá (pense em robustez, textura semelhante etc.). Uma reclamação séria que tenho quanto a vários arranhadores de poste no mercado é que eles parecem feitos para balançar, e mal são altos o bastante para um filhote. Quando for comprar, imagine seu gato se esticando ao máximo, então acrescente 15 a 20 cm na altura, com uma base de pelo menos 130 cm².
   - Se a parte de baixo do seu sofá for baixa o suficiente, você pode prender a base do arranhador ao sofá, ou embaixo de um dos

pés, para que o poste não balance quando seu gato arranhar. Assim, você cria algo que serve tanto pela proximidade quanto pela semelhança.

5. **Encoraje o uso:** Você pode encorajar seu gato a entrar na "posição de arranhar" arrastando um brinquedo pelo poste ou usando catnip ou um petisco para atraí-lo. Faça o que fizer, não force. Pegar seu gato e passar as patas dele pela superfície do arranhador certamente só vai irritá-lo!

Embora o método de usar catnip seja comum, está longe de ser infalível. Por isso, outra dica que, na minha experiência, funciona para atrair gatos ao arranhador é: esfregar algo com o seu cheiro — como uma camiseta ou toalha usadas. Isso sempre funcionou muito melhor para mim, pois ajuda a realizar o objetivo final do seu gato, que é misturar os cheiros.

6. **Reforço positivo:** Para ajudar a estabelecer o uso do seu novo arranhador, elogie e dê petiscos ao gato quando ele usar o poste. Lembre-se de guardar os petiscos Bingo! só para esses momentos iniciais do treinamento, para que a associação seja inconfundível.

Notas do chef

A. Releia o Capítulo 8 para uma explicação mais detalhada sobre arranhação e opções de arranhadores.

B. Se você realmente está com dificuldades em encontrar alternativas de arranhadores que combinem com a decoração da sua casa, use a criatividade e encontre algo que combine com a sua estética pessoal. Sem desculpas! (Para se inspirar, dê uma olhada no meu livro *Catify to Satisfy*. Lá você vai encontrar muitas ideias bacanas de arranhadores, inspiradas em guardiões de gato como você.)

C. Mantenha as unhas do seu gato aparadas.

Mais algumas informações:

E se eu quiser desestimular o "amassar pãozinho"?

Não gosto da ideia de impedir gatos de fazerem isso. É um sinal de amor e confiança que têm origens profundas. "Amassar pãozinho" é um comportamento que começa logo depois do nascimento e que, quando feito na mamãe gato, estimula a liberação de leite pelas glândulas mamárias. Isso é que é um ritual do Gato Essencial! É claro que, se você se incomodar, pode colocar um cobertor no colo para evitar que as unhas do seu gato machuquem suas pernas.

E aqueles protetores de unha coloridos?

Considero esses protetores um último recurso; realmente não se deve utilizá-los, a menos que seja estritamente necessário. Você ainda vai precisar cortar as unhas do seu gato, é difícil encontrar o tamanho certo, e eles saem conforme a unha cresce, então será necessário recolocá-los. Prefiro dar ao Gato Essencial o que ele precisa e providenciar opções de arranhadores, deixando que ele se posicione territorialmente, em vez de impedi-lo de arranhar.

Que tal arrancar as unhas do meu gato para impedir toda essa arranhação?

De forma alguma, nunca, nem pense nisso, sob nenhuma circunstância! Leia mais informações sobre esse procedimento abaixo...

Onicoplastia: não faça isso!

Nós amamos nossos gatos. Dividimos a cama com eles, mantemos fotos suas em nossos celulares, choramos quando estão doentes e lamentamos profundamente quando eles morrem. Mas nos Estados Unidos, estima-se que 25% dos guardiões de gatos ainda assim decidem arrancar as unhas dos seus gatos. Caso você não tenha certeza do que se trata a onicoplastia, permita-me ser totalmente claro: significa a amputação (seja por guilhotina, laser ou bisturi) das pontas dos dedos do seu gato, até a primeira articulação. Não faça isso!

O encantador de gatos

- Quando gatos têm suas unhas arrancadas, sentem dores terríveis, tanto imediatamente após a cirurgia (que muitas vezes é usada como teste para medicamentos analgésicos) quanto a longo prazo, com dores do membro fantasma.

- Gatos sem garras são privados de comportamentos naturais — não conseguem marcar o território de maneira apropriada, não podem alongar os músculos das costas, não são capazes de escalar árvores para fugir de predadores, e patas doloridas não vão amassar pãozinho em momentos de carinho.

- Quando gatos têm seus dedos amputados, isso muda a forma como eles andam, porque naturalmente seu andar se dá na ponta dos dedos. Gatos sem unhas pagam o preço mais tarde, com artrite (imagine ter que andar encurvado durante toda a vida).

- Um estudo recente da Tufts University, publicado no *Journal of Feline Medicine and Surgery*, levanta algumas das complicações que surgem quando gatos passam por onicoplastia. Mais da metade dos 139 gatos sem unhas no estudo tiveram cirurgias malfeitas — em que fragmentos de osso haviam permanecido nas patas, sem dúvida causando uma sensação constante e dolorosa de "pedra no sapato". Além disso, gatos onicoplastisados tinham uma chance maior de sofrer de problemas de coluna, não usar a caixa de areia e exibir comportamentos violentos do que o grupo controle de gatos saudáveis.

- O fato é que onicoplastias são feitas simplesmente por conveniência humana — basicamente mutilar um ser vivo para proteger um sofá. Isso para mim é completamente insano. Precisamos fazer concessões quando decidimos viver com um animal. Ainda assim, muitos gatos têm suas unhas arrancadas antes mesmo de terem a chance de usar um arranhador apropriado pela primeira vez.

Nenhum gato jamais escolheria passar por uma onicoplastia. Gatos precisam de suas unhas e as usam para muitas coisas: alongamento, exercícios, marcação de território, brincadeiras, proteção e caça — todas as atividades que aumentam a gatitude!

Quando seu gato está arranhando demais

Se já foi feito...

Talvez alguns de vocês já tenham feito isso no passado. Eu entendo; infelizmente, é fácil e em alguns lugares é até encorajado. Posso perdoar as pessoas que se esforçam para se educar e que nunca mais fariam algo assim a um gatinho com quem vivem. Esta é a sua chance de se unir à nossa luta, de tornar onicoplastias coisa do passado. Conte aos seus amigos, familiares e vizinhos a realidade sobre essa prática e avise ao seu veterinário qual é a sua opinião sobre o assunto!

14

Quando seus gatos não se dão bem

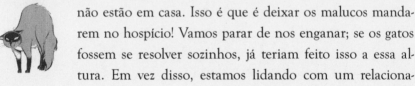

Q UANDO SE TRATA de violência entre gatos, acho que um dos piores erros que guardiões cometem é usar a abordagem do "deixa eles se resolverem", permitindo que gatos que não se dão bem continuem em contato um com o outro, mesmo quando os humanos não estão em casa. Isso é que é deixar os malucos mandarem no hospício! Vamos parar de nos enganar; se os gatos fossem se resolver sozinhos, já teriam feito isso a essa altura. Em vez disso, estamos lidando com um relacionamento que se torna, a cada dia, menos "resolvível". Precisamos assumir o controle da situação, lidar com as necessidades dos dois gatos e tornar nosso mundo seguro e, em termos de território, possível de ser dividido pelos dois.

RECEITA DO PAI DE GATOS NÚMERO 2:
O CONSERTA-RELACIONAMENTO

O problema:
Se você abriu este livro e veio direto para este capítulo, aposto que está lidando com algum nível de xixi, cocô, pelos e talvez até sangue em

Quando seus gatos não se dão bem

lugares inesperados da sua casa, e que mantém seus gatos separados por medo de que eles se matem na sua ausência.

A realidade:

Qualquer um que já teve que lidar com gatos que não se dão bem sabe o incrível estresse que isso causa, tanto para os humanos quanto para os animais. Na minha experiência, o comportamento cada vez mais errático e destrutivo se torna um ciclo vicioso para todos os animais da casa. O caos animal aumenta sua ansiedade (e pressão sanguínea), e esse ciclo vicioso fica cada vez pior, destruindo tudo no caminho. Se estou descrevendo perfeitamente o cenário na sua casa, é porque já passei por isso – e eu entendo.

A receita a seguir conseguiu resolver a maioria dos casos com que já lidei no decorrer dos anos. Existem algumas variáveis envolvidas nos cenários mais comuns, e vamos falar delas em breve. Por enquanto, porém, isso deve ajudar a família felina a voltar aos trilhos.

Os passos:

1. **Troca de locais (veja página 200):** Quando o filósofo chinês Lao Zi disse que "Uma jornada de mil quilômetros começa com um único passo", ele provavelmente não estava pensando em resolver problemas felinos barra-pesada, mas isso definitivamente se aplica aqui. O primeiro passo é que você, humano, reconquiste a posse do seu território com uma atitude firme em nome do controle; em outras palavras, é hora de separar. Esses gatos não devem ter acesso um ao outro até chegarmos ao fim da receita. Por enquanto, não devem nem fazer contato visual. Teremos somente trocas, para promover a divisão de posse dos espaços, em momentos seguros e separados.
2. **O ritual de alimentação "do outro lado da porta" (veja página 228):** Essa ideia se concentra em desenvolver linhas de desafio em lados opostos de uma porta. No único momento em que os combatentes sentem o cheiro um do outro, também sentem cheiro de comida; no único momento em que sentem cheiro de comida, sentem o cheiro

O encantador de gatos

do "inimigo". A paz é forjada através de associações positivas, em um ritmo determinado por você e pela capacidade dos seus gatos de atravessarem as linhas de desafio pacificamente.

3. **Comer, Brincar, Amar (veja página 230):** Depois que os gatos cruzarem a linha de chegada do passo anterior, é o momento de começar o Comer, Brincar, Amar. A ideia é simples, porém crucial. Agora daremos aos dois lados liberdade o suficiente para ocuparem o mesmo cômodo ao mesmo tempo, sem estarem separados por portas, portões ou barricadas de qualquer tipo. Dependemos da nossa habilidade de entretê-los em atividades diferentes. Comer, Brincar, Amar lhe dá muitas ferramentas valiosas para prever e evitar cenários complicados. É sempre melhor fazer isso com a ajuda de outra pessoa, pois é mais fácil administrar os dois gatos ao mesmo tempo dessa forma.

Enquanto estiver fazendo os passos 1, 2 e 3, considere o seguinte:

A. **Sessões de CAMC (Caçar, Apanhar, Matar, Comer) separadas.** Queremos que os dois gatos utilizem toda sua gatitude de Gato Essencial, sem distrações. Lembre-se: o último C significa COMER. Isso quer dizer que essas sessões devem ser perto da hora da refeição, para podermos fazer a transição para as refeições perto da porta. Além disso, não esqueça — gatos têm diferentes necessidades de brincadeira. Enquanto brinca, seu gato pode acabar tão energizado depois do jantar que você vai precisar fazer uma última sessão de brincadeiras. Saber disso vai facilitar uma reapresentação pacífica, pois você será capaz de garantir um Balão Energético relativamente vazio quando os dois finalmente se virem.

B. **Gatificação. Aumente a paz aumentando o espaço:** Certifique-se de que existem rotas de fuga e passagens seguras. Acabe com qualquer zona morta, bloqueie as cavernas e livre-se de zonas de emboscada. Saiba que bagunça pode fazer um gato virar alvo do outro. Quando formos reintegrá-los, queremos que haja espaço suficiente para os dois coexistirem confortavelmente.

O Momento Gatitude

Nosso Momento Gatitude de uma reapresentação é tecnicamente um ponto em que a jornada chega ao destino. Sessões de Comer, Brincar, Amar, que no início talvez durem alguns minutos antes de terminarem de forma alegre, até o dia seguinte, vão ficando cada vez mais longas. Então, à noite, os gatos vão comer o jantar em um território compartilhado, observando o outro passear pelo cômodo sem incidentes (ou mesmo a ameaça de um), e você decide que talvez seja hora de você jantar também. De repente, isso deixa de ser um exercício; é a vida. Parabéns: você chegou ao momento da gatitude coletiva.

Notas do chef

Linha do tempo da receita: Para cada um desses passos, a linha do tempo pode variar imensamente. Parte do seu trabalho é permanecer atento às linhas de desafio de cada gato e de todos ao redor. Cada passo pode levar dias ou semanas, dependendo da vontade dos participantes e da gravidade do problema. O importante é não seguir adiante até ter resultados consistentes em cada passo.

Lidando com problemas: Seja uma ligeira troca de sibilos na hora do jantar ou uma imensa briga explodindo durante uma sessão de Comer, Brincar, Amar, tudo de que você precisa é retroceder até a última linha de desafio bem-sucedida. Em outras palavras, simplesmente retorne ao último momento em que tudo estava dando certo, em vez de voltar ao primeiro passo da jornada de mil quilômetros. O mais importante é não desistir! Não deixe o trauma de um único evento definir o futuro da sua casa. Se precisar se recuperar (psicológica ou mesmo fisicamente), dê um intervalo, depois siga em frente!

Associações positivas: É preciso mostrar aos dois gatos várias vezes que o outro não é uma ameaça — nem física, nem territorial. Faça com que a vibração permaneça positiva durante a sessão, e a cada sessão subsequente... A vibração se torna alimento para a gatitude coletiva, e isso é mágico.

Sempre termine as sessões de maneira positiva: Se estamos tentando "reiniciar" os gatos brigões com vibrações positivas um para o outro, então a última coisa que queremos é que a última impressão deixada seja negativa. Mesmo que nada particularmente incrível tenha acontecido durante a sessão, isso já é positivo. É difícil às vezes, mas confie nos seus instintos. Embora os desafios sejam diários, a paz também deve ser.

Evite brigas: Como descrito na página 230, um dos principais desafios, e um dos objetivos mais importantes da sessão de Comer, Brincar, Amar, é evitar brigas. Uma das melhores formas de preveni-las é com distrações, e podemos fazer isso interrompendo o contato visual (com Sim/Não). Em outras palavras, impeça as encaradas, o que vai prevenir brigas e confrontos. Contato visual momentâneo entre os gatos lhes dá informações, mas no momento em que o movimento cessa e a encarada começa, o perigo é iminente. **Se você pode prever, pode evitar.** Tudo que você precisa saber é como fazer o Napoleão virar a cabeça. Assim, ele passa a crer que algo mais importante o espera, e podemos mostrar à vítima que o bully pode ficar na sua presença sem que o resultado final seja uma inevitável surra.

QUANDO USAR O CONSERTA-RELACIONAMENTO

Aqui estão quatro dos cenários mais comuns — e mais fáceis de consertar — de gatos que não se dão bem. Veja qual melhor se aplica à sua casa, então confira minhas notas adicionais.

1) Bullies e vítimas: quando um dos gatos implica com o outro

O problema: Você tem um bully em casa, e ele constantemente implica com pelo menos um outro gato.

A realidade: Seja motivado por brincadeira ou por território, um gato que corre é um gato que será perseguido. Não quero culpar a vítima, é claro, mas também não é particularmente útil colocar o agressor de castigo. Muitas vezes nos concentramos em mudar o comportamento do Napoleão (o bully), o que, é claro, é essencial para mostrar a ele que não há motivo para exagerar na posse do território. Mas a realidade no mundo do Gato Essencial é que *se você age como presa, será tratado como presa*. Embora possamos fazer algumas coisas para mudar o comportamento do Napoleão, há um fato que é tão verdadeiro no nosso mundo quanto no deles: bullies pensam duas vezes antes de atacar quando sentem que sua vítima é confiante.

Pontos principais:

1. CAMC é uma parte vital da solução em casos entre agressor-vítima. Em sessões separadas, usamos CAMC para drenar a energia do agressor e, com a repetição, para aumentar a autoestima do gato vítima. Com o tempo, a "vítima" se torna mais confiante, e quando o bully a vir cheia de gatitude, vai parar de tratá-la como presa.

2. Gatificação crucial: Agora já sabemos como os caçadores usam o xadrez de gato (página 195) para prever os movimentos da presa. Então, vamos aumentar a confiança da vítima e acabar com a possessividade excessiva do Napoleão criando mais território. A melhor forma de fazer isso é perceber como a vítima vê o mundo. Gatos tímidos precisam encontrar sua gatitude e, para alguns gatos, o Lugar de Confiança é no alto. Prateleiras, por exemplo, permitem que eles fiquem numa posição superior enquanto o outro gato brinca no chão. Essa visão privilegiada, que funciona igualmente bem, como vimos no Capítulo 8, permite uma observação distanciada em que a vítima pode ver seu antigo perseguidor de uma perspectiva completamente diferente — como um indivíduo, comendo, brincando, simplesmente *existindo*, sem a possibilidade de um ataque a qualquer momento.

3. Medidas preventivas: Embora nossa expectativa seja de que a receita funcione, aqui estão mais algumas ideias para experimentar, caso você precise:
   - Coloque um sino na coleira do agressor: Isso servirá de aviso à vítima e evitará ataques surpresa.
   - Invisível Mãos-de-Tesoura: Não sou completamente contra a ideia de deixar as unhas do Gato Invisível (a vítima) crescerem. Se nosso objetivo é fazer os Invisíveis se defenderem, por que não lhes dar um par de socos ingleses para ajudar? Seu Napoleão vai pensar duas vezes antes de tentar novamente.

O que um nome pode representar

Napoleão x Bully x Bedel Territorial x Gato Alfa

Na página 91, discuti o conceito de "bedel territorial", muitas vezes confundido com um "gato alfa" (uma ideia que não acredito existir). Um verdadeiro bully quase sempre será um Gato Napoleão — excessivamente zeloso e protetor do seu território, inflando o ego porque por baixo da bravata há um ser sem gatitude. Por outro lado, um bedel territorial é um Gato Mojito, um líder. Ele tem pulso firme, mas raramente o usa. Por exemplo, ao se aproximar de um ponto de descanso ao sol preferido às 15h37, quando outro gato está ali, e tocar as costas dele com o nariz delicadamente, é como se ele estivesse dando uma olhadela no relógio e dizendo: "Hora de dar o fora." Com esse gesto, ele impõe a divisão dos bens comuns, e o mundo da convivência felina segue pacificamente. O bedel territorial lidera com o mínimo de esforço necessário, e é esse uso de poder controlado que o separa de um Napoleão. Uma casa com vários gatos que conta com um bedel territorial tem uma chance maior de ser uma casa feliz.

Reconheça os sinais

Além de uma briga, existem algumas outras indicações de que pode haver discórdia ou bullying entre os gatos da sua casa:

Retração: Esse é um comportamento visto no que chamo de "gatos do armário", "gatos da geladeira", ou "gatos de debaixo da cama". Esses Gatos Invisíveis não costumam ser Invisíveis por escolha, mas por circunstância, em resposta a serem perseguidos. Perseguição constante, mesmo que sem resultados drásticos, como sangue ou pelos voando por aí como diabos-da-tasmânia, ainda assim é tortura psicológica, e muitas vezes pode levar a doenças físicas, ou no mínimo a uma vida muito estressante. Usando as ferramentas aqui apresentadas, aprenda a diferenciar entre um lugar preferido para tirar uma soneca e um pedido de ajuda.

Xixi ou cocô em um local vertical: Quando estou fazendo meu trabalho de detetive felino, um sintoma que sempre me traz um momento de "eureca!" é xixi ou cocô no balcão, na pia, no fogão, na mesa ou até em cima da geladeira. A causa mais comum disso é o bullying. Em um cenário específico, a vítima foi perseguida e encurralada em um lugar e, em meio ao estresse de fugir do agressor, *literalmente se cagou de medo*. Em outro cenário, a vítima não se sentia segura o bastante para deixar seu ninho vertical; descer até a caixa de areia parecia uma jornada pelo vale da morte. A única escolha que lhe restava, seja porque o agressor a estava esperando lá embaixo ou porque ela não sabia mais o que fazer, era fazer suas necessidades em seu único lugar seguro.

Competição pelos lugares mais socialmente relevantes da casa: No Capítulo 5, cataloguei os arquétipos dos gatos. Se o conceito do Gato Napoleão lhe parece familiar e você está tendo episódios de agressão na sua casa, provavelmente já viu evidências de bullying. O maior sinal disso é quando um gato, sem motivo aparente, para de frequentar as áreas socialmente relevantes da casa. Esses são lugares igualmente importantes para humanos e gatos (ou seja, sua cama e o sofá, onde seu cheiro é tão forte quanto o dos seus gatos), além de lugares importantes para a posse de território (locais onde há recursos como comida, pontos vantajosos para o xadrez de gato ou locais do relógio de sol).

2) Garoto novo na área: quando o gato novo não se dá bem com o(s) gato(s) residente(s)

O problema: Você adotou um gato novo recentemente. Você seguiu o protocolo de apresentações do Capítulo 10 e continua tendo problemas. Ou talvez não tenha seguido o protocolo, e acabou numa situação complicada.

A realidade: Alguns gatos precisam de um processo mais longo de apresentação para se integrarem. Isso pode significar semanas ou até mesmo meses. Na grande maioria das adoções felinas, sabemos muito menos sobre a vida do novo membro da família do que gostaríamos. Que tipo de maus tratos ele já sofreu? Ele precisava competir por recursos na rua ou em uma casa com muitos animais? Foi tirado da mãe e dos irmãos cedo demais, prejudicando sua habilidade de se comunicar e coexistir pacificamente com os outros? Não vamos esquecer que esse indivíduo está tentando encontrar seu lugar em um ritmo que já estava estabelecido antes de ele chegar. É difícil mesmo, e nós ainda balançamos a cabeça, sem entender por que esses bichinhos bobos não conseguem se dar bem. Humanos tolos...

Pontos principais:

O importante aqui é exatidão. Esta não é uma daquelas receitas em que se adiciona sal "a gosto". Os passos devem ser seguidos à risca, e até os gatos provarem que conquistaram o direito de dar o próximo passo. Seu novo colega simplesmente não pode ficar na companhia de outros gatos? Talvez, mas você deve ter certeza absoluta disso antes de considerar uma nova casa para ele, pois esse rótulo seguirá o animal na sua busca por uma nova família. Independentemente do seu destino final, as informações que você pode conseguir sobre a personalidade e as preferências do seu gato durante essa etapa são mais um motivo para ficar atento a cada passo do processo.

Quando seus gatos não se dão bem

3) Quem é você? Quando gatos que se davam bem começam a brigar

O problema: Seus gatos costumavam ser melhores amigos, ou pelo menos conviviam bem, e agora não param de brigar.

A realidade: Normalmente existe um bom motivo para gatos que costumavam se dar bem começarem a brigar. As duas razões mais comuns são a agressão de não reconhecimento e a agressão de redirecionamento.

- **Agressão de não reconhecimento** muitas vezes acontece quando um gato volta do veterinário, de um hotel, ou depois de passar um ou dois dias perdido na vizinhança, e adquire um cheiro diferente. Gatos usam o cheiro para identificar amigos e inimigos. A confusão de ver um amigo, mas sentir o cheiro de um inimigo, pode facilmente levar o Gato Essencial a um alarme falso de proporções épicas.

- **Agressão de redirecionamento** em geral acontece quando um estímulo repentino surpreende um gato ou surge em meio a uma situação já estressante. Por exemplo: dois gatos estão sentados lado a lado na janela, apenas observando o passar do dia. De repente, surge um gato da vizinhança que não estava à vista. Nesse momento, o Gato Essencial vem correndo para a superfície: fugir ou lutar, viver ou morrer. O gato doméstico para de tomar as decisões; seu corpo, seus instintos excepcionais de Gato Essencial tomam o controle. Ele quer atacar o alvo, mas o alvo não está acessível. Então, essa energia agressiva acaba sendo redirecionada para quem está mais perto. No caso, o outro gato.

Pontos principais:

1. Se você acha que pode ser um caso de agressão de redirecionamento por conta de gatos externos, veja "Quando gatos de rua causam problemas para gatos domésticos" (Capítulo 18), e ao mesmo tempo aplique a receita número 2 do início deste capítulo.

2. Não importa a causa, o maior problema é que se a relação foi danificada, esse dano pode se tornar permanente caso você não aja de imediato. Na verdade, um dos casos mais difíceis em que já trabalhei foi o que contei acima — e os participantes eram irmãos de ninhada, de 7 anos!

Sem dúvida você compreende: imagine que você está sentado à mesa de jantar com seu parceiro ou um familiar. O alarme de incêndio dispara por causa do fogão, e quem quer que você tenha imaginado nesse cenário o ataca, socando sua cara repetidas vezes. Vamos ser sinceros, com certeza você vai passar a ter problemas para confiar nessa pessoa de novo, porque algo dentro de você decidiu que simplesmente não sabe mais como ela pode reagir.

Tudo isso é para dizer: não subestime o dano que um breve momento pode causar a um relacionamento. É importante compreender que usar essa receita significa seguir um caminho difícil: reapresentar e construir associações positivas entre os gatos, como se eles não tivessem se conhecido.

Quando seus gatos não se dão bem **317**

4) Odeio você: quando gatos simplesmente se recusam a coexistir

O problema: Não importa o que faça, você não consegue fazer seus gatos se darem bem.

A realidade: Alguns gatos nunca vão aceitar um intruso no seu território, e algumas personalidades nunca vão se dar bem. Já trabalhei em muitas casas em que fizemos de *tudo* para construir associações positivas entre dois animais, mas não importava: no segundo em que tinham acesso um ao outro, brigas explodiam, rolando pelo chão, estilo demônio-da-tasmânia, tufos de pelo voando, alguém fazia xixi de medo, outro acabava no hospital. Nesse caso, temos que aceitar que às vezes um gato olha para o outro e pensa: "ODEIO. VOCÊ."

É importante tentarmos traçar paralelos entre nossas experiências para compreender melhor essas situações difíceis para todos. Pense naquele colega de quarto da faculdade ou do escritório. O cara pagava as contas em dia e limpava a cozinha, ou nunca saía cedo do escritório e deixava todo o trabalho para você. Mas, por mais que você não soubesse exatamente por quê, havia algo no jeito em que ele mastigava a comida ou dava risada que fazia com que você não o suportasse. Você odiava aquela pessoa e TINHA que sair de perto dela. A diferença entre nós e os gatos? Nós podemos escolher sair de casa ou do emprego. Nossos gatos, não.

Pontos principais:

1. Ninguém gosta de pensar em ter que encontrar um novo lar para um gato... eu tanto quanto qualquer outro. Mas também quero me certificar de que estamos mantendo as necessidades dos animais em foco. Quando é a hora de começar a pensar em encontrar um novo lar? Quando as brigas são constantes, e *você já vem tentando reapresentar os gatos há meses*? É possível. Mas antes...

2. **A solução de troca de locais:** Se você não tem problemas com o arranjo de troca de locais que implementou durante a maior parte do

processo de reapresentação, e é capaz de lidar com as suas expectativas de isso nunca vir a dar certo um dia, compreendendo que talvez você passe a viver com um sistema de portões e portas fechadas (o que muitas pessoas conseguem fazer), bem, talvez seja essa a maneira de manter os gatos na mesma casa. Caso contrário, é o momento de mudar seu foco de guardião para lar temporário, e começar a procurar um lar que considere perfeito para um desses gatos.

NÃO ESTOU DIZENDO, de forma alguma, que devemos tomar decisões precipitadas ou fazer pré-julgamentos. As opções devem ser testadas à exaustão antes de tomarmos uma atitude, ou até mesmo antes de iniciarmos a conversa sobre encontrar um novo lar (temos mais algumas ideias e ferramentas abaixo). Durante minha longa trajetória lidando com gatos e seus relacionamentos, são esses os casos que mais temo, porque é fácil deixar meu ego tomar o controle, *meu desejo e minha determinação* de encaixar esse gato quadrado em uma casa redonda. Meu objetivo principal, porém, é sempre agir como um embaixador felino. Se um, ou os dois gatos nessa situação me dizem: "Jackson, eu odeio esse cara", apesar de todas as negociações e associações positivas que tentamos construir... esse sentimento precisa ser respeitado. Talvez você esteja lendo isso agora, balançando a cabeça e dizendo que, não importa o quê, você nunca abriria mão de um membro da família. Acredite, eu entendo. Mas esse membro da família também precisa ser ouvido.

"NADA FUNCIONA!" — MAIS ALGUMAS OPÇÕES A TENTAR

Você já passou pelo processo inteiro de Apresentação (ou Reapresentação), e a relação entre seus gatos ainda está parecendo a Terceira Guerra Mundial. Antes de decidir que essa relação não vai funcionar, considere o seguinte:

Refletindo sobre a reapresentação: Então você já passou pelo processo de apresentação pelo menos uma vez, certo? Antes de tirar qualquer conclusão, avalie com um olhar crítico seu próprio processo, procurando pistas de "roubo ou preguiça". Você realmente seguiu os passos à risca, ou "improvisou" aqui e ali? Decidiu que algum passo não se aplicava ao seu gato ou a sua situação em particular? Ficou frustrado com o ritmo glacial do sucesso e deu uma adiantada na situação? Soa familiar? Se sim, considerando o que está em risco nesse processo, tente novamente. Certifique-se de definir objetivos concretos para cada passo e não se adiante antes de chegar ao objetivo. Além disso, perceba exatamente onde as coisas deram errado da última vez, para que você possa dar atenção especial a esse momento agora.

Refletindo sobre a gatificação: Outro elemento do processo que tende a ser um ímã para "roubo ou preguiça" é a gatificação. Se feita de maneira minuciosa e plena, ela quase sempre vai reduzir a tensão territorial na sua casa, pois você terá criado mais recursos. A competição por esses recursos, assim como a simples metragem quadrada, sem dúvida será menos tensa quando houver mais do que o suficiente para todos.

Medicações comportamentais: Isso daria um livro inteiro por si só. Sendo assim, há algumas coisas que eu gostaria que você considerasse. Não recomendo que esse passo seja tomado levianamente, e quando o faço, é para aliviar o sofrimento do gato em consideração. Também já recomendei isso em algumas situações entre gatos, em que os dois lados se beneficiariam de tratamentos curtos para ajustar suas referências e reduzir reações agressivas ou extremamente temerosas a estímulos normais. Não existem soluções preto no branco nessa área da vida. Considero medicações comportamentais muito efetivas, mas de forma alguma são soluções mágicas. Também costumo recomendar terapias naturais (há anos mantenho minha própria marca de florais), ou modalidades como acupuntura ou terapia craniossacral. Em conjunto com as técnicas que apresentei, os remédios podem ajudar a combater problemas enraizados e criar uma solução.

Uma coisa que você nunca vai me ver fazer é recomendar medicação contínua para um gato que não precisa disso para aliviar seu sofrimento. Se dependermos de remédios para conseguir que dois gatos se tolerem, na minha opinião, fomos longe demais.

Além disso, você obviamente deve consultar seu veterinário para certificar-se de que seus gatos devem e podem lidar com medicação. A única coisa que peço é que você não permita que eu, ou seu veterinário, ou qualquer outra pessoa, tome essa decisão por você e pelo seu gato. Faça o seu trabalho. Pesquise, pergunte por que uma medicação e não outra etc. A verdade é que a cada dia temos mais avanços no que se trata de medicações comportamentais para animais, e um profissional pode não ser tão experiente na questão quanto o outro. A única maneira de você sentir segurança na sua decisão será tornando-se um especialista e defendendo seu gato sempre. Pesquise as opções comportamentais E de medicamentos para que possa fazer as perguntas certas e tomar a decisão correta.

15

Quando seu gato está mordendo ou arranhando humanos

S E VOCÊ ESCOLHEU dividir sua vida com um gato, mais cedo ou mais tarde ele vai fazer você sangrar. Na maioria das vezes acontece sem querer — um arranhão durante uma brincadeira, dedos se mexendo debaixo do cobertor, uma tentativa de apanhar um inseto que atingiu o alvo errado. Às vezes, é claro, a agressão entre gatos e humanos não é tão inocente, mas ainda assim não é a sua pele que mais sofre com isso. Se o contexto da agressão não for devidamente identificado e resolvido, o que mais vai sofrer será seu relacionamento. Sentimentos magoados deixam uma cicatriz mais profunda do que uma mordida ou arranhão. Vamos cortar isso pela raiz!

RECEITA DO PAI DE GATOS NÚMERO 3:

ACALMANDO OS ÂNIMOS

O problema:

Você ou um familiar vem sentindo a ira das garras, dos dentes, ou de ambos, e provavelmente carrega os ferimentos da batalha para provar. Você até começou a se distanciar do seu gato, e amigos e familiares começaram a chamá-lo de nomes como "gato endiabrado" (sinto muito). As ações dele podem ser descritas como "repentinas", "imprevisíveis" ou "aleatórias", e algo precisa ser feito antes que seu relacionamento — e a confiança que vocês têm um no outro — desmorone por completo.

A realidade:

Como discutimos, gatos não "atacam" sem motivo, mesmo que esse motivo não seja perceptível para ninguém além deles. Seja por agressão motivada por brincadeira, agressão de redirecionamento, excesso de estímulo, temores químicos ou territoriais, ansiedade ou dor, temos que avaliar o problema rapidamente, seguindo o passo a passo dessa receita.

Os passos:

1. **Exclua possibilidades médicas:** Se você acha que a agressão do seu gato pode ser derivada de um problema de saúde (por exemplo, se ele morde ou arranha quando é segurado de uma determinada maneira), um exame veterinário deve estar na sua agenda em breve. Além disso, se a agressividade parece especialmente aleatória ou irracional (um julgamento a ser feito *depois* do seu trabalho de detetive no item 4), pode haver algum desequilíbrio químico ou problema neurológico que deve ser avaliado por um profissional também.

2. **Verifique o ritmo natural do seu gato (ou seja, seu ritmo circadiano):** Trabalho de detetive número 1: relate cada ataque, inclusive a hora em que acontecem. Se seu gato demonstra agressividade logo pela manhã, quando você acorda, ou ao fim do dia, quando você chega do trabalho, esses são considerados momentos de alta de energia (veja mais sobre isso no passo 4). A boa notícia é que isso lhe diz que o ritmo do seu gato está em sincronia com o seu: ele dorme à noite, e esse é um ritmo corporal com que você pode trabalhar. Se não, não entre em pânico — você pode moldá-lo de outra maneira. (Isso retorna aos três Rs de que já falamos. Veja mais no Capítulo 7.)

Quando seu gato está mordendo ou arranhando humanos

3. **Brincadeiras, no mundo felino, não são um luxo, e sim uma necessidade**: Se você tivesse um cachorro e não dispusesse de uma coleira, as pessoas o chamariam de maluco. Cachorros precisam passear todo dia, e se não reconhecemos essa necessidade inata deles, coisas ruins acontecem. Essa energia precisa ir para algum lugar. Agora troque "cachorro" por "gato", e "coleira" por "brinquedos interativos". É essa a importância que dou às brincadeiras felinas. O que posso lhe dizer com certeza é que se você se dedicar a não só brincar todo dia (isso é o mínimo), mas realmente se dedicar à brincadeira e drenar a energia do seu gato durante essa atividade, vai eliminar uma incrível quantidade de comportamentos indesejáveis, e não só agressão. Vai muito além disso. Afinal, ninguém quer sangrar, e essa é uma ótima maneira de evitar isso. Seu trabalho no passo 1 informa ao seu trabalho aqui: se você encontrou certo padrão no horário das agressões, marque suas sessões de CAMC para trinta minutos antes disso.

4. **Investigação felina:** Um dos motivos pelos quais peço para os meus clientes escreverem um diário detalhado das agressões é que assim eles conseguem se afastar da história e só escrever sobre ações, momentos e padrões que começam a ficar visíveis no comportamento do gato. Quando você olhar para as informações reunidas, aposto que, se o problema é agressão durante as brincadeiras, provavelmente isso acontece nos mesmos horários todos os dias. Se é o caso, você pode ser proativo na resolução. Significa que, se você olha para o diário e percebe: "Acordo às seis e saio para o trabalho às oito. É nesse intervalo de tempo que meus tornozelos são mordidos", então, bem, sei que você não vai gostar de ler isso porque certamente sua manhã é muito atarefada, mas isso significa que brincar com seu gato de manhã por pelo menos alguns minutos é muito importante. *A chave é não esperar o comportamento acontecer. Seja proativo!*

5. **Não se trata só de quando, mas também de onde:** Use seu mapa da gatice! Agressões perto da janela indicam que talvez exista algum gato do lado de fora causando reações violentas no seu gato, o que pode ser uma forma de **agressão de redirecionamento.** Veja "Bárbaros no portão" no Capítulo 18, para mais soluções.

Se seu gato tende a atacar seus pés por debaixo da mesa, isso significa que você tem um habitante dos arbustos; é ali que ele ganha sua gatitude de caçador. Se é esse o caso, então brinque com ele debaixo da mesa. Use a varinha de penas e comece a passá-la pelo chão; imite uma presa terrestre, em vez de um pássaro. No que se trata de caça, ele provavelmente vai ficar mais inclinado, pelo menos no início da brincadeira, a se manter no nível do chão.

6. **Sua parte na dor:** Algumas vezes simplesmente estamos pedindo. Alguns exemplos:
    - **Brincadeiras brutas:** Quando se trata de brincadeiras brutas, é um grande erro supor que gatos gostam de brincar do mesmo jeito que cães. Lembre-se de que gatos brincam de caçar, e diversão para eles é isso: apanhar, matar e comer, não o tipo de interação mais bruta de que alguns cachorros gostam. Sim, gatos respondem ao estímulo dessas brincadeiras, mas não da maneira que você imagina, em especial se estiver acostumado a brincar com cachorros. Com gatos, é mais provável que isso cause medo e os coloque na defensiva, ou pelo menos dê margem a brincadeiras perigosas como o deitar de costas e prender com as quatro patas. Você definitivamente não vai gostar do resultado.
    - **Excesso de estímulo:** Essa é uma forma de agressão que em geral é induzida por certos tipos de carinho e/ou sessões de carinhos prolongadas demais. Esse é mais um dos casos em que, se acontecer, a culpa é sua. Leia o Capítulo 11 para mais informações.
    - **"Enfiar a mão no liquidificador":** Não é uma boa ideia usar suas

mãos para apartar uma briga ou tentar confortar, pegar ou mover um gato que está claramente aborrecido. Em vez disso, tente guiá-lo para um lugar tranquilo para que ele dê um tempo. (Para mais sobre "dar um tempo", veja a página 164.)

- **Mantenhas as unhas aparadas:** Um corte periódico ajuda muito caso você acabe esbarrando com o "Mãos-de-tesoura" por aí.

Mãos não são brinquedos

Se você já tem um gato que aprendeu que mãos são brinquedos, ele provavelmente também se tornou muito sensível a mãos se aproximando. Aqui estão algumas maneiras de mudar essa reação.

1. Ensine ao seu gato que mãos são usadas apenas gentilmente, ficando atento a quando você aproxima suas mãos dele. Se você aproxima as mãos em um momento em que ele já está elétrico, então está pedindo. Só aproxime as mãos do seu gato para fazer carinho quando o clima for de soninho e fim de noite, não quando ele estiver querendo brincar.
2. Se seu gato já tem medo de mãos (ou seja, se ele se encolhe sempre que você estende a mão), então você precisa se aproximar devagar, criando associações positivas usando petiscos, e de um ângulo baixo, em vez de por cima da cabeça dele.

Quando humanos têm medo de gatos, tentam fazer carinho estendendo a mão lentamente por cima da cabeça deles. Isso é um convite para o desastre, porque um animal em estado de fugir ou lutar pode considerar o gesto uma ameaça. Novamente, tente aproximar as mãos de um ângulo baixo e, se possível, use a técnica Michelangelo (veja o Capítulo 11, página 263).

Quando estiver tentando recondicionar esse comportamento, todos na sua casa devem colaborar. Se todo mundo estiver seguindo as regras e praticando os exercícios que combinamos aqui, exceto uma pessoa, que ainda faz brincadeiras brutas e usa as mãos como brinquedo, o trabalho de todos os outros irá por água abaixo. Assim como em todos os exercícios neste livro, consistência e trabalho em equipe são essenciais.

O momento da gatitude:

Mais que tudo, nosso momento da gatitude inclui o aleatório sendo substituído pelo previsível. Compreender seu gato é o primeiro passo para ajudá-lo. Ajudá-lo significa colocar seu relacionamento de volta nos trilhos. Você passa a ser capaz de prever seus ritmos e evitar qualquer comportamento agressivo antes que aconteça. E se o problema era de natureza física, seu gato certamente está se *sentindo melhor* — o que já é um imenso ganho.

Notas do chef

Fique calmo e siga em frente: Se e quando seu gato exibir comportamentos agressivos, não exagere na reação — ou seja, não grite, berre ou empurre seu gato —, pois isso pode piorar a situação. Isso também explica por que gatos atacam mais certas pessoas da casa; eles tendem a "implicar" com quem reage mais a suas mordidas e arranhões.

Evite ser uma ameaça: Gatos vão morder quando se sentirem emboscados ou ameaçados. Isso pode ser circunstancial, ou pode ser que você tenha um Gato Invisível.

Uma casa de abundância: Mantenha o Napoleão a distância, certificando-se de que sua casa tem bastante espaço vertical, cercas e marcadores de cheiro.

Perigo, estranhos: Ajude seu gato a manter associações positivas com visitantes. Veja "Ficando confortável com visitantes", na página 361.

Esqueça os castigos: Não funciona. Como já discutimos, seu gato não vai entender o que você está fazendo e isso só vai piorar seu relacionamento.

16

Quando seu gato tem comportamentos irritantes ou carentes

SEM DÚVIDA ALGUMA, se tenho emprego, é por três motivos: problemas com a caixa de areia, com agressão ou a montanha de irritação contida neste capítulo. Porém, esses últimos são os que mais comumente levam os guardiões à loucura. Acho que a irritação é pior que o desespero, às vezes. Conheço clientes que varreram problemas de xixi para debaixo do tapete (até mesmo literalmente) por anos. Ser acordado no meio da noite? É isso que lhe dá a coragem de me abordar no corredor dos cereais no supermercado (e para quem já fez isso, sim, eu ainda gosto de Sucrilhos — não me julgue).

RECEITA DO PAI DE GATOS NÚMERO 4:
O ANIQUI-PENTELHAÇÃO

O problema:

De arranhar as cortinas a escalar as paredes, se balançar no lustre, destruir obras de arte, derrubar objetos e ser, em resumo, um pentelho completo, ou o que a internet batizou de "Gato Babaca", seu

Quando seu gato tem comportamentos irritantes ou carentes

gato o está enlouquecendo com esses comportamentos irritantes. O pior? Ele parece saber muito bem disso.

A realidade:

Se meu último argumento fez sentido para você, vamos começar deixando a loucura de lado. Em muitos casos, comportamentos irritantes indesejados são coisas que provocamos a nós mesmos, porque para o gato há algum ganho. Se ele mia sem parar e acorda você no meio da noite, senta na frente do computador ou no seu colo enquanto você lê o jornal, ou o arranha e morde querendo sua atenção, sempre há uma recompensa para ele. Ao se irritar com algum comportamento, você só lhe dá mais força mostrando sua insatisfação de alguma forma (em geral, gritando), ou tentando sossegá-lo ao recompensar tal comportamento. Seja como for, para o seu gato, toda atenção é válida.

Vou lhe dar algumas sugestões para tratar do quadro geral — os motivos pelos quais seu gato age como um pentelho. Então, vou falar sobre os comportamentos irritantes mais comuns e algumas soluções específicas para restaurar seu relacionamento com o "gato babaca".

Os passos:

1. **Lute contra o tédio:** Isso significa caprichar na rotina de brincadeiras, certificando-se de que é uma rotina, um ritual, e parte do nosso ritmo diário. Seus gatos precisam que sua energia seja drenada de maneira construtiva todos os dias. Lembre-se do nosso mantra: Brincadeira = Presa. Participe ativamente da brincadeira com seus gatos durante os picos de energia durante o dia.
2. **Retorne aos três Rs:** Se você parar para pensar, seus gatos devem começar a derrubar objetos das prateleiras em momentos previsíveis do dia. Eles vão subir no balcão da cozinha em momentos específicos. Em geral, é quando você está ali, e a energia da casa está em alta — quando todos estão se levantando pela manhã, ou se preparando para dormir no fim do dia. Então, certifique-se de que você está sendo proativo sobre *quando* brinca, tanto quanto aumentando a quantidade de tempo que passa brincando com seu gato.

3. **Gatificação:** Seu gato talvez derrube as coisas da lareira quando está só tentando chegar ao seu lugarzinho na janela. Ele talvez suba nos balcões para ver o lado de fora. Tente pensar em como o desenho da sua casa guia seu gato. Ele vê cada centímetro do território como uma parte em potencial da autoestrada felina e um possível destino. Se você não quer que seu gato vá do ponto A ao ponto B, então é seu trabalho gatificar de modo que o ponto A o leve para o ponto C, em vez disso. Crie uma autoestrada felina satisfatória para o seu gato, que evite áreas delicadas, sejam balcões, lareiras ou qualquer lugar em que ele poderia quebrar algo ou se machucar.

4. **À prova de gatos:** Se houver coisas que você não quer que seu gato quebre ou use como brinquedo, considere o conceito de deixar sua casa à prova de gatos (é parecido com o que você faria com crianças). Vamos aceitar os fatos: você mora numa casa de gatos agora. Se aquele prato de porcelana pousado na lareira é importante para você, é melhor fazer o que todos na Califórnia fazem: torná-lo à prova de terremoto. Durepoxi é uma ideia. Prender seus objetos é sempre uma boa ideia, porque nem sempre será seu gato cutucando as coisas até caírem só para ver o que acontece. Amarre as cortinas e encape os fios do computador. Tire o atrativo lúdico de todos esses itens domésticos!

5. **O não/sim:** Se você vai dizer "não" para o seu gato, precisa ter um "sim" por perto. Volte ao Capítulo 9, revise a técnica do não/sim (página 175) e considere como você pode aplicá-la ao comportamento do seu gato.

6. **Recompense o silêncio (ou o bom comportamento):** Lembra da criança que estava aos berros pedindo sorvete no Capítulo 9? Certifique-se de elogiar ou dar petiscos quando seu gato estiver quieto e calmo, se comportando de uma maneira que faz você pensar: "Mais dias assim, por favor!"

Quando seu gato tem comportamentos irritantes ou carentes

RECEITA DO PAI DE GATOS NÚMERO 5:

O SURFISTA DE BALCÃO

O problema:

Seu gato está pisando com as patas sujas no balcão da cozinha. Talvez ele esteja roubando comida ou simplesmente atrapalhando quando você está tentando cozinhar. Seja como for, é irritante no melhor dos cenários, e anti-higiênico no pior.

A realidade:

Seu gato pode gostar de ficar no alto, ou talvez seja muito motivado pela esperança de conseguir um lanchinho enquanto está no balcão. Talvez você tenha passado o dia todo fora, e ele só queira passar um tempo ao seu lado.

Os passos:

1. **O Não:** Diga não ao seu gato colando fita dupla-face em um jogo americano de plástico e deixando-o no balcão. Toda vez que seu gato pular, vai ficar com as patas coladas, e vai parar de fazer isso. No Capítulo 9, também sugeri uma lata de ar comprimido com ativação por movimento, que pode ser bem eficiente. Não é nada que possa machucar seu gato, mas vai mostrar a ele que esse não é um lugar onde passar o tempo. Lembre-se: consistência é essencial para qualquer tipo de treinamento, e quase impossível de manter sozinho, porque você não pode ficar ao lado do balcão 24 horas por dia para tirar seu gato de lá. Essa é parte da razão pela qual simplesmente gritar "Fora!" não adianta. Seu gato simplesmente vai aprender a subir quando você não está por perto.

2. **O Sim:** Agora que você descobriu formas de dizer "não" ao seu gato, como dizer "sim"? Uma das melhores formas é lhe dar um lugar alto em que ele possa ficar. Coloque um condomínio de gatos na sala de jantar ou perto da cozinha, para que seu gato possa acompanhar a atividade do alto, e você possa recompensá-lo por ficar ali. Treine

seu gato para subir no condomínio e lhe dê um petisco. Então, quando ele descer, faça-o subir de novo com um petisco. Toda vez que ele subir ali, ganha uma recompensa. Com o tempo, o atrativo do condomínio fica maior do que o do balcão. Isso, é claro, se você não deixar comida dando sopa. Que gato vai dizer não a um bufê gratuito?

Notas do chef

Combinando as refeições: Organize os rituais de alimentação do seu gato para combinar com a hora das refeições humanas, e com essa proximidade você terá outro exemplo de bom uso do não/sim.

Tudo limpo: Por questões de higiene, você talvez não queira seu gato no mesmo lugar em que está preparando comida para os humanos. Durante o treinamento, lembre-se de manter as superfícies limpas.

Fogões e segurança: Outra coisa importante é o perigo de misturar fogões e gatos. Se seus gatos estão determinados a andar pelo fogão para chegarem a um lugar preferido, use as ferramentas que discutimos para marcar essa área como um "não". Mas, por via das dúvidas, cubra as bocas e os botões para deixá-los à prova de crianças, além de manter as portas dos armários trancadas. Por fim, seja proativo: se a única rota previsível para uma área desejável é pelo balcão, a culpa é sua. Crie um novo caminho se você quer que o comportamento pare.

O momento da gatitude:

Nosso momento da gatitude acontece em algum ponto da interseção de você não estar mais irritado com o seu gato perturbando você, e seu gato não estar mais irritado com a vida por não ter mais o que fazer. Como em todas as nossas receitas contra a chatice, é preciso fazer concessões para obter uma verdadeira vitória para os dois lados, e é isso que nos dá o momento da gatitude.

RECEITA DO PAI DE GATOS NÚMERO 6:

PISOTEANDO O TRAVESSEIRO: QUANDO SEU GATO NÃO DEIXA VOCÊ DORMIR

O problema:

Seu gato acorda você nos horários mais absurdos enquanto você tenta dormir. Ele talvez pise no seu rosto, corra pela cama, fique miando pedindo comida, arranhando a porta... a lista continua. A falta de sono está cobrando seu preço. E é por isso que a maioria das pessoas faria qualquer coisa para manter seus gatos quietos à noite.

Talvez você já tenha tentado prender seu gato no banheiro, gritar com ele, jogar o travesseiro nele, usar o spray de água, dar comida, abraçá-lo, trancá-lo do lado de fora do quarto (o que fez ele provavelmente arranhar sua porta e miar sem parar por pelo menos mais uma hora). Ainda assim, na noite seguinte, lá estava ele miando às 3h da madrugada de novo.

Já tive clientes que dormiam no carro para conseguir se livrar disso tudo.

A realidade:

Se você está se perguntando "Como posso dormir a noite inteira sem querer estrangular meu gato?", precisa compreender que a ideia de que gatos são animais noturnos é uma falácia. As pessoas acham que esse é o preço a pagar por ter um gato, mas o fato de seu gato ficar acordado à noite é um sintoma de que você falhou em lhe prover Rotina, Ritual e Ritmo.

A verdade é que gatos não são animais noturnos. Eles vivem em um ritmo crepuscular, e naturalmente despertam ao nascer e ao pôr-do-sol, quando a presa está mais ativa. Mas podemos mudar seus relógios biológicos. Se você quer saber como dormir uma noite tranquila, a resposta está nesse ritual. Tudo se resume a colocar seu gato no ritmo da sua casa.

Os passos:

1. **Primeiro, pare com a alimentação livre:** veja "Alimentando a gatitude" (página 116). Dê as refeições junto com a brincadeira. Se você se deita às 23h, dê sua última refeição em torno de 21h30. Logo antes dessa refeição, comece o CAM. Leve seu gato à fervura (veja "Ferver e baixar o fogo", página 112), deixe que ele fique bem animado, então comece o segundo tempo; agora vai levar menos tempo para que ele fique totalmente exausto. Então, é hora de ele comer, tomar banho e dormir, e aí você vai para a cama.
2. **Combine a energia deles à sua:** Mantenha seus gatos ativos quando a família estiver ativa. Novamente, tudo se baseia nos três Rs.
3. **A parte difícil:** São 3h da manhã, e seu gato está acordando você. Ele deveria estar morto de cansado, mas não. Isso é difícil, mas você precisa IGNORÁ-LO COMPLETAMENTE. Não se levante, dê comida, brinque, vá ao banheiro etc., de forma alguma. E "completamente" significa que você não deve gritar, chamá-lo ou jogar um travesseiro — finja-se de morto. Sim, vai ser horrível mesmo, mas qualquer atenção, negativa ou positiva, é uma recompensa para ele. Se você lhe mostrar, noite após noite, que nada vai acontecer depois

desse comportamento, ele VAI parar. Pode ser difícil durante umas duas semanas, mas depois disso, passa.

Veja a "explosão de extinção" (página 177) para mais sobre como essas duas semanas serão difíceis.

Dá para trancá-los do lado de fora do quarto?

Olha, o quarto é o cômodo que mais carrega seu cheiro na casa. É uma área crucial, socialmente falando, então recomendo que você permita o acesso dos seus gatos. Em geral, não sou a favor de proibir a entrada felina em certos cômodos.

Em especial se seus gatos estiverem acostumados a dormir com você, trancá-los do lado de fora cria outra zona de batalha — a porta do quarto. Em vez disso, lembre-se do não/sim: por que não colocar algumas caminhas de gato nas mesas de cabeceira ou móveis próximos, com uma bolsa de água quente para encorajar seu uso? Aos poucos, você pode mover essas camas para outros cômodos, se quiser, mas já vai ter criado um destino desejável, o que deve reduzir sua insistência.

Dica do pai de gatos: miando por comida

Se seu gato está sendo muito persistente ao lhe pedir comida, você pode usar um comedouro automático. Fazendo com que uma refeição apareça do nada em intervalos determinados, o próprio ambiente se torna o provedor, e o humano sai da equação alimentar. É claro que essa não é a melhor opção — existem muitas vantagens em usar a alimentação como parte da sua relação —, mas momentos difíceis requerem medidas difíceis.

O encantador de gatos

O momento da gatitude:

O momento da gatitude pode acontecer quando seu despertador tocar, e você perceber que conseguiu dormir a noite toda sem ouvir um único miado. Você sai da cama, e seu gato diz: "Quer saber? Estou de boas. Vou dormir mais 15 minutinhos."

RECEITA DO PAI DE GATOS NÚMERO 7:
O FUJÃO

O problema:

Você abre a porta. Acabou de voltar do mercado, as mãos carregadas de compras. Seu gato sai em disparada. Você tem um fujão.

A realidade:

Muitos fujões saem de casa e só ficam parados ali, tipo: "Certo, e AGORA?" Em geral, eles não saem correndo direto para a rua. Mas, para alguns gatos, fugir pode ser muito perigoso. Em especial se seu gato nunca sai de casa, fugir porta afora é o primeiro passo para se perder.

Os passos:

1. **O não/sim:** Se houver um móvel típico de um habitante de arbustos perto da porta, como uma mesinha de canto, isso é um atrativo e tanto para um fujão. **O Não:** bloqueie as rotas que levam seu gato de uma caverna para o lado de fora. **O Sim:** crie destinos na direção oposta à porta. Coloque condomínios de gato em um lugar mais seguro. Guie seu gato para outros lugares do tipo arbusto na área principal da casa, longe da porta. Providencie casulos onde seu gato possa viver sua experiência de habitante dos arbustos sem sentir necessidade de sair.
2. **Explore o vertical:** Como a maioria dos fujões também é habitante dos arbustos, tente levá-los para o mundo vertical. A maior parte

Quando seu gato tem comportamentos irritantes ou carentes **337**

dos fujões não vai pular de um lugar alto para fora; em geral, eles precisam estar no chão primeiro. Se você providenciar postos de observação próximos à porta que fiquem a cerca de 1,5 metro do chão, eles tendem a ficar ali olhando o movimento de entrada e saída da casa, porque é essa atividade que os fascina.

3. **Brincadeiras interativas:** Treine seu gato para ir a esses novos destinos usando brinquedos interativos, mantendo esses destinos em foco. Pense nisso como se você o estivesse treinando para uma corrida de obstáculos com o brinquedo, levando-o para esses espaços verticais e casulos. Coloque petiscos nesses lugares para encerrar a brincadeira.

4. **Traga a natureza para dentro de casa:** Tente imaginar o que o gato quer ver lá fora. Talvez você possa satisfazer essa necessidade plantando catnip ou outras ervas em um vaso. Dê uma alternativa que preencha o desejo de sair e rolar na grama.

5. **A solução "definitiva":** Um "gátio" com lugares para escalar e grama para mastigar e onde rolar é o melhor não/sim nesse cenário. Um pátio para o gato resolve todos os seus problemas.

6. **Treinamento com a coleira:** Por fim, se seu gato é um daqueles caras que simplesmente precisa sair de casa, é possível fazer isso com segurança treinando-o para usar uma coleira. (Veja o Capítulo 12, página 278.)

O momento da gatitude:

Quando você chega em casa do trabalho, seu gato vai cumprimentar você, e não a chance de escapar. Seja por estar na mesma altura, no condomínio de gatos que você colocou perto da porta da frente, ou no casulo do outro lado da sala, você fica tranquilo de que ele não vai sair correndo toda vez que a porta se abrir.

Nota do chef

Defina suas prioridades: Ontem mesmo eu estava em uma casa onde perguntei à guardiã: "No que posso ajudá-la?" A resposta dela? "Bem, não quero que o meu gato suba no balcão, na mesa de jantar, na minha mesa de trabalho ou pise na minha cabeça de noite." Tive que perguntar: "Bem, o que você quer que o seu gato faça? Já pensou em trocar seu gato por um peixe?"

É preciso definir quais são as suas prioridades. É claro que, se estamos falando de gatos não subirem no balcão da cozinha — especialmente se é onde você prepara a comida humana —, isso de fato é uma prioridade. Mas as outras? Talvez seja melhor pensar bem antes de dizer não para o seu gato tantas vezes.

Muitos desses comportamentos, como ser um "gato babaca", são sinais claros de tédio. Estou sugerindo atividades para evitar que seu gato fique entediado, e você precisa encarar essas tarefas.

Novamente, vou repetir: defina suas prioridades. E, quando tiver isso claro em mente, lembre-se: TV de gato, gatificação, CAMC, não/sim, e treinamento com clicker. Todas essas coisas podem garantir que seu gato não será babaca, e que você não vai exagerar.

17

Quando seu gato tem comportamentos ansiosos

SENDO COMPLETAMENTE TRANSPARENTE, toda vez que me deparo com certos comportamentos, mesmo que eu possa dizer ao guardião o que está acontecendo, entro em um certo pânico, porque sei que mais cedo ou mais tarde ele vai esperar de mim uma resposta que não tenho. As situações descritas neste capítulo são pontilhadas por interrogações sobre origens, sintomas e "curas" (se é que existem). O que todos os comportamentos têm em comum é: (a) a ansiedade é (ou parece ser) um dos sintomas principais, e (b) eles fazem os guardiões ultrapassarem a fronteira da frustração, direto para o território da preocupação e, frequentemente, até pânico. Às vezes saber o nome da condição ajuda um pouco, mas não resolve por completo. Com sorte, minha experiência e empatia pelos clientes lhes dá algum alívio — e um caminho para seguir em frente.

RECEITA DO PAI DE GATOS NÚMERO 8:

O ALIVIADOR DA ANSIEDADE DE SEPARAÇÃO

O problema:

Você tem a impressão de que seu gato não gosta nem um pouco de quando você sai. Talvez você volte e encontre destruição, cocô na cama, ou um gato que se lambeu até arrancar os pelos na sua ausência. Talvez seu vizinho reclame que seu gato mia sem parar assim que você sai de casa. Seja como for, mesmo quando você vai ao mercado e volta em dez minutos, o resultado é caos.

A realidade:

A manifestação clássica da ansiedade de separação em um animal são sinais de desconforto *somente* na ausência dos seus humanos. Você pode encontrar muitas informações sobre isso na internet em relação aos cães, mas ainda há pouco sobre gatos. Parte da razão é a concepção errônea (mesmo na comunidade veterinária) de que gatos são socialmente indiferentes; se não têm uma conexão com os humanos, para início de conversa, como podem sofrer de ansiedade de separação?

O que dificulta ainda mais a elucidação desse equívoco é que raramente gatos são destrutivos da mesma maneira que cães; você em geral não volta para casa e encontra peitoris de janela mastigados ou portas quebradas, o que significa que os pedidos de ajuda dos felinos muitas vezes não são ouvidos. Dito isso, existem alguns sinais de ansiedade de separação similares entre cães e gatos: vocalização, estresse antes da saída, excesso de limpeza, e seguir o humano de cômodo em cômodo. Em gatos, muitas vezes você vai perceber comportamentos como a marcação de objetos que cheiram fortemente a você.

Embora existam predisposições genéticas para essa condição (siameses e outras raças consideradas orientais são mais comumente afetadas), é possível que separação prematura da mãe ou outros traumas possam influenciar um gato a ficar excessivamente dependente do guardião. O que conecta a ansiedade de separação entre cães e gatos de maneira universal é a falta de confiança.

Os passos:

1. **Catalogação:** Documentar o comportamento do seu gato e suas interações com ele é um bom lugar para começar. Em se tratando de ansiedade de separação, é importante notar por quanto tempo você fica fora quando seu gato começa a exibir os sintomas. Além disso, câmeras remotas são outra grande oportunidade de reunir os possíveis sin-

tomas em relação ao que seu gato faz quando você não está em casa, já que muitos comportamentos só acontecem na sua ausência.

2. **CAMC:** Certifique-se de fazer uma sessão de CAMC toda manhã. Sei que abrir espaço na sua rotina para isso pode ser um desafio, mas mesmo uma sessão curta já ajuda dramaticamente. As vantagens são: (a) sabemos que os benefícios que as brincadeiras trazem para a gatitude e a confiança felina são essenciais neste caso, e (b) a refeição que acontece logo antes de você sair faz com que seu gato esteja ocupado no momento em que você se afasta discretamente. Dito isso, não esqueça o próximo passo...

3. **Mude a rotina:** Evite dar sinais previsíveis de que você está prestes a sair. Mude sua rotina. Seu gato sabe que você vestir o casaco = você ir embora. O tilintar das chaves = ir embora. Ligar o rádio antes de sair = ir embora. Então, pegue as chaves assim que acordar, e então comece sua rotina matutina, ou saia por um momento, depois volte para casa.

4. **Nada de mais:** O mais difícil para os meus clientes é seguir meu conselho e simplesmente sair de casa. Não se despeça, só vá embora. Volte para a sessão sobre a sua linha de desafio (página 178). O hábito de acalmar seus gatos antes de sair de casa só aumenta a ansiedade deles — eles não entendem nossa língua, mas compreendem o tom de culpa e medo, e passam a esperar que o céu caia sobre suas cabeças. Assim, você sem querer encoraja a ansiedade de separação por conta do seu medo de que eles a sintam.

5. **TV de gato:** Enriqueça o mundo dos seus gatos enquanto você está fora. Coloque um condomínio de gatos perto de uma janela para que seu gato possa olhar para fora, ou instale um comedouro de pássaros bem do lado de fora para mantê-lo distraído durante o dia. Camas aquecidas podem ajudar alguns gatos mais carentes. Por fim, não se esqueça de prestar atenção ao relógio de sol!

6. **Outras alternativas:** Se você puder pagar ou tiver um amigo que possa ajudar, pense em ter um *pet sitter* que verifique como seu gato está no meio do dia, talvez uma paradinha na hora do almoço enquanto você está no trabalho. Também existem muitas opções de

medicamentos que são efetivos no tratamento da ansiedade de separação. Se os sintomas do seu gato forem persistentes e severos, essa é uma opção a se considerar.

O momento da gatitude:

Nesse caso, você chega em casa depois de um dia especialmente longo no trabalho, e seu gato está dormindo sob a última nesga de sol em sua caminha perto da janela. Sonolento, ele percebe que você chegou e lhe dá uma piscadela de "E aí, tudo bem?". Enquanto você checa a correspondência e anda até a cozinha, ele se espreguiça e boceja, desce do condomínio de gatos e se aproxima para uns carinhos enquanto espera o jantar ser servido. Você sente que ele sentiu sua falta, mas não se sente culpado pela ausência. E tudo isso, nesse momento, é gatitude.

RECEITA DO PAI DE GATOS NÚMERO 9:

MASCANDO TUDO

O problema:

Seu gato basicamente come qualquer coisa que não esteja guardada. Ele mastiga cantos de livros, lápis, plástico, toalhas de papel, pés de cadeira, armários, e transforma seus cobertores e casacos favoritos em queijo suíço. Você está começando a achar que, por ele talvez se sentir entediado ou querer atenção (ou só estar determinado a irritar você), vai destruir tudo que você ama.

A realidade:

O que para muitos guardiões de gato parece ser um esforço enlouquecedor da parte do gato para enlouquecê-los é na verdade uma compulsão chamada "pica". A definição de *pica* é a ingestão de objetos não alimentícios, e se você acha que o comportamento em si já é irritante, o diagnóstico é ainda pior. Seja a condição devido a um componente genético, em parte tem a ver com um desmame inadequado ou experiências sociais prematuras. Também pode ser uma resposta ao estresse, ou todos os anteriores. A *pica* ainda é uma imensa dúvida na comunidade científica. Sabemos que algumas raças (em especial siameses, e outras raças aparentadas) têm predisposição a mastigar lã e tecidos. A discussão, porém, é secundária; a síndrome de *pica* é uma condição muito misteriosa, não há cura conhecida, e pode ser muito perigosa. Ingerir tecidos ou outros objetos pode levar a perigo de morte, e envolve uma cirurgia cara e arriscada caso esses materiais fiquem presos no trato digestório. Apesar de não haver cura, temos que fazer todo o possível para lidar com ela.

Cantinho do gato nerd
Papel ou plástico?

Um estudo de 2016 encontrou uma relação entre gatos com síndrome de *pica* e vômitos frequentes. Gatos com esse transtorno tendem a *ingerir* cadarços, fios, plástico e tecidos, enquanto todos os outros gatos aparentemente gostam de apenas *mastigar* plástico e papel em especial. Quase 70% dos gatos do grupo de controle (que não demonstram sintomas do transtorno) mastigaram itens não comestíveis (embora não os tenham ingerido). O que significa que o hábito de mastigar esses materiais é comum para TODOS os gatos, não só os com *pica*.

Os passos:

1. **Faça seu trabalho de investigação felina:**
   - Quando esse comportamento acontece? É quando você está presente, ou não?

O encantador de gatos

- Observe os locais de mastigação e marque-os no seu mapa da gatice. Podem ser áreas de alto estresse ou frustração.
- Quais são os principais alvos? Certos objetos, como emulsão fotográfica e sacolas plásticas, podem ser atrativas ao seu gato por terem componentes de gordura animal.
- Que texturas ou tipos de objeto seu gato tenta mastigar ou ingerir?

2. **Proteja seu gato:** Sempre comece com um check-up veterinário completo, incluindo hemograma, e certifique-se de que não há problemas dentários, de digestão ou de deficiência de vitaminas contribuindo para esse comportamento. Além disso, esse comportamento tranquilizador do gato pode demonstrar que ele esteja sentindo dor ou desconforto. Por fim, seu veterinário pode prescrever estabilizadores de humor. Algumas medicações se provaram medianamente efetivas na redução da síndrome de *pica*.

3. **Comprometa-se com um ritual de CAMC diário,** centrado em picos de energia e comida.

4. **Gatifique** as áreas sinalizadas no seu mapa da gatice. Se certa área representa estresse, técnicas comprovadas de gatificação podem ajudar a neutralizar esse estresse.

5. **Encoraje opções aceitáveis de mastigação:** Tente disponibilizar gramas de gato e petiscos de alta qualidade e com proteína nas áreas identificadas como problemáticas no seu mapa da gatice. Mastigar alguma outra coisa pode ajudar. Além disso, brinquedos para cães tendem a ser mais duráveis do que os para gatos — brinquedos interativos de borracha dura, que podem ser recheados com algum tipo de petisco que motive seu gato a mastigar algo que não vai matá-lo. Claro, também considere os perigos de brinquedos com penduricalhos feitos de fita, barbante ou qualquer outra coisa que possa se embolar nos intestinos: isso é claramente uma visita emergencial ao veterinário esperando para acontecer.

6. **À prova de mordidas:** Guarde suas coisas. Você precisa tornar sua casa à prova de gato se ele gosta de ficar mordiscando tudo por aí.

7. **Recompense o silêncio:** Às vezes os humanos esquecem de elogiar o gato quando ele está fazendo qualquer coisa *além* de mastigar. Volte

ao Capítulo 9 e pense em formas de dar atenção ao seu gato sem reforçar o comportamento da síndrome de *pica*.

O momento da gatitude neste caso, na verdade, tem a ver com ter feito sua pesquisa e saber tudo que é possível sobre a síndrome de *pica*, de modo a não ser pego de surpresa por nada. Seguir os passos estabelecidos ajudou você a manter os objetos da casa a salvo do seu gato, e você já absorveu esses passos de tal forma que percebeu uma diminuição no comportamento de mastigação e um aumento na autoconfiança do seu gato. Para guardiões de felinos com esse comportamento, o momento da gatitude é erguer os olhos do seu livro e perceber que seu gato, entre um cobertor e um brinquedo interativo, escolheu morder o segundo. Muito bem!

Mordendo fios: um caso especial

Se seu gato tem o hábito de morder fios elétricos, isso pode ser especialmente perigoso, pois ele pode ser eletrocutado ou até causar um incêndio. Compre protetores de fios, certificando-se de que sejam de plástico duro e sólido. Latas de ar comprimido com sensor de movimento podem ser úteis aqui também; toda vez que seu gato se aproximar dos fios do computador, um sopro de ar vai lhe avisar: "Não tem nada para você aqui." Mas é preciso oferecer um "sim" para esse "não", então indique ao seu gato outros petiscos mastigáveis ou grama para gatos.

Notas do chef

Minha estratégia pessoal em relação à síndrome de *pica* é levar em consideração tanto o que sabemos quanto o que não sabemos. Por exemplo: a *pica*, como muitos comportamentos semelhantes ao TOC, parece conter um componente de mecanismos de autotranquilização, como um humano buscando uma bebida ou um cigarro, comendo de forma compulsiva ou roendo as unhas. É claro que um humano equilibrado buscaria opções como os exercícios físicos ou a meditação, mas na minha experiência nós tendemos a ir atrás de formas fáceis e rápidas de diminuir o incômodo de tal desconforto. Em certos gatos, a mastigação ajuda a diminuir o estresse. Comportamentos de autotranquilização começam logo no início da vida — quando os gatinhos ainda mamam —, e a tendência a desenvolver o transtorno muitas vezes surge quando o gato ainda é filhote. É claro que outro componente de comportamentos compulsivos é que eles são complexos, então embora reduzir o estresse possa ajudar, não é tudo. Como avisei, é frustrante, sem dúvida, mas esses passos já ajudaram outros a ter um pouco de paz.

Dito isso, onde há mistério há oportunidade. Também existe apoio na internet. Faça sua pesquisa e procure apoio, usando o que aprendeu aqui e sem esquecer que é você quem melhor conhece seu gato — são esses os ingredientes para sempre pôr os interesses dele em primeiro plano. A ciência vai nos ajudar a compreender condições como a síndrome de *pica*, mas você também pode fazer isso. O que quer que você faça e descubra, por favor divida com o mundo; lembre-se de que existem outras casas, com outros gatos, passando pelas mesmas frustrações... e pelos mesmos perigos.

RECEITA DO PAI DE GATOS NÚMERO 10:

RABOS INFELIZES

O problema:

Seu gato odeia o próprio rabo. Ele rosna e sibila para o rabo, e até o ataca. Durante esses momentos, ele talvez até redirecione essa agressão para você. De repente, várias vezes por dia, ele simplesmente se transforma em um animal selvagem, rosnando, grunhindo e tendo espasmos... alguém que você não reconhece. Ele talvez até arranque os pelos do rabo até sangrar. Você pode já ter usado os termos "bipolar", "imprevisível", "o médico e o monstro" ou simplesmente "assustador" para descrevê-lo. Seja como for, você se sente mal por ele e teme pela saúde do seu gato... e pela sua.

A realidade:

Esse problema traiçoeiro — e em grande parte misterioso — se chama SHF (Síndrome da Hiperestesia Felina), às vezes conhecida como "síndrome do gato nervoso". Os tremores nas costas, ou ondulações na pele, são particularmente pronunciados, e é possível perceber espasmos musculares por todo o corpo do gato. Animais com SHF se comportam como se houvesse um fantasma os perseguindo. Podem estar sendo muito carinhosos e, de repente, é como se um interruptor fosse acionado: eles se viram e atacam.

A hiperestesia faz com que os gatos sintam que seu corpo os está atacando. Talvez eles experimentem até alucinações. Esses gatos podem gostar de receber carinho, mas sua sensibilidade é exacerbada. Às vezes é possível ligar o surgimento da SHF a um ferimento anterior, e é importante lembrar que o rabo é uma extensão da coluna vertebral. É muitíssimo sensível. Mas o problema é o seguinte: existem basicamente zero pesquisas científicas sobre o assunto. Podem haver múltiplas causas, incluindo genética, estresse, ansiedade, problemas com processamento sensorial, trauma, condições dermatológicas, problemas neurológicos.

Ou seja, não sabemos quais são as causas da SHF ou como curá-la, mas alguns gatos experimentam uma melhora através de analgésicos ou anticonvulsivos. É o tipo de suspeita que necessita de muitos exames — raios X e uma visita ao neurologista —, além de muita dedicação da sua parte.

Os passos:

1. **Documente os episódios:** Mergulhe no trabalho de detetive e anote tudo sobre cada ataque — você precisa de informações. Anote os sintomas e gatilhos: onde e quando os ataques acontecem? O que estava acontecendo na casa nessa hora?
2. **Filme:** Leve seu gato ao veterinário com alguns episódios gravados, para que o médico possa ver o que acontece. Discuta os melhores tratamentos disponíveis para o seu gato.

3. **Controle a energia:** Picos de energia podem causar episódios, então mantenha-se consciente da atividade na sua casa e gerencie os gatilhos sempre que possível (os três Rs etc.)
4. **Encoraje o relaxamento:** Certifique-se de que exista uma variedade de casulos e outros lugares seguros para descansar.
5. **Gatificação, TV de gato e CAMC:** Utilize algumas ferramentas básicas da gatitude total para dar ao seu gato outras coisas em que pensar além do próprio rabo!

O momento da gatitude:

Quando se trata de hiperestesia, não podemos falar de cura; temos que nos concentrar em controlar os sintomas. Assim como com a síndrome de *pica*, seu momento da gatitude é um instante de paz, de saber com o que você está lidando. Você pesquisou o assunto a fundo e conheceu outras pessoas que lidam com o mesmo problema em fóruns on-line. Mas chega o momento em que seu gato percebe que o próprio rabo, embora talvez ainda seja meio irritante, não é o inimigo. Se você conseguiu reduzir os ataques, mesmo sem eliminá-los, cada um desses momentos é cheio de gatitude.

RECEITA DO PAI DE GATOS NÚMERO 11:
A SOLUÇÃO DA LAMBEÇÃO

O problema:
Seu gato começou a levar a própria limpeza muito a sério, e não de um jeito bom. Você percebe que há falhas na pelagem das patas, ou que a barriga ficou pelada, tudo por causa de sua lambeção constante.

A realidade:
É normal e importante que os gatos se limpem, mas alguns levam isso longe demais. Às vezes a mania começa com uma alergia a pulgas,

Quando seu gato tem comportamentos ansiosos

uma sensibilidade alimentar ou outra doença de pele. As lambidas que antes eram uma maneira de aliviar a coceira se tornam habituais. Em outros casos, o excesso de limpeza pode ser uma resposta à ansiedade. Para alguns gatos, pode ser um comportamento autotranquilizador, como roer as unhas para os humanos.

Existem algumas pistas sobre as causas: um gato que se lambe no corpo todo provavelmente sente coceira. Um gato que lambe o mesmo ponto normalmente sente dor. Por exemplo, alguns gatos com problemas na bexiga lambem a barriga até ficarem sem pelos.

Os passos:

1. **Hora do veterinário:** Leve seu gato ao veterinário e elimine a possibilidade de problemas dermatológicos ou outras condições físicas. Em alguns casos, gatos que se lambem demais só precisam de remédios, simplesmente, para ajudar durante outros tratamentos.

2. **Identifique estressores:** Lide com agentes estressores no ambiente, sejam eles uma ameaça interna (como brigas entre animais na mesma casa) ou externa (veja "Bárbaros no portão", página 351). Mecanismos de autotranquilização como limpeza excessiva não seriam necessários se seu gato se sentisse capaz de lidar com o que lhe causa estresse no dia a dia.

3. **Aumente a gatificação e o CAMC:** Encontrar um brinquedo interativo de que seu gato goste é essencial. Não só você vai poder drenar o seu balão de energia todos os dias, o que torna menos provável que seu gato pare para se lamber, mas também ter um bom brinquedo ajuda você a mudar o foco do seu gato para além do próprio corpo. Perceba quais são os sinais de que ele vai começar a se lamber, e redirecione sua atenção para uma brincadeira rápida. Muitas vezes, isso é tudo que é necessário para interromper uma sessão de lambeção antes que ela comece.

4. **Fortaleça o ritmo da casa:** Não se esqueça dos três Rs — qualquer gato ansioso se sentirá mais seguro com uma rotina estabelecida.

5. **Comida!** Outra razão para um gato se lamber excessivamente é devido a uma alergia alimentar. Um teste sistemático de ingredientes

certamente vai ajudar, mas é um compromisso. Começando com uma dieta limitada, e com o comprometimento de familiares e amigos para não oferecerem petiscos às escondidas, um teste de alergias alimentares muitas vezes leva a resultados incríveis.

O momento da gatitude:

Esse é fácil, pessoal: seu gato ainda tem pelos, mesmo que ralos e começando a crescer, o que é um sinal de que um marco foi ultrapassado e que você conseguiu controlar um problema muito difícil.

18

Quando gatos de rua causam problemas para gatos de casa

EXISTEM MOMENTOS DE genuína surpresa que divido com meus clientes o tempo todo. Um deles é quando informo que, considerando os padrões de urina que vejo pela casa, é provável que haja gatos de rua, talvez ferais, causando um sério estresse aos seus animais domésticos. Eles sempre ficam em choque, seja porque sabiam que havia uma colônia por perto, mas nunca pensaram que isso poderia lhes atingir, ou porque nem mesmo sabiam que havia outros gatos na vizinhança (o que, na maioria das vezes, descobrem quando passo alguns trabalhinhos de investigação felina). Minha surpresa vem do fato de que isso é, para mim, um básico da gatitude, e presumo que todo mundo saiba que gatos no entorno podem ser um veneno territorial para os animais que não saem de casa. Então, penso comigo mesmo: "Eu deveria escrever um livro..."

RECEITA DO PAI DE GATOS NÚMERO 12:

BÁRBAROS NO PORTÃO

O problema:

Um ou mais gatos da vizinhança ficaram interessados na sua casa e estão criando ansiedade territorial para o seu gato. Eles podem ser ferais, ou simplesmente gatos domésticos livres para dar um passeio; não importa. Quando há um gato do lado de fora da sua casa, coisas ruins acontecem do lado de dentro.

A realidade:

Imagine que gatos da vizinhança resolveram entrar na sua casa, comer a comida do seu gato, usar sua caixa de areia (ou as paredes em torno dela), e saíram de novo. Considerando todo o nosso conhecimento sobre a gatitude e a santidade do território para os gatos, sabemos que isso pode ser catastrófico para o seu amigo. A verdade é que não há muita diferença entre isso e gatos circulando pelo perímetro da sua casa. Gatos não reconhecem as paredes como fronteiras da mesma maneira que os humanos. Podendo sentir o cheiro dos gatos do lado de fora, e tendo visão deles, seu gato vai considerá-los uma ameaça real.

Os passos:

1. **Investigação felina:** Historicamente, uma das partes mais difíceis dessa equação é descobrir de onde esses gatos vêm e compreender os caminhos que usam para entrar no seu quintal, porque você vai precisar pensar em maneiras de detê-los. Instalar câmeras com ativação por movimento pode tirar todas as dúvidas, e permite que você monte armadilhas para CED (capturar, esterilizar, devolver) e/ou instale repelentes para impedir que esses gatos entrem na sua propriedade. A tecnologia dessas câmeras evoluiu tanto nos últimos anos que os "truques" que eram considerados de ponta e caríssimos, alguns anos atrás, hoje são completamente acessíveis. Algumas dessas câmeras, além de serem ativadas por movimento, têm visão noturna e até mesmo separam eventos em arquivos separados com indicação de data e hora. Também são totalmente portáteis, necessitando apenas de uma tomada, e se conectam à sua rede Wi-Fi. Quem dera que essa tecnologia estivesse disponível no início da minha carreira. A nossa investigação nunca foi tão fácil.

Enquanto estiver trabalhando no passo nº 1, faça também os passos a seguir:

2. **O poder do CED:** Uma coisa que exige um pouco mais de trabalho da sua parte, mas que vai evitar anos de irritação, é o CED. Se houver uma colônia de gatos ferais por perto, providencie uma campanha de CED. Caso você não conheça o processo, procure uma ONG confiável e peça ajuda. De qualquer maneira, esta é sem dúvidas a melhor forma de eliminar o problema. Enquanto aqueles gatos estiverem se reproduzindo, você sempre terá confusão no seu quintal, e mantê-los longe vai ficar cada vez mais difícil. Além disso, CED é simplesmente a coisa certa a fazer. Para mais informações sobre CED e como você pode tornar o mundo mais seguro para os

nossos amigos felinos de rua, veja meu site (em inglês): www.jack-songalaxyfoundation.org.

Se os gatos têm coleiras, é uma boa ideia visitar seus vizinhos e conversar sobre o estrago que os passeios dos gatos deles estão causando na sua casa. Já tive essa conversa muitas vezes no decorrer dos anos, e contanto que você não chegue com os olhos arregalados e apontando o dedo, é provável que eles escutem.

3. **Um quarto sem janelas:** Embora não seja uma solução definitiva, bloquear a visão, com papelão, papel ou adesivos para privacidade colados nas janelas, pode evitar que seu gato veja os outros gatos. Porém, não é por deixar de vê-los que seu gato não vai saber que eles estão ali. Se suas janelas ficarem abertas, ele vai poder sentir o cheiro a quilômetros de distância.

4. **Remova atrativos no seu território:** Por que esses gatos estão indo para a sua casa? Em geral, a resposta é comida ou abrigo. Se você deixa comida do lado de fora, é um bufê para os invasores. E, por mais que isso doa tanto a mim quanto a você, seu território precisa ficar livre de outros gatos se existem sintomas de agressão dentro de casa. Se você cuida de gatos ferais, mova as estações de alimentação para além do seu território, ou pelo menos para uma área que não perturbe seus gatos.

5. **Repelentes:** Pimenta, casca de laranja e cascas de ovos não vão funcionar. Existem muitos produtos no mercado que espirram água, ar comprimido, emitem alertas sonoros ou piscam quando surge movimento por perto. Essas são ótimas ferramentas, mas não devem ser permanentes. Pense nelas como dispositivos de treinamento. Os gatos que vão para o seu território devem ser lembrados incessantemente que, se pisarem ali, serão molhados. Se isso acontecer todas as vezes que eles se aproximarem, logo vão decidir explorar outras áreas menos arriscadas.

É claro que existe um lado negativo. As reclamações mais comuns são que esses alarmes disparam *sempre* que alguém passa: você se molha, os vizinhos se molham, o carteiro se molha. Já aconteceu de

Quando gatos de rua causam problemas para gatos de casa **355**

carros passando dispararem o alarme no meio da noite. Mas, na minha experiência, vale a pena. Não é permanente, e em geral funciona.

6. **Absorvendo os cheiros** Espere o sol se pôr, pegue sua luz negra e circule o perímetro externo da sua casa, limpando as manchas de xixi como você faria com qualquer mancha dentro de casa. Aproveitando, você também pode verificar novamente qualquer reparo que precise ser feito, descobrindo áreas mais atingidas do que outras. Isso pode ajudá-lo a determinar que recursos esses gatos estão buscando e protegendo — e onde você deve colocar seus repelentes.

7. **Território vertical:** Dependendo da personalidade do seu gato, criar território vertical perto das janelas em que ele normalmente fica louco por causa de outros gatos pode ser uma boa ideia. Muitas vezes a agressão ocorre quando seu gato está no chão, cara a cara com o inimigo. Ter um cesto da várzea é um bônus estratégico para qualquer gato. Ser capaz de avaliar completamente seus domínios pode ajudá-los a se sentir superiores ao inimigo.

8. **Um marcador de cheiro para aumentar a gatitude:** Uma caixa de areia nesses territórios vulneráveis pode diminuir o estresse territorial do Napoleão. Marcadores de cheiro podem evitar pichações ou redirecionar agressões, dando a ele a sensação de que aquela área está segura.

O momento da gatitude:

Seu quintal deixou de ser uma série de linhas de batalha. Seu antigo Napoleão até se interessa pela TV de gato, mas não fica mais vigilante, em alerta, correndo de janela a janela, construindo um fosso em torno do seu castelo. Você às vezes vê um ou outro gato passar pelo seu terreno, mas já os conhece, sabe como eles se comportam, que são castrados, e não há razão para eles se demorarem, pois as estações de alimentação estão a uma distância segura. Seus gatos se tornaram Mojitos, seguros de si, sem sentirem necessidade de pegar em armas para proteger o que é deles.

Um santuário externo

Como mencionei no Capítulo 12, cada vez mais guardiões escolhem cercar seus quintais com ferramentas interessantes e novas, que mantêm seus gatos do lado de dentro e outros animais, incluindo outros gatos, do lado de fora. Se você seguiu minha receita, mas a frustração territorial ainda está em alta, pense nessa solução. Seus gatos podem sair de casa, sentindo-se mais seguros em relação ao que possuem, e ao mesmo tempo expandindo o próprio território. No meio-tempo, as fronteiras tornam-se mais vigiadas. Como diria o ditado, "cercas altas fazem bons vizinhos".

19

Quando seu gato é invisível

Logo no, início da minha carreira lidando com gatos, comecei a me sentir atraído pelos Gatos Invisíveis. Em especial no ambiente dos abrigos, o sofrimento deles era insuportável de assistir. Medo extremo em abrigos era, e ainda é em muitos lugares, um pecado capital. Desenvolvi muitas das minhas técnicas apenas para ajudar esses gatos não só a sobreviverem ao processo de chegar ao abrigo, serem avaliados e seguirem para adoção, como também para que passassem por tudo isso enquanto descobriam seu Gato Mojito interior.  Estava determinado a ajudá-los a sair com mais confiança do que quando chegaram. Essa regra ainda se aplica, seja em um abrigo, em um lar temporário ou na sua família definitiva.

É claro que não sou o único a me sentir assim — todos nós, em algum grau, nos identificamos com e torcemos pelos oprimidos. A diferença é se a partir disso agimos de modo a alimentar o medo, disfarçando a covardia de empatia, ou se temos a coragem de desafiá-los a se colocarem em uma luz diferente. Esta receita se trata de adotar a segunda abordagem.

O encantador de gatos

RECEITA DO PAI DE GATOS NÚMERO 13:

O FLORESCIMENTO

O problema:

Seu gato demonstra um ou mais dos clássicos comportamentos temerosos do Invisível (como descritos no Capítulo 5, página 84). Ele talvez passe a maior parte do tempo, se não todo, invisível — em esconderijos como armários, em cima de eletrodomésticos, debaixo da cama, ou até dentro da estrutura do sofá. Gatos Invisíveis fogem para as colinas sempre que estranhos chegam no território, ou até quando alguém familiar se mexe rápido demais. Por uma variedade de motivos, o seu gato talvez não se sinta seguro saindo do esconderijo até todo mundo ter ido dormir. Se você sequer chega a vê-lo, a única coisa que ele nunca demonstra é *autoconfiança*.

Parte do problema com que precisamos lidar aqui é o conluio humano. É uma mistura de boas intenções e, vamos ser honestos, do fato de que os Invisíveis são o menor dos problemas na sua casa, e por isso a preocupação costuma desaparecer com o gato. Muitos guardiões tendem a normalizar o comportamento temeroso do seu Invisível com frases como: "Esse é o cantinho favorito dele", "Ela simplesmente gosta de ficar dentro do armário!", "Não tem problema, ele usa a caixa de areia normalmente, mas só de madrugada". Sendo totalmente claro: se esconder o tempo todo NÃO é normal, e é uma questão que não deve ser ignorada. Para lidar com o problema, primeiro precisamos reconhecer sua existência.

A realidade:

Gatos podem ser Invisíveis por conta de genética, falta de socialização na infância, ameaças no ambiente, ou uma combinação desses e de outros fatores, embora ser Invisível muitas vezes seja considerado a personalidade deles. O objetivo é permitir que seu Invisível se torne a melhor versão de si mesmo, mas primeiro, precisamos lembrar que não há resultado definido em termos de como essa versão será ou de quanto tempo levaremos para alcançá-la; essa é uma mudança natural que vai se desenrolar no seu próprio tempo conforme você aplicar os passos e for totalmente honesto consigo mesmo e com seu gato. Seu trabalho é prover amor e conforto, mas não nos esconderijos. Você precisa desafiar seus gatos. Se depender deles, Invisíveis vão passar o resto da vida desaparecendo, porque é o que funciona para eles. Em algum momento, você vai ter que dizer: "Isso não vai funcionar mais para você." Na realidade, nunca funcionou.

Os passos:

1. **Marque seu mapa da gatice:** Quando for avaliar profundamente onde seu gato passa o tempo, isso vai lhe dizer o verdadeiro tamanho do mundo dele, identificando seus Lugares sem Confiança. Isso também vai ajudar a determinar algumas das causas dessa vida restrita — em alguns casos, Invisíveis são forçados a uma vida de reclusão devido a conflitos com outros animais na casa. Ao mesmo tempo, fique atento para sinais sutis de espaços de habitação e Lugares de Confiança. Então, você poderá criar destinos conforme for levando seu gato a atravessar suas linhas de desafio. Seu trabalho aqui é de investigação felina — o mapa, neste ponto, ajuda você a se ater aos fatos.

2. **Identifique a linha de desafio do seu Invisível:** Agora é a hora de começar a aplicar os fatos que você reuniu. Observe seu mapa e seu gato. Por exemplo, se ele tem um esconderijo específico, use fita adesiva colorida para marcar essa linha de desafio — onde você percebe uma hesitação, a partir de onde seu gato simplesmente não segue. Coloque o pote de comida bem nessa linha; no dia seguinte, afaste o pote alguns centímetros. A cada dia, modifique a linha pouco a pouco. Descubra seu petisco Bingo! e só o utilize quando estiver forçando a linha de desafio dele. Seu gato vai gostar do desafio, porque do outro lado uma bela recompensa o espera.

3. **Revisite a sua linha de desafio:** No Capítulo 9, falamos sobre as suas próprias linhas de desafio e a importância de sempre manter os interesses do seu gato em primeiro lugar, mesmo que você sinta uma pontada de culpa ao forçar seu Invisível a suportar algumas dores de crescimento. Mantenha-se firme. Pense nas recompensas e no que o espera do outro lado: uma vida melhor.

O encantador de gatos

4. **Acabe com a vida no mundo das cavernas:** Aplicando as lições que você aprendeu sobre a sua linha de desafio, comece a tratar as dele com seriedade. Por exemplo, pare de alimentar seu gato debaixo da cama. Você pode dar amor e conforto a ele, mas não ali. Para ajudar seu Invisível, será preciso colocar em prática uma série de desafios gentis, porém reais, incluindo fechar os espaços que representam cavernas.

   Bloquear as cavernas, no entanto, é um processo gradual (veja a página 136). Não remova tudo de uma vez. Digamos que você vai começar bloqueando a parte debaixo da cama. É possível que, se seu Invisível se esconde ali, ele tenha feito um caminho até a cabeceira da cama. É aí que você vai começar o bloqueio — no fundo da caverna, gradualmente aumentando o bloqueio até a cama não ser mais um destino.

   Pesquisas mostram que é essencial que gatos tenham espaços seguros onde passar o tempo. Ao bloquear as cavernas, providencie casulos em que seus gatos tenham a mesma sensação de segurança, sem a escolha reducionista de viver embaixo da cama.

5. **Expanda o território (aos poucos):** Uma das ferramentas mais úteis que temos para os nossos Invisíveis é o acampamento base. Arrume o acampamento base como indiquei no Capítulo 8 (página 128) — crie um espaço o mais agradável possível, com marcadores de cheiro, casulos, poleiros, túneis e, é claro, objetos com o seu cheiro. Enquanto desafia seu gato a sair das cavernas, você deve apresentar um ambiente fechado onde ele se sentirá seguro, e onde vai marinar com seu cheiro e sua gatitude. Então, usando o conceito de expansão do acampamento base (veja a página 129), aumente esse mundo, mantendo-o igualmente seguro. Basicamente, vamos aumentar o território do seu gato pouco a pouco, espalhando seu cheiro pela casa como se fosse um território novo.

6. **Gatificação:** Permita que o território se torne amigo do seu Invisível. Ao arrumar o acampamento base, e para além disso, acrescente recursos que permitam que seu gato se mova pelas "zonas de conforto", enquanto você gentilmente expande sua linha de desafio. Faça seu gato explorar o mundo vertical com uma autoestrada fe-

lina, usando as técnicas básicas que ensinei no Capítulo 8, demonstrando que ele pode se mover daquele lugar de medo para um mundo de mais autoconfiança.

7. **CAMC:** A brincadeira como terapia é essencial para os Invisíveis. A matemática é simples: quando eles dão o bote no brinquedo, significa que são donos daquele lugar. Posse de território = gatitude suprema. Liberte a gatitude! Encoraje seu Invisível a brincar, certificando-se de usar brinquedos interativos pequenos e silenciosos, se for isso que ele prefere.

O momento da gatitude:

Com Gatos Invisíveis, o que importa é a jornada, não o destino. Para mim, com a minha gata Velouria, foi incrível certo dia chegar em casa e vê-la pela primeira vez dormindo na cama, em vez de em um dos seus casulos. Isso aconteceu quando ela estava com uns 6 anos. Pode parecer muito tempo, mas enquanto eu desenvolvia minhas técnicas com ela (sim, ela é a Invisível original), percebia melhoras que me mantinham firme em meu propósito. Para cada Invisível, o importante é ajudá-lo a se tornar a versão mais gatificada possível de si mesmo. Talvez ele sempre seja tímido, mas você vai perceber cada vez mais momentos de gatitude. No fim, o casulo ajudou seu gato a realmente se transformar em uma borboleta.

Ficando confortável com visitantes

É necessário persistência e trabalho diário para ganhar a confiança dos Gatos Invisíveis.

1. Peça para as pessoas telefonarem, em vez de tocarem a campainha; muitos gatos aprendem que a campainha é um precursor a algo assustador. Em vez disso, saia da casa e volte com as suas visitas, e dê ao seu gato um petisco Bingo! Você também pode usar técnicas básicas de dessensitização como as que ensinei em "Gatos e crianças", no Capítulo 11 (página 233).

2. As pessoas não devem tentar interagir com o Invisível na primeira visita; elas podem só entrar e não fazer nada. Uma aproximação delicada é importante: revisite o **Aperto de Mão em Três Passos** e a **Piscada Lenta**.
3. Outra técnica útil é o que chamo de **Efeito Papai Noel**. Toda vez que um humano entrar na casa do gato, deve levar um presente de Natal para ele. Peça para que as outras pessoas sirvam o jantar do seu Invisível e brinquem com ele; cada vez que alguém visita, é Natal.

Dicionário do pai de gatos: Passando o bastão

Quando gatos têm medo de estranhos, ou parecem atacar todo mundo que não seja seu guardião, você pode usar o status de "amigo" do guardião para ajudar a aumentar o círculo de confiança do gato. Ficar na defensiva com outros humanos pode reduzir enormemente o mundo de um gato, porque outros humanos vão se distanciar. Isso cria um ciclo vicioso de isolamento, e pode levar o gato a se apegar demais àquela única pessoa em quem confia.

A TÉCNICA DE PASSAR O BASTÃO pode ajudar a quebrar esse ciclo. Começa com esse humano de confiança (o guardião) ensinando a outras pessoas como tocar no seu gato. Enquanto o guardião faz carinho no gato, o novo humano deve se aproximar lenta e silenciosamente, num momento em que o gato está relaxado, e aos poucos substituir a mão do guardião pela sua. Isso aumenta o círculo de confiança do gato, e ele ainda se sente seguro porque seu guardião está bem ao seu lado.

A ponte social

Alguns Invisíveis se beneficiam de ter uma ponte social: um Gato Mojito que age como uma ponte entre o gato tímido em questão e os outros gatos e humanos da casa.

Gatos Invisíveis "seguem o líder" quando veem outro gato demonstrando um comportamento confiante e brincalhão, e podem até experimentar se comportar da mesma forma!

20

Quando seu gato está pensando fora da caixa (de areia)

SE VOCÊ ABRIU o livro direto nesta página, provavelmente está esperando que este capítulo vá juntar todos os problemas relacionados a caixas de areia e reuni-los em uma única receita de pai de gatos para utilizar em momentos de necessidade, como o momento presente. E, pelo menos na minha opinião, esse unicórnio não existe. Espera aí! Não feche o livro! Vou explicar...

Independentemente de quem você seja, ou de onde me encontrar — nas redes sociais, em uma palestra de perguntas e respostas, na fila do supermercado —, não importa. Se você disser: "Jackson, tenho um problema com os meus gatos e a caixa de areia", garanto que 15 minutos depois, você *ainda* vai estar explicando o problema. Então, vou levar mais meia hora respondendo, até por fim desistir, dar de ombros, e pedir para você me guiar até a sua casa.

Se eu ganhasse um centavo por cada vez que já me pediram para escrever "um passo a passo rápido" ou "cinco motivos para o seu gato não usar a caixa de areia", seria um milionário morto (porque já teria me matado).

Se fiz bem o meu trabalho neste livro, você tem em mãos todas as ferramentas necessárias para resolver com êxito a pergunta de 15 minutos que estava prestes a me fazer. Você também já deve entender, a essa altura, que, não importa o tamanho e a quantidade de ferramentas que você tenha, estamos falando do *seu* gato. Na *sua casa*. Com a *sua família*, tanto humana quanto animal, e a cama de gato de relacionamentos que une todos esses elementos.

Em outras palavras, quando o assunto é problemas com a caixa de areia, simplesmente não existem soluções padronizadas que posso tirar do meu chapéu de mágico e lhe entregar. Se houvesse, eu mesmo as usaria, todas as vezes.

Em vez disso, faço meu trabalho. Usando a mesma caixa de ferramentas que dei para você (bem, na verdade a minha é um estojo para guitarra), e a fina tradição da gatitude total de investigação, ainda tenho que passar pelo "processo de eliminação" para tentar reunir pistas na cena do crime. Mesmo depois de vinte anos de experiência, isso nunca deixou de ser um desafio, e ainda tenho que voltar ao básico às vezes, reavaliar os dados e tentar de novo e de novo.

É claro que a boa notícia é que existe ajuda. Existem soluções. A parte mais importante deste capítulo — e da fina arte de resolução de problemas com a caixa de areia como um todo — não é a solução em si. A parte mais importante é passar por esse processo com a sua família felina, o mesmo que atravesso todos os dias da minha vida — a jornada do ponto de interrogação ao ponto final. Começa com a descoberta de surpresas ruins — como xixi, cocô, ou os dois — em lugares onde não deveriam estar, e com um sentimento de total confusão, de de repente se afogar em frustração e desamparo. E termina com você descobrindo *por quê*.

Agora, acompanhe meu raciocínio... Acredito que, se eu lhe desse uma receita mágica, e ela funcionasse, isso só prejudicaria você. É a mesma coisa de quando eu, assim como provavelmente metade de todos os homens, conserto qualquer coisa que quebra com silver tape. Minha pia parou de vazar, é verdade. Mas, apesar de me gabar do contrário, não *consertei* nada, só fiquei com uma pia quebrada enrolada em silver tape.

Portanto, ao passar por este capítulo, embora você vá ter muitas oportunidades para isso, peço para que se afaste da silver tape. Faça um esforço pelo seu gato e por você, de verdade. Lembre-se: o xixi (ou cocô, ou os dois) não é o problema — é um sintoma. Chegar à raiz da questão é o objetivo. Aí sim você vai poder lidar com os sintomas, e vai ganhar a chave para o reino da gatitude no caminho.

O PROCESSO DE ELIMINAÇÃO

Quero ser o mais honesto possível em relação ao meu processo com você. Se eu chegasse na sua casa, e a única informação disponível fosse que há um problema com a caixa de areia, seria aí que eu começaria. É compreensível que você queira resolver isso com urgência — afinal, chamou um profissional, e de certa maneira, sua casa e a sanidade da sua família estão sofrendo. Minha urgência vem do fato de que, como mencionei antes, *qualquer* incidente extracurricular com a caixa de areia é um sintoma de problemas felinos; existe algum sofrimento acontecendo, e meu objetivo é resolvê-lo o mais rápido possível. Então, o processo aqui se inicia na parte mais rasa das águas investigativas, para depois começarmos a nos aprofundar.

O objetivo é tentar encontrar soluções com investigações abrangentes. Em muitos casos, não só podemos resolver o problema rapidamente, como também somos capazes de evitar que se repita, por se tratar de um caso simples. Pode ser, no entanto, que o caso não se encaixe tão obviamente em uma categoria, ou talvez seja mais enraizado, ou até mesmo ambos. Nesse caso temos que mergulhar mais fundo. Então, a única coisa de que você vai precisar é paciência, porque também existem ferramentas para lidar com essas águas mais profundas.

Mas não vamos colocar a carroça na frente dos bois. O Processo de Eliminação sempre começa com um "Por quê?".

PROBLEMAS NA CAIXA: UM GRANDE POR QUÊ

Separo as questões com a caixa de areia em três categorias maiores. São elas:

1. **Estresse territorial:** Pensando de forma gatitucêntrica, faz sentido que a maior parte dos problemas com caixa de areia tenha um componente territorial. Se a ameaça é real ou imaginária pouco importa; como já vimos com muitos problemas já abordados, *Se gatitude não há, mijo vai abundar.*

    Inclusos nessa categoria estariam:

    A) Ameaças internas: Relacionamentos problemáticos ou inexistentes (seja com outros animais ou com humanos), assim como mudanças no ritmo estabelecido do território, ou no território em si, podem ameaçar o equilíbrio da gatitude.

    B) Ameaças externas: Uma sensação de que a ameaça está reduzindo o território de fora para dentro.

2. **Aversão à caixa de areia:** Aqui, a escolha não é evacuar em locais estratégicos fora da caixa de areia, mas sim evacuar em *qualquer lugar* fora dela. Problemas físicos, traumas variados, preferências de design ou substrato, ou conflitos com outros habitantes do território podem contribuir.

3. **Problemas médicos:** Existem muitos males médicos que podem causar a evacuação fora da caixa de areia. Se não forem tratados, muitos deles podem levar a, ou servir como indicação de, riscos médicos mais sérios. (Devo deixar claro aqui que sempre recomendo uma visita ao veterinário, sem falha, ao primeiro sinal de problemas na caixa de areia. Mais sobre isso daqui a pouco.)

Com essas três questões em mente, vamos seguir ao caminho mais rápido para a solução.

COMEÇANDO COM O "ONDE"

O caminho mais rápido que conheço para descobrir uma solução é considerar a localização primeiro.

Perímetro

Onde acontece: Nas paredes externas, sob as janelas, em torno de portas que levam para o lado de fora (incluindo a porta para a garagem).

O provável motivo: *Estresse territorial.* Se seu gato está "marcando o perímetro" — ou seja, atingindo o perímetro da casa —, normalmente isso indica estresse territorial, uma resposta napoleônica para uma ameaça que ele identificou. Algo está se aproximando pelo lado de fora, em geral outros gatos. *"Este é o meu castelo, então vou construir um fosso."*

Como resolver: Bárbaros no portão — veja o Capítulo 18 (página 351) sobre como identificar ameaças externas e recuperar o equilíbrio.

Outras informações: Na maior parte dos casos, essa marcação é de borrifar, não urinar. A distinção é que xixi é o que você está acostumado a ver, e borrifo (ou marcação) é quando eles miram em uma superfície vertical e mandam ver.

Meio do cômodo

Onde acontece: No chão, mas longe das paredes, seja embaixo de uma mesa ou cadeira ou no meio da sala.

O provável motivo: *Estresse territorial.* É provável que seu gato esteja vivendo com medo de alguém na casa e sofrendo bullying. Ficar embaixo da mesa, por exemplo, lhe dá uma visão de 360 graus do cômodo. Ele resolve fazer xixi onde, em termos do xadrez de gato, não vai receber um xeque-mate enquanto se alivia.

Como resolver: Dê uma olhada em "Bullies e vítimas", no Capítulo 14 (página 310).

Quando seu gato está pensando fora da caixa (de areia)

Dicas de gatificação: Certifique-se de que as caixas de areia têm múltiplas saídas e não coloque uma caixa coberta com uma única entrada de frente para a parede. Em outras palavras, evite pontos mortos e zonas de emboscada!

Banheiro

Onde acontece: Na pia, no box ou na banheira.

O provável motivo: *Aversão à caixa de areia*. Em geral, tem a ver com o substrato utilizado. As superfícies do banheiro são geladas e lisas. A areia deve incomodar suas patas, então ele decide procurar um lugar melhor. É claro que isso também pode indicar *problemas médicos*. Esse comportamento é comum em gatos onicoplastisados (sem as garras), por sofrerem dores associadas, ou por serem gatos mais velhos com início de artrite nas patas.

Como resolver: Nessa situação, ou em qualquer outra em que o gato forma uma associação negativa com a caixa de areia, é possível construir uma nova relação. Veja "Reapresentação à caixa de areia" adiante neste capítulo.

Objetos pessoais

Onde acontece: Nos objetos pessoais de alguém da casa, como roupas, bolsa, tapete de banheiro ou até berço.

O provável motivo: *Estresse territorial*. Isso muitas vezes é resultado do que chamo de "massa crítica". Comum em casas com vários animais, o lado Napoleão do seu gato surge quando a família cresce — seja com mais um irmão animal ou humano. Seja um animal fazendo lar temporário, uma adoção, o nascimento de um bebê, ou um novo namorado ou namorada que começa a passar a noite na sua casa, o gato decide que já basta. Ele se sente territorialmente ameaçado e claustrofóbico, e precisa defender seu território. E faz isso plantando uma bandeira de xixi nos objetos que mais cheiram ao novo familiar.

Como consertar: Esse é um pedido de ajuda territorial, bem como muitos desses comportamentos extremos. Para começar: diminua o xixi aumentando o espaço; retorne ao Capítulo 8 e releia a parte sobre gatificação. Além disso, leia sobre a natureza do seu Gato Napoleão (página 81). Por fim, no Capítulo 19, nós falamos sobre o **Efeito Papai Noel** (página 362), que basicamente leva a pessoa nova a conquistar o gato através de associações positivas. Por outro lado, esse também é o momento de se afastar das emoções da sua narrativa da história. Em outras palavras, é em momentos assim que decidimos que o gato odeia o Fulano, enquanto na realidade o que ele sente é insegurança e ansiedade, não ódio, ciúmes etc.

Batentes de porta

Onde acontece: Nos batentes das portas internas da casa, ou perto deles, conectando quartos a corredores etc.

O provável motivo: *Estresse territorial*. Como sempre falei sobre a gatificação, se você não tem marcadores de cheiro suficiente, os gatos inseguros vão compensar com pichações, literalmente "marcando" lugares com urina para deixar claro que aquela área, ou a área do outro lado da porta, é deles (e sim, seguindo a tradição do picho, isso será feito com borrifos em vez de simples xixi no chão, mas pode haver exceções).

Como consertar: Gatificação, em primeiro lugar. Certifique-se de que existem marcadores suficientes nessas áreas, não só perto das portas, mas também nas áreas marcadas pelas portas que parecem ser relevantes para o gato. Além disso, talvez marcadores mais fortes sejam necessários, em vez de só caminhas ou brinquedos. Colocar um arranhador perto da porta, ou idealmente uma caixa de areia, pode ajudar. Não se esqueça, marcação é um sintoma de falta de gatitude. É necessário investigar para chegar à raiz do problema, em vez de tentar resolvê-lo a curto prazo.

Móveis importantes

Onde acontece: Camas, poltronas, cadeiras... os maiores marcadores de cheiro humanos.

O provável motivo: *Estresse territorial* Comumente mal interpretado como "ele me odeia porque fez xixi no meu lado da cama!". Pense nisso como um elogio meio sem jeito. Quando estamos em casa, quer gostemos disso ou não, ficamos em um ou dois marcadores de cheiro mais do que nos outros — o sofá e a cama. Seu gato fazer xixi nesses lugares é o outro lado da moeda da gatitude do gesto de um Gato Mojito esfregando o rosto em você ou nas suas coisas, deixando seu cheiro. Isso tem o mesmo objetivo, mas vem de um lugar de completa insegurança. Em vez de "Amo você e sou seu dono", isso diz: "Amo você e preciso desesperadamente ser seu dono (porque outra pessoa já é sua dona ou tenho medo de que isso possa acontecer)." De forma semelhante, vemos essas afirmações territoriais quando há animosidade entre gatos na casa.

Como resolver: Volte e releia a seção sobre Gatos Napoleão (página 81) para ver que aspectos você identifica no seu gato, e use essas ferramentas para aumentar sua gatitude. Gatificação *sempre* ajuda a acalmar situações assim. Além disso, use a técnica não/sim da página 175, com o "não" sendo o móvel e o "sim" sendo os marcadores de cheiro próximos a ele, como as caminhas, os arranhadores ou os condomínios de gato.

Observação: Lembre-se de que, com objetos de textura diferente, sempre pode haver elementos de *Problemas médicos e/ou Aversão à caixa de areia*. Se uma tentativa rápida de resolver isso não funcionar, explore esses outros caminhos antes de seguir em frente.

Móveis de gato

Onde acontece: Importantes marcadores de cheiro felinos, como as caminhas, as torres, os condomínios e os arranhadores.

O provável motivo: *Estresse territorial.* Essa é a típica pichação antigatitude. Em geral, existe alguma competição rolando, ou pelo menos é o que o gato culpado pensa. Essa competição pode ser com outros gatos, cães e às vezes crianças. Além de ser uma expressão exagerada de posse, uma manobra clássica do Napoleão, também pode se tratar de um ato desesperado de um Invisível, que sente que todas as outras propriedades valiosas que tinha lhe foram tiradas.

Como resolver: Volte ao Capítulo 5 e leia sobre os arquétipos felinos. Resolver o problema começa e termina com o conhecimento da origem da ansiedade, não só com identificar que gato está fazendo isso.

Mais marcadores de cheiro relevantes também podem ajudar. Claramente o alvo tem relevância, seja por conta da localização, textura ou popularidade. Faça com que seus gatos saibam que existem muitos objetos semelhantes que eles podem possuir. Se houver sinais de agressão entre os animais na sua casa, considere também a técnica de reapresentação demonstrada no Capítulo 14.

Superfícies verticais

Onde acontece: Mesas, fogões, balcões etc.

O provável motivo: *Estresse territorial.* Como em qualquer um desses locais, muitos fatores podem estar em jogo, mas nesse caso, em geral se trata de um cenário clássico entre agressor e vítima. Seja porque a vítima não se sente segura no chão e/ou na caixa de areia por estar sendo sempre emboscada e perseguida, ou por ter sofrido um xeque-mate territorial. A vítima/Invisível utiliza o espaço vertical para se aproveitar

Quando seu gato está pensando fora da caixa (de areia)

melhor do território e ficar finalmente em paz... OU ela é perseguida até aquele local e, em parte, faz xixi de medo.

Como resolver: Claramente, esse é um pedido de socorro. Separe as partes litigiosas e comece uma reapresentação completa usando a técnica do Capítulo 14.

Observação: Outros sinais de estresse territorial que não necessariamente têm a ver com a verticalidade do local: (a) quando o xixi ou cocô deixam uma trilha, não só em um lugar; a vítima está sendo perseguida (ou correndo porque foi emboscada e presumiu que seria perseguida) e simplesmente perde o controle da bexiga ou dos intestinos enquanto corre; (b) uma mistura de pelos e excrementos que nos diz que uma briga estava acontecendo e o escape se deu em meio a ela.

Perto da caixa de areia

Onde acontece: Em um perímetro de meio metro ao redor da caixa de areia.

O provável motivo: *Aversão à caixa de areia* ou *Problemas médicos*. Novamente, esse é um dos casos em que sei o que está acontecendo assim que vejo. É claro que já me enganei, mas neste caso foram poucas vezes. Quando há uma associação negativa com a caixa (em geral porque há uma questão de dor envolvida), o gato não pensa: "Ai, está doendo quando faço xixi." Ele pensa: "Esse lugar me machuca." Seguindo essa lógica, por que voltar? Ele sabe onde tem que ir, então chega o mais perto possível. Isso também acontece com gatos que pegaram o hábito de fazer xixi ou cocô tão perto da borda da caixa, que acaba escapando. Mesmo problema.

Como resolver: Veja a seção "De volta ao básico" a seguir para refletir sobre a questão da preferência de superfície. Além disso, esse é mais um lembrete para ir ao veterinário e se certificar de que, enquanto avaliamos o lado comportamental, seu gato não está "dodói". Com o diagnóstico em mãos, veja a técnica de reapresentação da caixa de areia a seguir neste capítulo (página 380) também.

DE VOLTA AO BÁSICO

Se você não conseguiu muitas pistas ao começar com o "onde", não se preocupe. Isso é um processo, afinal, então sigamos em frente. Próxima parada? O básico. Primeiro, vamos rever nossos Dez Mandamentos da Caixa de Areia e nos certificar de que você está comprometido com eles. Já vi problemas com caixa de areia desaparecerem de imediato só com a implementação de uma dessas sugestões.

Os Dez Mandamentos do pai de gatos para a caixa de areia — resumo rápido

(Veja a explicação completa dos mandamentos no Capítulo 8, página 150.)

Terás uma caixa por gato + 1

Deve haver uma caixa de areia por gato na casa, mais uma extra. Por exemplo, se você tem dois gatos, deve ter três caixas de areia.

Terás estações variadas e espalhadas por tua casa

As caixas devem ficar nos lugares mais convenientes para os seus gatos, não para você.

Não camuflarás o rei dos marcadores de cheiro

Recomendo usar apenas areia sem aroma, sem desodorizadores nem perto da caixa de areia. A mesma coisa serve para outras formas de camuflagem — ou seja, disfarçar sua caixa de areia como um vaso de planta etc.

Seguirás a lei do bom senso

Mantendo as preferências do Gato Essencial em mente, o bom senso dita pela escolha mais simples no que se trata de areia sanitária.

Quanto mais extravagante a areia, maior a probabilidade de dar errado.

Não encherás demais a caixa de areia

Encher demais a caixa de areia é um problema comum, simplesmente porque achamos que aumentar a quantidade de uma coisa boa vai torná-la ainda melhor. Não é verdade. Tente começar com 2,5 cm a 5 cm e ajuste a partir daí.

Honrarás a caixa certa

A caixa deve ser atrativa e conveniente — em outras palavras, um lugar amigável onde seu gato vai entrar sem pensar duas vezes. O comprimento da caixa deve ser cinquenta por cento maior do que o comprimento do corpo do seu gato.

Não cobrirás

Caixas fechadas podem se transformar em pontos mortos e zonas de emboscada, especialmente em uma casa com cães, crianças ou outros gatos. As tampas ficam bem sujas depois de um tempo e são difíceis de limpar. Além disso, gatos maiores ou de pelo longo podem receber choques estáticos ao encostar nas laterais da tampa ao entrar e sair da caixa.

Não usarás sacos

Você pode achar que sacos por baixo da areia facilitam sua vida, mas na verdade muitos gatos não gostam da textura do plástico e podem até ficar com as unhas presas nos sacos.

Manterás a caixa limpa

Gatos inquestionavelmente preferem uma caixa limpa a uma com torrões de xixi e cocôs.

Permitirás que seu gato deseje a caixa alheia

A melhor forma de descobrir o que seu gato gosta em matéria de caixa de areia é lhe oferecer variedade (de estilo, tamanho, localização, textura da areia), ficar atento ao que ele mais usa, e se adaptar de acordo com isso.

AGORA, RELEMBRE:

As três perguntas do pai de gato para a gatitude da caixa de areia

Uma das primeiras coisas que peço a um cliente que está tendo problemas com a caixa de areia é para que ele se recorde de quando o problema aconteceu pela primeira vez e se pergunte: "Quando começou, e o que pode ter mudado nas nossas vidas nessa época?"

Mudanças na caixa de areia

Um lugar óbvio para começar é a própria caixa. Você mudou qualquer aspecto dela, desde o tipo de areia usada, localização, ou até a própria caixa? Se for o caso, veja se você consegue determinar de que parte da configuração antiga seu gato sente falta, e volte ao que estava funcionando.

Mudanças na rotina

Você trocou de emprego ou ficou desempregado? Chegou a volta às aulas? Você terminou um relacionamento ou começou a namorar alguém novo? Basicamente, qualquer coisa que faça você passar mais ou menos tempo em casa muda o ritmo da casa... o que nos leva de volta aos importantíssimos três Rs (veja o Capítulo 7). Reestabeleça um ritmo confiável!

Mudanças em relacionamentos (idas e vindas)

Novos humanos, novos animais (cães ou gatos), um novo bebê... Qualquer uma dessas adições pode transformar por completo a dinâmica de uma casa, especialmente se as apresentações não foram propriamente feitas ou as relações já existentes se modificaram. Veja o Capítulo 10 para relacionamentos entre animais e o Capítulo 11 para relacionamentos entre humanos (de todas as idades). A harmonia nos relacionamentos domésticos pode acalmar qualquer estresse territorial e fazer as coisas "voltarem para a caixa".

INVESTIGAÇÃO FELINA AVANÇADA: QUANDO OS CASOS NÃO SÃO TÃO SIMPLES ASSIM

Os exemplos que dei até aqui são o que considero soluções amplas. Às vezes, os problemas com a caixa de areia se encaixam em categorias simples. Mas na maior parte das vezes, não é o caso, ou pelo menos não completamente. Essa é a dificuldade de tentar escrever um tipo de manual quando se trata de questões comportamentais complexas. Acredito de verdade em todas as partes do processo de investigação felina demonstrados, porém o fato é que existe um número infinito de variáveis envolvidas quando tentamos aplicar essas fórmulas às nossas casas. Nem tudo se resume ao gato que tem "problemas"; todos os outros elementos, humanos e animais, participam, assim como o histórico da sua família, a dinâmica atual, as complexidades específicas do seu território...

O que fazer se você encontra xixi em vários "ondes" na sua casa, envolvendo mais de uma categoria de "porquês"? Bem-vindo ao meu mundo! É claro que você não precisa se desesperar só porque não conseguiu uma resposta completa às questões do seu gato nas águas rasas que já exploramos. Eu diria que, em pelo menos metade das casas em que já trabalhei, em especial nas que tinham mais de um animal, havia algo como um diagnóstico e uma solução "híbrida". É aqui que temos que elevar nossa investigação felina ao próximo nível, usar a criatividade para fazer deduções, reunir evidências a partir de múltiplos pontos de vista e realmente nos envolver com o "processo" do Processo de Eliminação. E uma das nossas melhores ferramentas para "mergulhar" nessa questão envolve...

Abrir o mapa da gatice

Como apresentado no Capítulo 8, o mapa da gatice é basicamente uma planta da sua casa que detalha o mundo físico do seu gato: onde as coisas ficam em cada cômodo, onde estão as caixas de areia, como o tráfego flui (tanto para humanos quanto animais), e, o mais relevante para a nossa atual investigação, onde as brigas e os confrontos ocorreram, e onde tivemos atividades "fora da caixa".

O primeiro passo é preparar o mapa exatamente como você teria feito na seção sobre gatificação. Use cores diferentes para representar onde as brigas aconteceram, onde surgiu xixi/cocô, onde seus gatos gostam de ficar, locais de descanso favoritos, localização das caixas de areia e dos potes de comida, e lugares preferidos para brincar.

Reflita sobre o mapa do antitesouro na página 274 e em como a informação foi reunida. Vamos utilizar o mapa da mesma maneira agora. Os resultados levam um tempinho para se mostrar — lembre-se, leva tempo para que as ações do seu gato assumam um padrão. Mas essa é a melhor parte desse trabalho: meus clientes nunca deixam de ligar os pontos depois de uma ou duas semanas anotando as idas e vindas, de forma que uma visão macro detalhada do terreno emerge. É aí que chegamos a um ponto crítico do nosso processo de Investigação Felina Avançada: o que antes parecia aleatório agora é visto como parte de um padrão recorrente.

MAIS GATITUDE DA CAIXA DE AREIA, DIRETO DO PAI DE GATOS

Sim, existem muitas informações quando se trata da relação de um gato com sua caixa de areia (como certamente você já concluiu a esta altura). Afinal de contas, ela é o rei dos marcadores de cheiro, e um componente intrínseco do território para seu gato, e em consequência da sua gatitude. As dicas, artimanhas e técnicas a seguir são importantíssimas para reunir seu conhecimento e sua gatitude.

Marque uma consulta com o veterinário

Não ligo de parecer um disco arranhado em relação a isso. Se você me ligasse e me pedisse para fazer uma consulta na sua casa, eu marcaria minha visita com tempo suficiente para que você fosse ao veterinário primeiro. Se você me disser que fez o check-up anual do seu gato alguns meses antes e estava tudo bem, ainda assim eu pediria que você voltasse ao veterinário, porque um check-up não é um exame com um propósito. Um exame médico para as minhas consultas deve ser completo, da cabeça à ponta do rabo. Um hemograma completo com hormônios da tireoide é importante, assim como um exame de urina (se o problema for com xixi) ou de fezes (se for com cocô). Não quero zerar sua conta bancária, mas é capaz que eu mande você voltar ao veterinário mesmo depois da nossa primeira conversa.

Uma coisa que seu veterinário não tem o luxo de ver é como seu gato se move pela casa — como ele caminha, usa as escadas, entra e sai da caixa de areia etc. (Aliás, esse é um dos motivos pelos quais recomendo fortemente que você tente encontrar um veterinário que faça visitas na sua área.) O hemograma vai revelar sinais de diabetes, problemas renais, hipertireoidismo, até câncer — coisas que podem distinta e repentinamente afetar o comportamento, ao danificar o corpo. Nos meus anos de trabalho, já vi um abscesso dentário causar agressão extrema, e um rabo quebrado ou glândulas anais inflamadas causarem meses de problemas com a caixa de areia. Gatos não demonstram quando sentem dor — faz parte da genética do Gato Essencial. Temos que nos certificar de que, enquanto estamos fazendo uma investigação comportamental profunda, seu gato não está, na verdade, sinalizando que está com dores, dizendo "AI!" e não "Odeio seu namorado novo".

Sinais comuns de problemas de saúde

- Vocalização durante o uso da caixa de areia
- O comportamento de "cagar e correr", que muitas vezes indica dor ou desconforto

- Cocozinhos pequenos como bolas de gude, ou fezes moles com aparência de pudim
- Cocô muito fedorento
- Sangue na urina
- Urina escura e cristalizada

Reapresentação à caixa de areia

Não se pode esperar que um gato que teve uma experiência traumática com a caixa de areia, seja a origem desse trauma médico, comportamental ou uma combinação das duas coisas, simplesmente "dê a volta por cima" depois que o problema for resolvido. Faz sentido. Imagine que você pega o metrô para o trabalho todos os dias. De repente, você chega a um trecho em que o trem descarrilha — não só uma ou duas vezes, mas seis vezes seguidas. É seguro dizer que você vai começar a ir para o trabalho a pé, e que dificilmente vai voltar a usar o metrô.

A melhor forma de reapresentar seu gato à caixa de areia é lhe dar opções, para que ele escolha a menos assustadora. Mantenha a caixa antiga, sem dúvida, mas adicione algumas totalmente diferentes em termos de formato e sensação. Já usei de tudo, inclusive assadeiras (com tapetes higiênicos em cima), caixas redondas, caixas de canto, potes plásticos, todos com diferentes formatos, texturas, aparências, alturas... totalmente distintos. Tente manter a areia antiga na caixa antiga, mas mude a marca nas caixas novas. Mantenha a textura semelhante, mas saiba que cada areia terá uma sensação diferente para seu gato. Evite, como recomendei, marcas perfumadas, cristais ou, na minha opinião, granulados de argila. Existem milhares de tipos possíveis.

Em geral, não sou fã de caixas com tampa ou sacos plásticos. Como disse, mantenha a caixa antiga, com todas as características que tinha, mas simplifique os elementos das novas. Também sugiro que você ofereça outras opções de lugares. Esse é um daqueles momentos em que você não vai gostar do que tenho a dizer, mas funcionou tantas vezes na minha vida que seria um crime eu não sugerir isso. Coloque as caixas novas exata-

Quando seu gato está pensando fora da caixa (de areia)

mente onde você *não* as colocaria se dependesse de você, como no meio da sala, ou no seu quarto. Novamente, a ideia é que seu gato não faça *qualquer* associação com o uso da caixa antiga — e todos nós em geral colocamos as caixas de areia nos mesmos locais. Durante a reapresentação da caixa, a regra geral é fazer a escolha diametralmente oposta à experiência anterior, para que seu gato não sofra com gatilhos do trauma de novo.

Que gato é?

Eu me sinto tão velho quando digo isso, mas cara, quando comecei a trabalhar com isso, se tivesse acesso às câmeras de segurança baratas que temos hoje em dia, eu teria sido capaz de resolver tantos casos tão mais rápido. Com um problema constante com a caixa de areia, uma vez que você tenha encontrado os lugares mais afetados, pode instalar uma dessas câmeras voltada para o ponto em questão. Elas são ativadas por movimento, então só quando um dos gatos passar por ali a câmera vai começar a gravar. É um mundo novo, seus jovenzinhos cheios de tecnologia!

Você pode se surpreender quando começar a recolher informações. Acho que um dos maiores erros que clientes com mais de um gato cometem é achar que só um gato comete o delito. Essa ideia basicamente ignora as regras da pichação. Muitas vezes, os gatos imitam uma guerra entre gangues, "pichando" a mesma área repetidamente em uma tentativa vã de declarar a posse daquele espaço. Mesmo que inicialmente tenha sido o problema de um gato só, é fácil para os outros interpretarem mal esses sinais. Por exemplo, digamos que um dos gatos começa a fazer xixi fora da caixa devido a um problema médico; os outros gatos podem achar que se trata de uma briga territorial, e de repente um conflito entre mijões explode na sua casa.

Outro benefício desde que essa tecnologia de vigilância ficou acessível é que podemos lidar com o gato correto. Não consigo nem contar quantas vezes já trabalhei com famílias que tinham de três a seis gatos e diziam com toda a certeza que sabiam quem estava fazendo xixi ou cocô pela casa, embora não tivessem nenhuma evidência disso. Elas se convenciam com base apenas na personalidade do gato que estavam culpando. Nos últimos anos, venho deixando uma câmera com os clientes para conseguir informações reais, e o resultado é que, em pelo menos 25% das vezes, as pessoas estavam culpando o gato errado. A câmera não mente jamais!

CSI felino: dicas com a luz negra

Sinceramente, não sei onde eu estaria se não tivesse uma luz UV (também conhecida como "luz negra") para me ajudar a reunir informações e interpretar casos com problemas de caixa de areia. Se houver um problema com urina na sua casa, uma luz negra é muito necessária. Aqui vão algumas dicas, caso você seja novato nessa história de luz negra e xixi de gato:

1. Use a luz negra no escuro, ou escureça o cômodo o máximo possível. As informações não são confiáveis quando há luz ambiente.
2. As cores que brilham mudam com o tempo, indo de um laranja escuro para branco conforme as proteínas se desfazem.
3. Espirais indicam pontos em que você fez uma limpeza, com produtos como detergentes para estofados. Pode parecer uma arte abstrata. Só que ruim.
4. Não entre em pânico se, mesmo você tendo limpado mil vezes, ainda der para ver pontos de urina sob a luz negra, porque xixi de gato desmancha as moléculas de tinta do tapete, fazendo a mancha brilhar mesmo que não tenha cheiro e seja invisível a olho nu.
5. É possível distinguir uma mancha nova de uma que você já limpou. A mais recente vai brilhar com mais intensidade.
6. Certifique-se de que cada mancha tenha um início e um fim. Trace os contornos, especialmente ao olhar em lugares como o rodapé.

Observe os padrões:

- Um círculo no chão significa que o gato liberou a bexiga.
- Borrifos em geral acontecem em superfícies verticais, e a quantidade pode variar.
- Gotinhas, normalmente em diferentes pontos, costumam indicar um problema do trato urinário.

E, POR FIM, depois de tudo que sugeri que você faça para resolver problemas com a caixa de areia, vamos terminar o capítulo com algumas regras sobre o que não fazer.

NÃO FAÇA ISSO!

Nada é capaz de tirar você do sério mais rápido do que lidar com um problema persistente com a caixa de areia. Não importa o quão ruim seja a situação, porém, é importante que nesses momentos você não tente descontar no gato. Lembre-se: isso só vai aumentar a ansiedade dele e puni-lo por algo que ele não faz ideia do que se trata, tudo em nome do "treinamento" ou de uma "lição". Não esqueça:

- Não segure seu gato e leve-o à caixa de areia.
- Não esfregue o focinho dele no xixi ou cocô.
- Não o coloque de castigo por ter feito xixi fora da caixa.
- Não tranque-o no banheiro com uma caixa de areia e um prato de comida pelos próximos três dias (ou, Deus me livre, três meses).
- Não grite com ele.

Seu gato não vai ter nenhuma ideia, mesmo dois segundos depois do incidente, do porquê você está agindo desse jeito ou punindo-o (ou, de que lição você está tentando ensinar com a sua "disciplina"). Literalmente, tudo que você pode fazer nesse momento é juntar informações, limpar a bagunça e seguir em frente. Armado com apenas poucos *frames* do filme inteiro, você não tem como avaliar a situação, muito menos agir em relação ao que está vendo. Além disso, como já discutimos no Capítulo 9, punições não funcionam, então é melhor nem tentar.

21

Eso Es Mojo

DE PÉ NAQUELE palco em Buenos Aires, alguns anos atrás, lentamente me dando conta de que ninguém sabia do que diabos eu estava falando, me lembro vagamente de escapar por um instante daquele pesadelo de falar em público e pensar comigo mesmo: "Eu deveria escrever um livro sobre o mojo felino. Isso pelo menos me ajudaria a evitar esse tipo de problema."

Seja em *Embalos de sábado à noite* ou com seu amado Gato Mojito, com sorte agora você já sente a gatitude dentro de si — e do seu gato. Também espero que seus momentos de "a-há!" sejam agora mais numerosos que seus momentos de "mas o quê?!". Com essa mudança, vem o banimento de palavras e expressões como "aleatoriamente" e "do nada" para descrever o comportamento do seu gato, e antropomorfismos equivocados sobre seu gato detestar você, seu marido, sua esposa, ou seus filhos.

Quando eu ficava sozinho, em geral no meio da noite, no meu antigo abrigo de animais, vigiando o terreno e cercado por centenas desses... seres, muitas vezes me sentia frustrado, nos limites da minha racionalidade humana. Os gatos, ao que parecia, estavam me provocando com sua inacessibilidade; assim como muitos de vocês, eu me ressentia daquela parede ininteligível de quatro patas me olhando.

Fui um aluno bem ruim nos meus anos de escola. Do início ao fim, sempre me vi mergulhado em inconsistências. Quando o tópico era puramente teórico, sem manifestação prática, eu não sabia nada. Ficava distraído, sonhando com o fim da aula e olhando para o relógio. Porém, se a matéria permitia que meu lado criativo viajasse, era aí que ela me conquistava... e eu aproveitava.

No caso dos gatos, havia dois motores gêmeos roncando, me empurrando para o momento presente. Meu lado criativo era motivado por aprender sobre o Gato Essencial. Como era absolutamente miraculoso que seu ancestral estivesse vivo, na minha frente, exibindo sua gatitude nada doméstica, tentando, a cada dia, a cada segundo do relógio evolucionário, se encaixar no nosso mundo. Eu não estava contente em somente observar esse clube — queria participar dele, e dividir meu fascínio com todo mundo. Além disso, havia outro relógio rodando. Se eu não desvendasse o seu código diariamente e ajudasse o Gato Essencial a entrar no mundo moderno do gato doméstico, então ele morreria. Eu me via emocionalmente vulnerável, apesar de todo esforço para que isso não acontecesse, conforme relacionamentos individuais surgiam, percebendo que aqueles seres inocentes precisavam da minha ajuda para defender sua felicidade e até mesmo sua vida. Foi aí que tudo mudou.

Como já expressei ao longo desse livro, o objetivo nunca se resumiu a encontrar soluções, tapar buracos, como dizem. Mas sim do seu desejo de proteger sua família para que ela não caia dentro deles. Construir e expandir a sua caixa de ferramentas da gatitude é uma solução consistente. O sucesso que você encontrou ao se comprometer com a empatia lhe deu permissão, por assim dizer, de explorar o seu papel de guardião de gatos como uma via de mão dupla: uma relação em que chegar a um acordo, e não o sentimento de posse, é o que leva à harmonia.

Talvez você tenha folheado este livro procurando ansiosamente pela solução para um problema que o está enlouquecendo. É claro que foi por isso que dividi minhas receitas com você — permanecer são no curto prazo é muitas vezes a única maneira de manter sua família unida durante esses períodos difíceis. Dito isso, espero que você considere minhas instruções como um primeiro passo para o mundo dos Gatos, com G maiúsculo, e mergulhe profundamente no mundo do *seu gato*. Receitas só funcionam até certo ponto — se seguidas, evitarão que você passe fome (ou pelo menos que se alimente de pizza fria e macarrão instantâneo pelo resto da vida).

Mas após desenvolver a sua intuição e imaginação, você vai poder construir algo que é seu, algo de que pode se orgulhar por ter se dedicado a construir. É por isso que espero que, em algum momento depois do fim da sua crise, você se dedique a explorar todos os cantinhos do mundo do seu gato. É nesses lugares que este antigo estudante preguiçoso está esperando para dividir todos os detalhes mais legais que transformaram a curiosidade em fascínio, o apreço em paixão, e que por fim o tornaram o maior maluco de gatos do mundo há quase 25 anos.

Assim como em qualquer relacionamento, haverá momentos em que você vai coçar a cabeça em confusão (ou bater a cabeça em desespero), e quando uma navegação tranquila se tornará uma luta por sobrevivência em mares bravios. Para esses momentos, aqui estão alguns mantras da gatitude para manter em mente durante sua jornada pela gatitude total nos próximos anos:

Primeiro: quando em dúvida, volte aos blocos essenciais que constroem a autoconfiança do Gato Essencial — Os três Rs, os Lugares de Confiança, e CAMC. Essas ferramentas sempre ajudarão a encontrar a gatitude, não importa a idade do seu gato, o trauma que ele teve que superar, ou quaisquer necessidades especiais que moldem sua vida cotidiana. E segundo: pare por um momento, sempre que puder, e lembre-se de que você nunca vai saber de tudo que acontece. Achar que você tem controle sobre qualquer relacionamento certamente vai destruí-lo. Mantenha-se humilde e permaneça um eterno estudante dessa relação. Essa foi a lição mais difícil que já tive que aprender, e a que mais me dá alegria hoje em dia.

Para terminar, seria um lapso não mencionar que, como membros do Time da Gatitude, todos nós temos a obrigação de dividir nosso conhecimento com o mundo. Existem milhões de gatos que fariam qualquer coisas só para ter uma família como a sua e um acampamento base para chamar de seu. Também existem tantos, tantos humanos que dizem que não gostam de gatos, que têm medo deles, ou que simplesmente gostam mais de cachorros. Honestamente, nós precisamos da ajuda de todas essas pessoas. Embora possamos continuar de um lado ou de outro da discussão, a solução está em nossa habilidade de, com compaixão, educar, desmistificar e, com isso, criar novos potenciais adotantes que deem lares a quem precisa. Precisamos convencer todos, com ainda mais convicção, de que a castração de animais domésticos e a CDE de gatos ferais pode, pela primeira vez, tornar realidade um mundo em que não precisaremos sacrificar gatos por simplesmente existirem tantos.

O lado humano da gatitude é definido por aqueles que percebem que ser um guardião se estende muito além das paredes da sua casa e da sua comunidade. Gatos ferais são nossos gatos. Gatos de rua também são nossos. No fim, também é nossa a alegria exponencial que sentimos e dividimos ao ajudar a moldar um mundo que espelha o amor e a proteção que sentimos por *todos os gatos*.

Agora, vá, e espalhe a gatitude pelo mundo!

Crédito das ilustrações

A letra d após o número indica que se trata de uma imagem duplicada encontrada em outra página do livro.

Osnat Feitelson: 15, 23, 24, 25, 27, 28, 31, 32, 35, 42d, 43d, 46d, 48d, 49d, 54, 58, 59, 65d, 66, 69, 70, 73d, 74, 76d, 78, 79, 81, 82, 84, 85, 87, 88, 89, 90d, 93d, 102d, 104, 108d, 116d, 123, 125d, 130d, 131, 136d, 142, 150d, 158, 160d, 162, 165, 168, 178, 181, 183, 186, 190, 191d, 192, 195d, 197, 199, 200, 201d, 203d, 206, 210d, 213, 215, 218d, 223, 224, 227, 235, 245, 250d, 252, 257d, 258d, 261, 271, 275d, 283, 289d, 291d, 299d, 301d, 302d, 305d, 309d, 312d, 319d, 320d, 323d, 324, 326d, 327d, 328, 330d, 332d, 335d, 336d, 338d, 345d, 348d, 350d, 356d, 357d, 362d, 363d, 365d, 367d, 372d, 377d, 379d, 382d, 384d, 385d, 389

Franzi Paetzold: 90, 91, 100, 121, 127, 135, 140, 145, 163, 211, 274

Omaka Schultz (diretor de arte), Brandon Page (ilustrador), Kyle Puttkammer (arte-finalista): 106, 111, 156, 171, 316, 325, 352

Emi Lenox: 62, 71, 72, 148, 149, 159, 247, 249, 286, 306, 333, 373d

Sayako Itoh: 27, 38d, 68d, 96, 113d, 264, 267d, 296d, 343d

Este livro foi composto na tipografia
Goudy Old Style, em corpo 11,25/15, e impresso em
papel off-white no Sistema Digital Instant Duplex
da Divisão Gráfica da Distribuidora Record.